페미니즘에서 디케이즘으로

페미니즘에서 디케이즘으로
인간의 확장

초판 1쇄 발행 2024년 4월 29일

지은이 이정호
펴낸이 장길수
펴낸곳 지식과감성#
출판등록 제2012-000081호

주소 서울시 금천구 벚꽃로298 대륭포스트타워6차 1212호
전화 070-4651-3730~4
팩스 070-4325-7006
이메일 ksbookup@naver.com
홈페이지 www.knsbookup.com

ISBN 979-11-392-1791-9(03330)
값 18,500원

- 이 책의 판권은 지은이에게 있습니다.
- 이 책 내용의 전부 또는 일부를 재사용하려면 반드시 지은이의 서면 동의를 받아야 합니다.
- 잘못된 책은 구입하신 곳에서 바꾸어 드립니다.

지식과감성#
홈페이지 바로가기

페미니즘에서
디케이즘으로

이정호 저자

"나는 아무도 가지 않은 길을 가기로 했다.
그리고 그것으로 모든 것이 변했다"

로버트 프로스트의 시 "가지 않은 길" 중 일부

목차

서문   6

페미니즘이라는 종교   11
페미니즘이란 무엇인가?   17
너무나도 철학적인 너무나도 현실적인 페미니즘   24
여성이 주장하는 주요 남녀 불평등 사례 반박   52
상식적 차원의 페미니즘 곁가지   73
여남은 다를까, 같을까   83
페미니즘 책과 페미니스트의 한계   97
나는 무고하고 너는 고소하고   106
미시적이고 미신적인 현시대 커뮤니티 탐구생활   110
성소수자도 똑같은 사람이다.
동성애에 대한 기독교 탐구생활   120
사상가와 68혁명   130
낙태죄와 4B 그리고 사회적 약자   139
암컷과 수컷 그리고 동물의 인간   146
진보와 보수 껍데기   158
여성가족부 폐지와 여성도 군대 가라   166
여성 혐오 범죄 및 페미사이드 가중처벌   179

독박육아와 한국 남성	183
진화론과 페미니즘	188
정상과 비정상 그리고 한국 여성	193
롤스의 『정의론』과 여남평등	198
기성세대와 MZ세대	204
한국과 세계의 페미니즘	211
여성을 위한다는 정당과 신문	220
언어와 관계의 중요성	223
페미의 미래	228
남자가 없으면 페미니즘도 없고 완성도 없다	236
토론 그런 거 하지 마	241
개똥철학	243
성공하면 페미니즘 실패하면 정신병	259

에필로그	267

서문

책은 쉽고 재밌어야 한다. 약간의 지식과 사유할 것도 전해줘야 한다. 그런 생각으로 이 글을 썼다.

철학자 이야기를 한다고 해서 재미없을 거라고 생각하지 않았으면 좋겠다. 필요할 때 잠깐씩만 철학자 이야기를 꺼낼 것이고 대체로 현실적 이야기를 많이 할 거니까 미리 겁부터 먹을 필요는 없다. 마치 머나먼 여행을 위해서 두렵고 재밌는 비행기를 타야 할 상황이 온 것처럼 생각하면 된다. 서문에만 좀 철학자들이 많이 나올 뿐이다. 책을 재밌게 쓰려고 했으니 잠깐 읽고 포기하면 안 된다. 현시대에 남녀 모두가 진짜 원하는 책일지도 모른다. 준비되었는가?

칸트는 선험적인 보편 도덕법칙이 존재한다고 했다. 인간이라면 공통적으로 가져야 할 준칙이 있으며 그 준칙과 정언명령에 따르는 것을 칸트는 도덕적 삶이라고 생각했다. 반면 프로타고라스는 절대 보편의 진리는 존재하지 않으며 사람마다 추구하는 진리는 상대적이라고 했다. 헤겔은 이 둘과 또 다른데 칸트의 이성에 기초한 보편 도덕관을 주관적이라 말하면서 인간의 역사는 절대정신 즉, 본질을 찾아가는 과정이라고 주장했다. 헤겔의 말을 확장하면 시대에 따라 진리는 변할 수 있다는 의미가 된다. 이렇게 철학자마다 조금씩 차이가 있지만 핵심은 무엇일까? 바로 자유의지다.

인간 모두에게 주어진 자유의 생각이 절대 진리를 오히려 어렵게 하는 것이다.

수학의 문제가 아니라면 자유를 가진 인간의 시각은 우주와 같다. 미지의 생명체를 여전히 찾지 못하고 있지만 그래도 상상과 과학은 계속된다. 진리는 철학에 속하고 과학은 현실에 속하며 상상은 미지의 생명체 찾기와 같다.

현실과 상상이 적절히 조화되면 인간은 희망적인 삶을 이어 갈 수 있다. 그러나 그 둘이 뒤죽박죽될 때는 혼란함에 빠진다. 그중 하나가 앞으로 이 책에서 얘기할 페미니즘이다.

그래서 페미니즘에 대해서는 머릿속에 있는 철학적 사고와 일상의 현실적 사고 두 가지를 함께 고찰해야 한다. 이 두 가지는 독립적이면서 때론 하나로 합쳐지기도 하는데 그렇기 때문에 정답을 찾기가 더욱 까다롭다.

페미니즘은 철학적으로 사람과 사람 그러니까 주체와 타자라는 문제가 일단 먼저 생기고 그다음 여자와 남자라는 젠더의 이중적 문제가 필수적으로 따라온다. 쉽게 말하면 첫 번째 문제는 남녀를 떠난 철학적 문제이고, 두 번째 문제는 여남과 관련된 현실적 문제이며 세 번째는 둘 다 살펴봐야 하는 복합적 문제이다.

실존과 현상을 넘어 주체와 타자의 관계를 논한 철학자는 헤겔, 자크 라캉, 들뢰즈, 메를로 퐁티, 자크 데리다 등 매우 많으므로 가장 이 주제와 어울리는 사르트르의 말만 하나 들어 보겠다. 참고로 삶의 지향성 차원에서 타자의 실제 의미는 각 사상가마다 조금씩 다르거나 정반대인 경우도 있다. 가령 메를로 퐁티와 사르트르가 그런 경우인데 다만 여기서는 더 깊게 들어가진 않겠다. 사르트르에게 타자란 의미는 주체에 대한 갈등과 투쟁의 원인이 되는 존재다. 주체는 타자가 되고 타자는 주체가 되려고 하니 결국 주체성을 가지려는 모든 사람이 상대를 타자화한다. 쉽게 말해 자신이 곧 타자인 셈이다.

사르트르는 심지어 "타인은 나의 지옥이다."라고까지 말했었다. 자신은 만인의 선택이었다는 오만함은 그대로 둔 채 말이다.

어질어질하지만 인간 모두의 갈등을 생각해 보면 쉽게 이해가 가기도 한다. 더군다나 인간이란 존재와 언어는 완벽하지 못하고 애매모호한 것들이 있으니 서로를 이해하기가 더욱 힘들다. 지금의 젠더 갈등을 보면 당연히 그럴 만도 하다. 앞으로의 글 전개에서 이런 철학적 논의는 간간이 살펴볼 것이다.

그런데 이런 철학적 문제만 있을까? 현실과 이상을 구분하지 못하는 것을 넘어 우리에겐 첩첩산중의 숙제가 또 하나 있다.

사람들은 단단한 신념과 확신을 가지기도 하는데 페미니즘은 이런 정치, 종교, 윤리, 사상 등과 크게 다르지 않다. 선입견은 그런 점에서 자신에게나 타자에게나 최대의 적이 된다. 그걸 염두에 두고 글을 쓰며 읽어야 한다. 그렇다고 페미니즘을 절대 폄훼하지 않는다. 오히려 이 글은 페미니즘의 승리를 기원하는 글이다.

그래서 사실관계와 가치판단의 문제를 객관적으로 분리하고 감정을 배제할 필요가 있다. 감정을 이입하면 모든 것이 수포가 되어 버리는데 그게 말처럼 쉽지 않은 이유는 저마다 심리적으로 '암묵적 편견'을 가지고 있기 때문이다.

시작부터 이런 난관이 있으니 인간은 정녕 인간을 이해하지 못하는 게 아닌가 하는 회의감이 든다. 그 생각에 확실하게 못을 박은 한 철학자가 있었으니 바로 데이비드 흄이다. 그는 "그 사람의 옳고 그름의 근거는 이성이 아니라 감정이다. 그 사람의 행동 근거는 지성이 아니라 신념이다."라고 했다. 흄의 말을 따른다면 정녕 없는 이성적 인간에 대한 회의론은 사실이 된다. 그렇다면 페미니즘에 대한 이성적이고 합리적 글이란 애초에 불가능하단 소리고 니힐리즘 같은 것에 빠질 수밖에 없다. 그러나 절대 포기해서는 안 된다. 도전과 비판적 논쟁은 계속되어야 한다. 왜냐면 사고와 인간의 확장은 사상가들의 글과 말을 다양한 관점에서 비판하고 논증하면서 발전해 왔기 때문이다. 그런 점에서 시중의 책들처럼 판에 박힌 페미니즘 글이 아니어야 한다는 강박이 생긴다. 참고로 미리 밝혀 둔다.

페미니즘 책들이 공통으로 이야기하는 여성 억압적이고 여남 불평등에 대한 것들은 대부분 인정할 것이다. 또한, 여성권 운동의 수많은 결과물도 마찬가지로 상당수 긍정할 것이다. 역사적으로 그래 온 것들에 대해서 남성들은 인정해야만 한다.

그러나 정답이 확실히 정해지지 않은 많은 것들을 하나씩 반박할 생각이다. 그것에 대해 여성들이 인정하든 안 하든 별로 상관하지 않는다. 이 글은 페미니즘이 우리 모두의 승리여야 한다는 점에서 오히려 도움이 되는 글이 될 것임을 전제로 하고 있고 개인적으로 소크라테스의 변명 같은 느낌이면 충분하다.
 이 글이 페미니즘에 대한 고찰을 넘어 평등한 인간관계의 새 지평을 여는 데 불쏘시개 혹은 비판의 돌계단이 되었으면 좋겠다.
 그런 의미에서 성평등의 전제는 '인권'이라고 확실히 해 두고자 한다.
 그동안 가졌던 특정 생각에 매몰된 것을 떨쳐 내길 바라며 궁극적인 인간의 행복을 큰 목표로 두고 글의 여정을 시작해 보자.

페미니즘이라는 종교

　예수님께서 말씀하셨다. "나는 율법과 선지자를 폐하러 온 게 아니라 완전하게 하려고 왔다." 이 글도 페미니스트와 페미니즘을 폐하려고 하는 게 아니라 완전하게 하려고 쓰였다. 굳이 따지면 예수님은 진보에 가까웠고 아폴론적이라기보다 디오니소스적이었다. 우리도 과거에만 머물지 말고 한 걸음 나아가 페미니즘을 완성하도록 해야 한다. 그런데 무엇을 변화시키고자 하는 사람은 보통 죽임을 당하거나 그 시대에 잘 받아들여지지 않았다. 페미니즘은 무엇인가를 하고자 할 때 사회의 벽에 부딪히면 백래시 같은 용어를 쓰면서 약자 코스프레를 하고 정당성을 가지려고 한다. 그런데 지금은 페미니즘에 반대하는 게 오히려 더 힘든 세상이다. 페미니즘은 더 이상 스스로 강박에 빠지지 말고 진정한 자유를 얻도록 새 생각을 담아야 한다. 그게 바로 디케이즘이다. 이것은 종교와 이즘(ism)을 통합하는 사상이다.
　페미니즘이 지금처럼 균형을 잃어버리고 디케이즘이 되지 않을 때 종교와 어떤 공통점이 있는지 살펴보겠다.

　페미니즘의 인권적 목표는 당연히 계속되어야 한다. 다만, 급진 페미니스트에 동의하지 않는 관점에서 바라본 챕터의 제목이며 이 부분에 동의하는 사람은 상관없지만 불편한 사람도 잠시만 참기를 바란다. 남녀를 버리고 디케의 저울처럼 기울임 없이 보자.

무신론자가 바라본 종교 탄생의 심리학적 근거 중 하나는 막연한 신비와 두려움이다. 알 수 없는 불안과 한 인간으로서 사랑받지 못할 두려움 이외에도 페미니즘은 종교와 몇몇 유사점을 공유한다. 첫 번째로 내가 믿는 페미니즘이라는 신이 유일한 진리라고 여긴다. 커뮤니티에서 그들만의 다양한 예배가 이루어지며 그것을 통해 용기와 위안을 얻고 살아간다. 그러나 세상엔 여러 종교가 있듯이 각자 믿는 자들의 믿음일 뿐 모두의 진리나 공감을 얻는 건 아니다.

두 번째로 기독교의 원죄설과 같이 남자라는 종족은 탄생할 때부터 여성에게 죄를 지은 존재처럼 여겨진다. 그래서 모든 남자는 잠재적 성범죄자이며 남성 우월주의 문화로 인해 여성은 역사적으로 고통받아 왔다고 생각한다. 급진 페미니스트 쉴라 제프리스의 글을 보면 남자가 원죄라는 것이 결코 과장이 아니다. 참고로 급진 페미니스트 중에서도 제프리스는 합리적 페미니즘을 가장 망치고 있는 사람 중 한 명이다.

세 번째로 성경과 코란을 있게 한 신의 해석을 두고 같은 종교 내 분파가 생기듯 페미니즘 종교에도 다양한 해석이 존재한다. 결국 분열한다는 이야기다. 기독교는 아리우스와 아타나시우스의 논쟁부터 종교개혁 이후 여러 개신교가 나타났고 이슬람은 코란을 위시로 샤리아의 경계와 무하마드 후계를 두고 수니파와 시아파로 나누어져 기득권 싸움을 하기 시작했다. 불교도 마찬가지다. 석가모니 사후 100년쯤 지나 부파불교가 나왔고 그 후 소승불교 대승불교로 갈라졌으며 좀 더 지나서는 온갖 교리들과 종파가 나왔다. 참고로 이판승

사판승이라며 서로 비아냥거리는 게 인자하신 부처님의 후예들이라고 생각하니 인간이 하는 것들은 여러 종교를 떠나 별반 다른 게 없구나 하는 생각을 하게 된다.

그렇다면 페미니즘 내에서는 어땠을까?

19세기 중후반의 수잔 앤서니와 스탠턴은 서로 협력하여 여성의 참정권 신장에 앞장섰지만 때론 어처구니없는 분열의 모습도 보이곤 했다.

지금처럼 교차성 이론을 제대로 인식하지 못하는 시대였기에 인권보다는 여성 참정권 운동과 여남 불평등 해소에만 더욱 관심을 두었다.

시몬느 드 보부아르의 『제2의 성』이 나온 후 포스트모더니즘의 페미니즘은 문학 예술계에서도 조금씩 다른 관점을 제시했다. 시몬 베유 사상부터 주디스 버틀러의 퀴어 이론, 기타 급진 페미니즘도 큰 틀에서는 비슷하지만 조금씩 다르게 주장하며 현재에 이르렀다. 이들은 추후 다시 언급할 것이다.

네 번째로 종교는 특정 행위를 강요하고 배타성을 가진다. 이슬람은 돼지고기를 먹지 않고 비건이나 할랄 음식을 먹으며 구약성서의 유대교는 토라를 지킨다. 페미니즘 종교도 이런 공통점이 있다. 모두가 그렇게 강요하고 지키는 건 아니지만 머리를 짧게 자르고 화장을 거부한다. 더 나아가 비혼을 선언하고 제프리스가 말한 스핀스터가 된다. 물론 저항과 해방의 의미 등이 있다는 것을 알고 있지만 누군가에겐 이 또한 억압된 행위이자 편견을 가지게 만드는 일이다. 같은 여성이 여성을 억압하고 옥죄어 오는 것과 같다. 그들만의 디아스포라를 만들면 상관없지만 그것을 강요하니까 문제다.

이슬람 여성들이 차도르나 히잡, 부르카 등을 강요받아 차별 속에 살아간다고 생각하기에 여성해방 운동가들은 히잡을 벗어 던지라고 말한다. 그런데 이슬람 여성 중 일부는 히잡 자체를 자기애의 하나로 여긴다. 다른 나라 사람들은 이런 행태를 역설적 문화라고 여길 것이며 페미니스트가 본다면 이 또한 남성 억압의 결과물이라 생각할 것이다. 이런 것을 확대 해석하여 더 나아가자면 종교의 교조주의는 다른 의견을 말할 권리를 원천적으로 차단하는데 지금의 극렬 페미니스트 또한 이런 공통점이 있다.

다섯 번째로 권력화된다. 아무것도 아닌 거 같지만 권력화된다는 의미는 분열보다 더 심각한 상황을 초래한다. 강력한 부작용 중 하나가 서로에 대한 혐오와 극단화인데 이것은 추후 다시 논하겠다.

한편 종교에 대해 비판을 한 사상가나 과학자가 많은데 그중에서도 니체는 종교 비판에 가장 신랄한 것으로 유명하다. 그는 인간이라면 권력 의지를 가지고 적극적 삶을 살아야 한다고 주장한다. 그런데 종교는 오히려 인간을 더욱 나약하게 만든다고 보았다. 역설적으로 병들고 무기력한 사회적 약자가 있으므로 존재하는 게 기독교이며 그런 종교는 인간의 삶을 수동적으로 살게 한다는 게 니체의 생각이었다. 한편 시몬 베유는 『중력과 은총』이라는 저서에서 사람은 단순히 신의 은혜에만 기대서는 안 되며 불안하고 불행한 것들을 오히려 역이용하여 더욱 적극적으로 극복해야 한다고 말한다. 그런데 그녀는 매우 기독교적인(더 정확히 말하면 카톨릭) 사람이다. 남자는 싫은데 남자 머리를 하는 4B 여성이 이 뜻을 이해하고 실천했으면 좋겠다.

그렇다면 왜 필자는 종교와 페미니즘이 비슷하다며 이런 이야기를 꺼냈을까? 페미니즘이라는 종교에만 기대어 살면 스스로 협소해지고 그 반대의 생각을 전혀 못 듣고 살아가기 때문이다.

내가 곧 진리요, 생명이자 길이었고 너희들 인간의 죄를 사하고 사랑하노라! 믿는 자들과 함께 천년왕국으로 돌아가자는 게 원래 그분의 큰 뜻이었다. 그런데 초심은 온데간데없고 결국 사이비 교주나 믿는 몇몇 종교의 신도들처럼 페미니즘도 그렇게 변질돼 버렸다. 사이비 페미니스트는 여성을 해방하고 여성 천국을 위해 바른길로 안내하는 게 아니라 오히려 페미니즘을 믿는 사람들에게 집단 무지성을 심어 주고 신념의 노예로 만들었다. 이 둘의 신도들이 이렇게 된 이유는 페미와 종교 둘 다 마음속 불안정의 안정화라는 공통점을 가지고 있기 때문이다.

여섯 번째로 이성주의보다 믿음이다. 기독교인들은 영지주의자나 이신론자, 인본주의자, 불가지론자 등등 신에 대한 이성적 사고와 의심의 자유의지를 아예 묶어 버린다. 청산유수 같은 하느님의 좋은 말씀만 듣고 있으면 무신론자라도 새겨들으려 하지만 그 외에는 고개를 젓는다

기독교는 인간 이성으로 이해할 수 없는 신의 뜻 같은 영적인 믿음

을 믿고 페미니즘은 남자로서는 상당수 이해할 수 없는 '이즘'을 믿는다. 둘 다 어떤 무형의 믿음이라는 공통점이 있고 이 때문에 현실 사회와 괴리가 있는 주장을 한다.

이 외에도 부정적인 면을 더 찾을 수 있고 긍정적인 면도 언급할 수 있겠지만 여기서 그만 생략한다. 어쨌거나 종교는 인간의 역사와 함께했으며 특히 어떤 이는 모순적으로 그리스도 내에서의 페미니즘을 찾기도 하니 필자의 주장이 전혀 새로운 것은 아니다.

마지막으로 두 믿음의 비슷하면서도 결정적 차이를 언급하고 이 단락을 마무리하겠다. 기독교는 소쉬르가 말한 기표 역할을 하는 십자가의 표식으로 예수님을 기억한다. 반면 페미니즘은 집게손가락 표식을 통해 한국 남성의 성기 크기를 기억한다. 둘의 결정적 차이점은 십자가는 믿음이지만 집게손가락은 조롱이라는 점이다. 마지막 공통점은 둘 다 과하면 부모님이나 가족이 말려도 인간의 이성이 통하지 않는 마음의 **폐쇄성**이다.

이제는 그들의 말과 글, 행동, 제스처 등이 우리 삶 속에 깊게 침투했다.

페미니즘이란 무엇인가?

페미니즘의 역사적 고찰 1

페미니즘이라는 의미를 설명할 땐 여남평등 실천 그리고 여성의 권리와 주체성 회복이란 단어는 필수적으로 들어간다. 그렇지만 시대가 변했으니 필자는 이렇게 간단히 표현하고 싶다.

페미니즘이란 여성의 무한성에 대한 그 사회의 믿음이다. 이 챕터의 본론으로 넘어가 보자.

태초의 빛이 있고 난 뒤 하늘과 땅이 생기고 만물이 생육했다. 그리고 남자가 먼저 태어났으며 그 갈비뼈를 이용해 그다음 여자를 만들었다.

남성 우선주의와 여성을 남성의 부차적 존재로 인식한 인류 역사는 이렇게 태초부터 평등하지 않게 시작되었다.

하물며 원죄도 사과를 따 먹은 여성 때문이었고 노동은 그 후 인간이 받은 벌이었으며 출산은 여성의 이중 처벌이었다. 그렇게 보면 '그분'은 완전히 여남 차별주의자 1호가 된다. 하느님의 성별은 알 수 없지만 예수님은 여자들이 잘 따르는 남자였다.

구약성서를 조금 각색하며 왜 이 말을 꺼냈을까? 여러 책마다 페미니즘 태초의 역사에 대해서 조금씩 다른 이야기를 하기 때문이다. 인류 태초부터 이런 불평등의 시작이었다고 필자처럼 확실히 못을 박은 책은 아직 보지 못했다.

특히나 기독교와 페미니즘에 둘 다 몸담은 사람은 피하고 싶은 이야기라서 애써 모르는 척할 것이다. 왜냐하면 이렇게 이야기하면 자기부정이 되기 때문이다.

그래서 일부는 이브를 유혹한 뱀이 어떻다는 둥 사과가 어떻다는 둥, 본질을 버리고 수박 겉핥기 같은 이야기만 한다. 정답이 없는 건 여기서도 마찬가지지만 그래도 뿌리를 찾는 노력은 계속해야 한다.

페미니즘의 현대적 최초 역사에 대해 어떤 이는 프랑스 혁명 전후로 비참하게 생을 마감한 올랭프 드 구주의 『여성과 여성 시민의 권리 선언』을 언급한다. 혹은 비슷한 시기의 메리 울스턴크래프트의 『여성의 권리 옹호』라고 하는 사람도 있다. 그 외에 지엽적이고 주관적인 평가가 들어가면 문학적, 사회적, 정치적, 예술적 분야에서 수많은 최초의 페미니즘 인물들을 찾아낼 수 있다.

중세 시대 여성 예술가 아르테미시아 젠틸레스키의 그림과 생애에서 페미니즘을 찾을 수 있다고 보는 사람이 있는가 하면 그보다 훨씬 거슬러 기원후 4세기쯤 많이 배운 최초의 천재 여자 수학자 히파티아의 죽음으로 의미를 찾는 사람도 있다. 그리고 현대로 돌아와 찾아보면 남편 휴즈와 이혼하며 여성의 삶을 이야기한 시인 실비아 플라스를 말하기도 한다. 이 외에도 해석하기 나름인 것들은 너무나 많기에 이쯤에서 그만두고 근본적 뿌리를 살펴보도록 하겠다.

여성 문학이 태동하고 일부 남녀 철학자들이 여성학에 관심을 보이기 시작한 빅토리아 시대는 본격적으로 근현대의 페미니즘 씨앗이 싹 틔우는 시기였다. 가장 여성 억압적이었던 시기를 빅토리아 시대로 여긴다면 오히려 역설적이기까지 하다. 이 시기에 자주 언급되는 페미니즘 인물들이 있는데 19세기 중후반 수잔 앤서니와 스탠턴이란 두 여성이다. 그들은 참정권 획득이나 여성권 신장 운동에 앞장섰다. 과거 페미니즘의 시작 단계와 다르게 개인에서 연합으로, 가족과 지역사회에서 국가로, 여남평등 행동을 실질적으로 실천하고자 하였다. 다만 19세기와 20세기 초반까지는 백인 여성 우선주의 페미니즘이라는 한계를 가지고 있다. 참고로 페미니즘과는 직접적 관련은 없지만 현시대엔 카렌이라는 백인 중산층 이상의 여성 우월주의가 있다. WASP 남성처럼 말이다. 인간이란 때론 남녀를 떠나 이런 한심한 존재다.

한국은 어떨까? 어떤 이는 나혜석이라는 여성의 주체적 삶에서 페미니즘을 끄집어내려 한다. 혹은 나혜석 이외에 신여성이라 불리는 100년 전 인물들에서 페미니즘을 찾는 사람도 있다. 그렇다면 아주 오래전 인물 신사임당이나 혜경궁 홍씨, 선덕여왕, 위대한 아들들을 둔 어머니 소서노에는 뭐라도 없을까? 단순히 유명인이나 여성이 무슨 업적을 이뤘는가는 제쳐 둬야 한다. 페미니즘의 시초로 보려면 남녀의 개인 관계가 아닌 사회적으로 자주적 여성을 표방하여 남녀평등의 의식을 일깨워 줬거나 여남평등을 실질적으로 주장한 인물이나 단체여야 한다. 그게 우리나라 여성 인권 신장의 뿌리이고 객관적인 시각이다.

국내에는 독립협회 자매 격인 찬양회라는 단체가 1898년에 설립되었다. 이 단체는 "신체 수족 이목이 남녀 간에 다름이 없는데 어찌하여 여자는 병신 모양으로 평생을 심규에 처하여 남자의 절제를 받는가? 여학교를 세워 남녀평등을 이룩하자."라는 내용의 여권 통문을 반포하였다. 국내의 페미니즘 역사에서 빼놓을 수 없는 존재며 우리나라 최초의 페미니즘 단체로 봐야 한다.

참고로 동학혁명 폐정개혁안 중 과부의 재가를 허용하라는 내용이 있다. 동학혁명은 남녀를 떠나 거국적으로 인간 억압에 반대하고 차별 없는 인간 평등을 외치는 매우 중요한 역사적 사건이었기 때문에 우리는 이것을 잊지 말아야 한다.

페미니즘 역사적 고찰 2

전 세계적으로 페미니즘은 어떻게 전개해 왔는지와 에피소드 등을 잠시 살펴보기로 하자. 보통 페미니즘은 19세기에 시작하여 20세기 초중반, 1970년대 포스트모더니즘 시대의 페미니즘까지 역사적으로 제3의 물결이 있었다고 말한다. 1990년대와 현재는 또 다른 전환의 페미니즘이 필요하다는 사람들까지 해서, 시대와 사람들에 따라 조금씩 발전해 왔다. 그렇다면 어디서부터 사상의 씨앗이 뿌려졌을까?

『페미니즘 위대한 역사』의 저자 조앤 스콧은 프랑스 혁명에서 그 근원을 찾는다. 사실 잘 모를 때는 정치, 경제, 사회 등 모든 분야에서 1789년 프랑스 혁명이 무엇무엇의 기점이라고 말하면 크게 무리가 없다. 정치적으로는 자유주의자, 공화주의자, 보수주의자, 기타 진보의 태동이 생겼고 사회 경제적으로는 평등과 박애 정신이 깃든 시기라는 것은 누구나 아는 사실이다. 앞서 언급한 올랭프 드 구주도 이 시기쯤 활동한 여성이다. 다만 안타깝게 단명했다.

스콧은 여성 참정권 운동이 결국 남녀평등의 시작이자 핵심이었다고 말한다. 그래서 참정권 투쟁을 거쳐 사회 구조적 모순에 대한 개혁을 외친 몇몇 여성의 노력에 주목했다. 여남은 평등하고 그것의 방법은 참정권이라는 단순한 생각이 남성 우월적 문화에 어떻게 사회에 서서히 스며들었는지를 스콧은 상세하게 설명한다. 여성의 위대한 생각과 실천이 국민의 의식 속에 들어가 제도와 의식의 변화를 일으키는 건 대단히 어려운 일이다. 실제 사회 변화를 위해서는 많은 노력과 시간이 필요하다. 그런 면에서 스콧의 저서는 여성의 주장에 대한 반동으로 여성의 권리 획득 과정이 얼마나 힘들었는지를 알 수 있게 해 준다. 더 확장하여 여성의 권리뿐만 아니라 인간 그 자체 즉 '인권'을 위한 투쟁 모두에는 이런 과정을 거치면서 힘겹게 획득했었던 것이니 여기에는 남녀가 따로 없다는 것도 이번에 다시 알아 뒀으면 좋겠다.

반면에 『열린 사회와 그 적들』의 저자 칼 포퍼는 역사주의적 관점에서 어떤 법칙을 이끌어 내어 그것이 전부인 시대를 부정적으로 본다. 사회는 특정 인물에 대한 권위나 역사에만 기대선 안 되고 전체적 상황 속에 비판적 사고나 반증을 통한 인간의 확장을 추구해야 한다고 포퍼는 주장한다.

그럼에도 불구하고 여성 해방의 역사와 뿌리를 찾으며 의미들을 시간상으로 연계해 보는 것은 페미니즘에 꼭 필요한 일이다. 이 단락에서는 페미니즘 뿌리에 대해 대략적인 설명만 하고 넘어갈 것이다. 실질적으로 페미니즘에 지대한 영향을 끼친 것들은 다른 단락에서 계속 다방면으로 고찰해 보겠다.

다음으로 남녀평등을 위해 어떻게 사회운동이 전개되었는지 잠시 살펴보자. 사회운동 그 방법에는 대중을 이용한 정치적 투쟁이 있을 수 있고 문학적, 예술적 저항 등이 있을 수 있는데 몇 개의 재밌는 에피소드만 언급해 보겠다.

예술적으로는 간단하게 그림으로 표시한 '신데렐라여 잘 가라'가 있다. 신데렐라를 목줄로 자살시키는 모습이다. 표현이 섬뜩하긴 하지만 실제로 그림을 보면 무섭다기보다는 풍자적이라는 것을 느낄 수 있다. 아마도 그 예술인은 여성이 수동적이라는 인식과 남자 중심의 외모 지상주의에 대한 일침으로 그림을 그렸을 것이다. 참고로 예술 분야에서도 남녀 차별의 역사에 대해 이야기하며 위대한 여성 예술가들의 삶을 살펴본 책들이 있으니 찾아 읽어 보면 좋겠다.

문학적으로는 『이갈리아의 딸들』이라는 작품이 있다. 평생 브래지어를 하고 사는 여성의 불편함을 남자에게도 똑같이 하게끔 설정한 책이다. 그 설정이란 남자의 성기에 여성의 브래지어처럼 페호라는 것을 입게 한 것이다. 그리고 전통적 권력 역할에 대한 남성 편향을 인식하고 남자의 권력을 강등시켜 전업 주부화한다. 반면 여자는 바깥일을 하며 능력 있는 여성으로 지위를 향상한다. 너희 남자들도 여성의 억압된 삶을 똑같이 느껴 보라는 재밌는 설정의 책이다. 제목부터 왠지 평등한 느낌을 물씬 풍긴다. 추후 영화나 쟁점이 되는 것들을 더 살펴보겠지만 하나만 더 언급해 보겠다. 영화 「겨울왕국」의 엘사는 주체적인 여성이다. 예전처럼 백마 탄 왕자님 혹은 능력 있거나 멋진 남자가 와서 여성을 구원하는 일은 일어나지 않는다. 영웅 남성의 이야기 속에서 여성의 부차적인 삶과 수동적인 모습은 최근 정치적 올바름으로 인해 줄어드는 편인데, PC(Political Correctness)에 대해서는 추후 또 논하게 될 것이다.

다만 PC의 확산에도 불구하고 드라마나 영화엔 부자 남자와 영웅, 남성이 여성을 이끌어 가는 소재가 여전히 많다. 그 이유는 상업적 측면에서 대중의 욕구 충족이 PC보다 더 중요하기 때문이다. 아직도 전통적 여남 관계의 향수가 대중에는 무의식적으로 자리 잡고 있다.

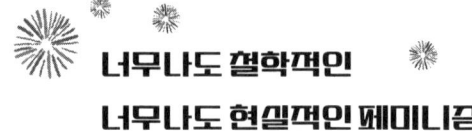
너무나도 철학적인
너무나도 현실적인 페미니즘

너무나도 인간적인 일을 모두가 고민하는 지금 과거 철학자는 여성에 대해 어떤 말을 했는지 궁금하다. 과거 현인들은 여성을 어떻게 생각했을까? 니체부터 살펴보자.

니체가 여성은 위대하다 정도의 뉘앙스는 드물게 했지만, 지금으로 보면 여성 차별적 표현을 더 많이 했다. "임신으로 여자는 완성된다."라는 표현을 지금 방송에서 한다면 여성에게 집중포화를 얻어맞고 사과를 해야 했을 것이다. 그런데 니체는 현시대에 와서도 왠지 절대 사과하지 않을 것 같다.

앞으로 이어질 글들은 무겁고 논쟁적이기 때문에 잠시 쉬어 가는 차원이다. 여성 차별적 발언을 한 위대한 철학자들을 간단히 살펴보면서 여성들과 같이 분노하고 공감해 보고자 한다.

실제로 사람들에게 잘 알려진 학자들의 여성 폄하 발언은 언급한 거 외에도 "내가 아는 그 위대한 사상가 맞아?" 할 정도로 많다. 진심이 아니라 순간의 감정적인 화를 여자에게 낸 거라고 믿고 싶을 정도로 민망한 발언이 주를 이룬다.

공자 또한 예외는 아니다. 공자는 무지한 여성이 덕이 있다고 했는데 왠지 4대 성인 중 한 명이 하는 이야기니 그의 말엔 철학적 의미가 들어 있지 않겠냐는 생각마저 하게 한다.

첫 번째로 헤겔이다. 헤겔은 남자와 여자를 동물과 식물로 비교했다. 남자라는 동물은 진취적 적극적일 거 같지만, 식물이라는 여자는 소극적이며 수동적인 이미지가 그려진다. 그러면서 헤겔은 여자는 보편적 사고를 못 하는 인간으로 표현한다. 연인이든 부부든 남녀가 싸울 때 그렇다고 느끼는 사람도 있겠지만 보편적 사고를 못 하는 것은 여자만의 문제는 아닌 것으로 하자. 정치, 종교만 봐도 생각의 큰 차이에는 남녀가 따로 있는 게 아니다.

두 번째로 장 자크 루소다. 루소는 그의 저서 『에밀』에서 여자는 적극적으로 살아가선 안 되며 남자 앞에 수동적이어야 한다고 말한다. 그렇다고 남자의 명령에 따르는 삶이 좋은 삶은 아니지 않은가. 다만 어떤 여성의 삶처럼 본분을 망각하고 나대면서까지 주인공 행세를 하면 안 될 자리가 드물게 있긴 하다.

세 번째로 염세주의 철학자라고 잘 알려진 쇼펜하우어다. 그를 욕하기에 앞서 그가 쓴 『의지와 표상으로서의 세계』 책은 훌륭한 저서이기에 한번 읽어 볼 만하다. 참고로 이 책에서 여성 비하적이거나 염세적인 내용은 없었던 거 같은데 확실하지 않으니 읽어서 확인해 보길 바란다.

이 철학자는 모든 학자나 사상가를 통틀어 필자가 알고 있는 한 가장 여성 비하적 표현을 많이 한 사람이다. 니체와 비슷한 이야기를 하기도 했는데 "여자는 오직 출산 도구용으로 창조되었다."라고 했으며 여성은 남성의 명성과 지위 그리고 권력에만 이끌리는 존재라고 했다.

또한, 쇼펜하우어는 여성은 남자가 벌어다 준 돈을 쓰기가 바쁘다며 돈을 축내는 존재로 표현한다. 마지막으로 결정타를 때렸다. 그의 여성 비하 표현 중 다음 이 말이 아마 가장 유명할 것이다. "여성은 머리카락은 길지만 사상은 짧은 동물이다." 230년 전에 태어난 사람의 표현이 현대의 일부 반페미 남성들에게도 공감하게 하는 걸 보면 놀라울 따름이다. 그런데 이것도 사람 나름이라고 하자. 남자도 부모님의 돈을 축내는 존재며 일부 남성은 못 배워 먹고 생각이 짧아 반페미만 하고 있으니까 말이다. 암튼 루소도 그렇고 쇼펜하우어도 그렇고 어머니라는 존재나 부재가 여성관에 크게 영향을 끼쳤을 것으로 보인다. 실제 쇼펜하우어의 어머니와 아버지 속 트러블 일화는 잘 알려져 있다. 한편 그는 책을 내는 작가들에 대해 "여기저기 책을 도용하고 짜깁기하여 철학도 자기 생각도 없는 되먹지 않은 책을 쓰며 팔아먹고 있다."라고 했다. 페미니즘 도서들이 보통 그렇다. 필자도 지금 그러지 않기 위해 진짜 전쟁으로 들어가려 한다.

"나를 온전히 있는 그대로 사랑해 주는 사람을 만나고 싶어요." 주로는 여성이 말하지만 남성도 여성에게 그러길 바란다.

외적으로 뚱뚱하고 못생겨도, 내적으로 좀 부족한 부분이 있어도, 사람은 자신만의 인격체로 사랑을 받고 싶어 한다.

그런데 문제는 자신은 타인을 온전하게 보지 않고 그렇게 사랑하지도 않는데 타인에게만 그렇게 바란다는 것이다.

　헤겔이 말하길 주체는 타자를 경유해서 드러날 수밖에 없다고 했다. 여남이 사랑하고 만난다는 사실은 이제 서로에게 주체이면서 타자가 된다는 것을 의미한다. 만나지 않았을 때는 드러나지 않은 많은 것들이 만나서는 갈등과 오해로 양쪽 모두가 진짜 자신을 드러낸다.

　페미니즘의 가장 피상적이며 쉬우면서 어려운 문제 그리고 여자와 남자 모두의 문제이기에 외모 이야기를 제일 먼저 꺼냈다.
　아무런 배움이 없어도 누구나 할 말이 많은 주제이기도 하다. 먼저 페미니즘의 일관된 주장을 살펴보자.
　여성은 껍데기에 불과한 외모가 남자의 미적 기준에 맞춰지는 것에 대해 반감을 품고 있다. 긴 머리카락, 화장한 얼굴, 날씬한 몸매, 이쁜 옷 등에 대한 갈망은 여성이 자발적으로 원해서라기보다는 남성 우월적 문화에 기인한 것으로 생각한다. 더 나아가 페미니즘은 남성 중심 사회가 여성의 성적 대상화까지 이르게 한다고 주장한다. 과거를 비추어 보면 여성의 이런 시각은 올바른 것이다. 억지로 반론할 생각은 없다.
　그렇다면 그런 성적 대상화를 현대 시대엔 어떻게 표현했을까? 인류의 관능적 표현의 수단을 살펴보면 19세기 서양에 사진기가 처음 등장했고(최초 발명은 18세기) 20세기 초 흑백 TV 시대를 거치며 지금의 VR 영상까지 이르렀다. 물론 흑백 사진이나 흑백 TV는 색이 있는 것에 비해 관능적 요소가 부족하다. 그러나 『미디어의 이해』 저자

매클루언의 글을 참고해 보면 흑백이나 컬러 혹은 사진이나 영상, 라디오 등이 대중에게 주는 느낌(메시지)이라는 건 각각의 매개체마다 다른 특성이 있다는 걸 알 수 있다. 즉, 매체마다 대중에 전하는 의미가 각각 다르다는 것이다. 그 후 1900년대 초중반 컬러 TV가 나오면서 현재까지 수십 년 동안 이어진 광고의 시대는 아름다운 여성의 기준을 남성 위주로 고정해 놓았다. 그것은 광고뿐만 아니라 영화 예술계 사회 전반의 표현에서도 알 수 있다. 특별히 신자유주의 시대에만 그런 것이 아니다. 포드 자동차의 대량생산과 구매 욕구 자극은 자본주의 시대의 본격적 광고 시대를 열개(裂開)하였고 여성의 관능화뿐만 아니라 인간 모두의 소비 욕구를 자극했다. 여성에만 국한되지 않고 광범위한 물질적, 비물질적 현대의 소비사회는 그렇게 시작되었다. 만약 장 보드리야르의 말을 따른다면 인류는 남녀 할 것 없이 계속된 소비 문화에 살게 된다.

그렇다면 정말 남성의 즐거운 시각에 의해서만 이런 것들이 창조되었을까? 자크 라캉은 "주체는 타자의 욕망을 욕망한다."라는 유명한 말을 남겼다. 여기엔 남녀가 따로 없으며 인간은 다른 사람이 원하는 것을 같이 원하고 즐겁고 좋아 보이는 것, 아름다운 것 등에 대해 서로가 서로를 동경하게 된다. 물론 과거에는 여성이 남자의 성적 대상화로 표현된 게 압도적으로 많았다. 그러나 현대에 와서는 남녀 욕망이 서로의 본능에 충실해지고 있는 편이다.

페미니즘은 과거에만 빠져 모든 것을 남성 우월적이라거나 성적 대상화라고 치부하지 말고 인간에 대한 고찰과 이해를 시대에 맞게 해 봤으면 좋겠다. 가령 이런 것도 그중 하나다.

페미니즘은 여자는 분홍색, 남자는 파란색을 고르는 건 학습화되었기 때문이라고 말한다. 그들은 어려서부터 남성 위주의 잘못된 교육 문화로 인해 대부분의 모든 여남 불평등, 성 고정관념, 남녀 차별이 생긴다고 생각한다. 제프리스의 말을 한번 들어 보자. 제프리스는 자신의 저서를 쓸 때마다 여남 불평등은 남자 우월적 문화와 교육 때문에 생긴다고 주장한다. 특히나 여성과 남성은 아무런 생물학적 차이가 없다고 분명하게 얘기한다. 그러면서 남자는 아주 어린 나이 때부터 또래 어린 여성이 화장실을 가면 훔쳐보는 존재라고 말한다. 남자는 어려서부터 잠재적 성범죄자의 가능성이 있다는 뉘앙스를 은근슬쩍 풍기는 것이다. 반면 어린 여자는 훔쳐보기가 없다고 말하는데 한번 잘 생각해 보자. 남자 어린이에게 여자 어린이를 훔쳐보라고 학습시키는 부모는 세상에 없다. 결국 남녀 간 생물학적 차이가 없다는 제프리스의 주장엔 모순이 생긴다. 그런 남자 꼬맹이의 행동이 본능적이거나 생물학적 차이 아니고서는 대체 무엇이란 말인가? 참고로 필자는 『나는 과학이 말하는 성차별이 불편합니다』의 저자 마리 루티의 글에 상당 부분 동의하는데, 일부 진화심리학자들의 어처구니없는 이분법적 시각은 모든 남자의 시각이 아니라고 말하고 싶다.

이와 관련해 어떤 실험들이 있었을까? 거울 속 자아를 인식하기 시작하는 두세 살 아이들이나 이보다 약간 더 큰 아이들에게 사회적 편견을 주는 어떠한 학습도 시키지 않고, 말 그대로 여자아이 남자아이가 아닌 인간으로 키웠을 때의 실험 결과가 있다. 어린 여자는 이쁜 인형에 더 반응을 보였고 남자보다 외모에 더 신경 썼으며 어린 남자는 포크레인 장난감 같은 소위 남자들이 좋아할 만한 물건들을 유의미하게 더 선호했다. 이런 비슷한 심리 연구는 이미 많이 진행됐고 잘 알려진 사실이다.

반면 페미니즘 책의 일부는 다른 행동 실험을 가져와 남녀는 별 차이가 없다는 것을 언급하곤 하는데 그건 대부분 이현령비현령이다. 생물학적, 본능적 차이에 대한 확신은 어떤 것이 맞는지 각자 생각이 다를 수 있기에 더 이상 깊은 이야기는 하지 않겠다.

다만 우린 과학적인 것을 믿어야 하며 실험도 여러 가지 통제와 통계에 주의가 필요하다. 이렇게 팽팽하고 어려울 땐 무신론자든 유신론자든 그분을 끌어오면 된다. 일부 동식물의 생명체처럼 그냥 무성생식이나 단위생식을 할 것이지 왜 인간을 남자 여자 두 부류로 만들어서 자석처럼 서로 끌리게 하고 한편으로는 그 반대의 극을 주었는지 신에게 하소연해 보는 것이다. 왜 그러셨어요. 하느님! 왜 그러셨냐고요.

이번엔 잠시 언급한 패션으로 한번 돌아가 보자. 시각과 촉각에 쉽게 현혹되는 남자들에게 스타킹은 흥분의 판타지이다. 참고로 스타킹 원단은 처음엔 산업에 쓰인 물건이었지 지금처럼 여성이 신는 게 아니었다. 미니스커트를 입은 여성 또한 남성에게 좋은 설렘을 준다. 그런데 누가 이것들을 대중화시키고 누가 더 짧게 만들었으며 미니스커트와 쌍벽을 이룬 핫팬츠는 누가 발견했는가?

여성이다. 디자이너 메리 퀀트는 여성의 신체에 대한 표현을 특히나 더 드러내기를 원하는 사람이었다. 같은 여성이 말이다. 연인이나 부부 사이에서 이런 패션은 더욱 사랑을 끌어올리는 데 한몫하는 수단이다. 페미니즘은 이런 것을 억압과 성적 대상화로만 본다. 과거성과 소외성에 얽매인 페미니즘은 오히려 이렇게 인간 억압적이다.

여성들은 이제 이런 철없는 페미니즘의 잘못됨을 깨달아야 한다. 누군가는 그것이 자본주의 소비사회에서 어쩔 수 없는, 또 다른 남자 중심의 성 문화 때문에 생긴 거라고 할 수 있는데 너무 멀리 가는 논쟁이니 여기선 하지 않겠다. 정말 지긋지긋하다. 계속 반복된 성 상품화 이야기만 할 거면 차라리 페미니즘은 북한식 공산주의를 택하는 게 나을지도 모른다. 왜냐하면 김정은과 고위직 정도만 빼면 여자나 남자나 모두 평등하게 억압됐고 자본주의 맛을 덜 보기 때문이다. 사실 페미니즘은 남성 중심 자본주의 사회를 비판하지만 역설적으로 그들은 자본주의 사회가 존재하므로 존재한다. 그들에게 남성우월 문화나 자본주의, 신자유주의 등은 페미니즘의 존재 이유가 되고 계속된 전통적 에너지원이 된다. 이젠 페미니즘도 신재생 에너지에 관심을 가져야 한다. 이야기가 잠시 빗나갔는데 계속 신체 자본주의 이야기를 해 보겠다.

지나치고 직접적인 외모 평가와 시선은 당연히 지양되어야 하고 그건 남녀노소를 떠나 인간 모두에게 해당된다. 그런데 인간의 본능은 여자에게나 남자에게나 똑같다.
　인간은 기본적으로 타인에게 보이는 내 몸, 사회적으로 평가받는 내 몸이 아닌 '나' 자체의 만족과 아름다움을 원한다. 더군다나 거기엔 건강이라는 요소도 있다. 이쁜 여자의 얼굴을 원하고, 날씬한 여성이 되고자 하는 것, 반대로 잘생겨지고 싶고 근육질 몸매를 만들고 싶어 하는 남성의 갈망은 여남 할 것 없이 그냥 본능에 충실한 것이다. 남에게 잘 보이고 이성에게 어필하려는 것은 이차적 문제로 우리는 나르키소스라는 그리스 로마 신화를 잘 알고 있다. 누군가는 이렇게 얘기하면 비아냥대기도 한다. 남성의 기준엔 이쁘지 않고 뚱뚱하지만 자신을 진정 사랑한다면 그 사람도 자기 모습에 반할 수 있어야 한다. 날씬함! 그건 페미니스트에게 아무것도 아니니깐 말이다. 불가능은 없다. 남자의 기준을 무시하고 이뻐도 페미니즘이듯 못생기고 뚱뚱해도 나르시시즘이 되어야 한다. 긍정적이며 맑고 자신 있게 말이다. 비아냥이 아니라 자존감을 정말 주고자 한 말이다.

　미의 기준은 남성이 정한 것이라고 주장하며 페미니즘이 그걸 거부하는 건 지극히 정상이다. 그러나 날씬하고 이쁜 여성을 원하는 남자나 여자에게 그런 페미니즘을 강요하는 것은 지극히 비정상이다. 이 둘의 미묘한 차이를 알아야 한다. 사회가 만든 미의 기준에 사람들이 속고 있는 게 아니라 인간의 욕구를 사회가 반영하는 것이라고는 전혀 생각하지 않는 게 그동안의 페미니즘이다. 오로지 미의 기준, 그것을 타파하는 게 페미니즘이라고 여기는 신념을 가진 자들은 그 한계에서 이젠 벗어나야 한다. 이건 마치 2천 년 이상 이어져 온 철학적 사유의 관점을 현대의 현상학이나 실존주의로 보는 것과 같은 것이다. 이젠 미 자체의 거부보다는 이 속에 들어와서 투쟁하는 페미니즘이 되어야 한다.

페미니즘은 다양성과 인권, 주체성과 남녀평등을 말하면서 꼭 이런 데서는 외길 인생을 고집한다. 이젠 확장적 사고가 필요하다. 아니, 확장적 사고까지는 바라지 않아도 한 번 더 의심해 봤으면 좋겠다. 데카르트는 의심하고 의심해서 이성적 판단을 내리고자 하는데 페미니즘은 그동안 그들 스스로 한 번도 자아비판을 하지 않고 지난 200년 동안 핵심 사고를 그대로 지속했다. 단지 곳곳에서 산발적 분열을 하면서 페미니즘 사회운동에 생각이 다른 물결이 있었을 뿐 결국 남자 중심 사회와 싸울 때는 하나로 잘 뭉쳤다. 결국 그들의 최종적 사고 지향점은 같을 수밖에 없다. 그래서 그동안 페미니즘은 방법론만 달랐을 뿐 아예 패러다임 전환이 이뤄지지 않았다. 그 이유는 남성 중심 사회가 변하지 않기 때문이라 생각하고 전 세대의 페미니즘 관념이 이후 세대에 그대로 전해졌기 때문이다. 지금은 남성이 만든 무엇이 아니라 사회가 만들어 놓은 무엇이 중요한데 페미니즘은 여전히 남성만을 바라보고 있다. 미의 기준이라는 것도 남자 개인으로 치면 아무것도 아니다. 여남을 떠나 사회의 이해와 부조리를 인식해야 하는데 전통적 페미니즘은 그렇지 못하다. 오히려 지금은 예전보다 더 못한 퇴행적 모습까지 보인다. 여성의 억압만 보지 말고 인간의 억압을 보면 페미니즘이 보는 세상이 더 넓을 텐데 그들은 그들이 싫어하는 젠더에 오히려 갇혀 있어서 더 환영받지 못하고 있다. 외모 지상주의는 인간 억압적이다. 이렇게 말한다면 남성이나 성소수자에게도 공감받을 것이다. 그러나 그보다 더 많은 공감을 얻으려면 인간의 '주됨'을 인정하면서 다른 방향성을 제시해야 한다. 무조건의 거부는 그 '주됨'이든 주됨에 관성적으로 살아가는 사람이든 반감을 사게 한다. 여기서 주됨은 '주되다'의 줄임말이다. 그게 외모 지상주의의 원래 본성이라고까지는 하지 않겠지만 이쁘고 잘생김의 기준이 이미 있으니 주됨이라고 표현했다. 이다음부터는 주됨을 본성이라고 표현하겠다.

일부 페미니즘은 이런 인간의 본성을 인정하지 않거나 무시한다. 그들은 외모 지상주의로 인한 인간 신체의 물질화, 소비화 탓이라고 백 년째 주장하고 있다. 섭식장애의 원인이나 뚱뚱한 여성이 사랑받지 못하는 것을 페미니즘은 쉽게 남성 탓으로 돌린다. 날씬한 여성에 대한 갈망을 사회의 학습이나 남자 중심 문화 탓으로만 생각할 줄 알지, 인간의 건강 욕구와 자기만족은 이야기하지 않는다. 물론 억압이라는 측면에서 프로이트의 정신분석이나 일반 심리학적 관점에서 생각해 보면 날씬한 여성에 대한 사회적 요구에 과민 반응하여 힘들어하는 여성이 있다는 것을 인정할 수밖에 없다. 그런 통계를 보면 문제가 있어 보이긴 하다. 그러나 현시대엔 남성도 그런 외모 불안에 신경

증적 증세를 보인다. 그동안 우리 사회가 남성의 삶에는 너무 무심했다. 사회의 그런 문화가 남녀 모두에게 적용된다는 것을 알아야 하는데 페미니즘은 이럴 때 꼭 편을 가르려는 못된 버릇이 있다. 진단을 잘못하다 보니 진짜 사회의 병을 모르고 병명을 모르다 보니 해결책은 또 엉뚱하게 내놓는 것을 페미니즘은 끊임없이 반복한다.

  암컷과 수컷 동물도 나이가 들고 번식 능력이 떨어지면 서로에게 인기가 없어지는데 인간이라고 크게 다를 건 없다. 그래서 여남 각자의 몸에 충실히 하는 것은 현대사회엔 당연한 일이다. 우리는 단순히 미의 관점만이 아닌 과거보다 서로가 서로에게 관찰자인 시점으로 살아가고 있다. 그러다 보니 자꾸 무엇이 되려고 하고 보여 주려고 한다. 현대인은 죄수가 아닌데도 마치 감시받는 죄인인 것처럼 마음속에 각자의 판옵티콘을 지어 놓고 산다. 그러다 보니 결국 현대인은 스스로 강박에 사로잡혀 불안해한다. 그 강박의 해결책 중 하나가 고작 허세 같은 가면이다. 이게 핵심인데 그동안의 페미니즘은 이것을 모르고 있었고 알고 싶어 하지도 않았다. 왜냐하면 페미니즘은 여성이 아플 땐 남성만 눈에 보이고 세상이 아플 땐 여성만 눈에 보이기 때문이다. 페미니즘은 뜬구름 같은 이야기를 그만해야 한다. 갑자기 쇼펜하우어가 생각난다. 이건 남녀만의 문제가 아니고 우리 모두의 문제이다.
  한편 철학자들이 얘기하는 이성적 관성으로 정해진 남자 중심적 구조의 틀이라는 게 여전히 존재함을 인정한다. 그렇지만 과거와 똑같지는 않다.

그런데 지금의 페미니즘을 보면 우리 사회가 변하지 않은 것처럼 100년 전에 했던 소리를 그대로 현재도 반복하고 있다. 왠지 100년 후에도 그럴 거 같아 지금은 약간 한쪽에 치우쳐 반론을 하는 중인데 필자의 기우였으면 좋겠다.

외모 혹은 신체적인 것은 구석기시대 아니 그 이전부터 사람마다 다르게 소비되어 왔다. 600만 년 전 침팬지에서 갈라져 나온 인류 역사 이래 신체는 여성이나 남성이나 둘 다 비슷하게 소비됐고 불평등의 원천이었다. 그렇지만 그 불평등을 그나마 공동체 정신과 지능이 조절해 주었다. 인간뿐만 아니라 다른 호미니드나 기타 동물도 마찬가지다.

왜 그런지 설명해 주고 싶지만 필자가 설명을 해 줘도 페미니즘은 이해하지 못할 테니 이건 그냥 쉬운 숙제로 남겨 놓겠다.

페미니즘의 절대 논리인 자본주의와 남성 우월주의 문화 탓은 그들 스스로 고립화되는 것을 초래하고 대화를 단절하게 한다. 지금이 딱 그런 경우인데 변화가 필요하다.

논란의 인어공주 그리고 PC

논쟁의 인어공주로 한번 가 보자. 먼저 페미니스트는 미의 기준이 남성이 만들어 낸 그 시대의 일시적 관념일 뿐이라고 주장한다. 시대별로 미의 기준이 달랐음을 근거로 드는데 그렇다면 클레오파트라의 미에 대한 욕구와 그리스 로마 시대 이전부터 이어져 온 화장은 남성 우월주의가 만들어 낸 것이란 말인가?

일부 동물의 세계에서도 암컷이 수컷을 유혹하기 위해 몸에 치장을 한다. 물론 수컷도 암컷에게 구애하고자 더 멋있고 강하게 보이려고 노력한다. 원숭이 페미니즘이 이런 것마저 수컷이 만든 수컷 우월 문화라고 주장할까 무섭다. 잘 생각해 보면 동물 세계와 인간 세계 둘 다 겉으로는 남성과 수컷이 우위에 있는 거 같지만 결국 여성이나 암컷이 우위에 있다.

여성에게 잘 보이기 위해 남성도 화장하는 시대다. 이와 관련 최재천 교수의 유명한 책도 있지 않던가. (추후 진화론적 관점에서 페미니즘을 논하겠다.)

아름다움은 여성에게도 권력이었다. 물론 역사적으로 남성이 대부분 권력을 독점했기에 여성은 능력이 아닌 외모로 어필하여 권력을 함께 공유했다. 그런데 단순히 얼굴만이 전부가 아니다. 아름다움이 권력이 된다는 것은 여성의 외모와 언변, 성격, 지적 능력 등이 함께 어우러지는 것을 의미한다. 그래서 남성 우월 사회를 단순히 남자가 만든 미의 기준으로 등치하면 안 된다. 남성 위주의 문화를 인정하더라도 이게 곧 미의 기준이 되지는 않는데 이게 인어공주를 해석할 때 알고 있어야 할 핵심 사항이다.

예전 시대는 지금처럼 만인이 풍족하지 않았거나 평균수명이 지금처럼 길지 않았을 때였으므로 과거엔 통통한 게 미와 건강의 기준이 되었을지 모른다. 그들 말마따나 아름다움에 대한 기준은 시대나 사람에 따라 조금씩 차이가 나는 게 당연하다. 다만 중국의 전족 같은 것은 미의 기준과 상관이 없다. 남성의 삐뚤어진 성 인식으로 만들어 낸 야만적인 문화일 뿐이다. 아무튼 미의 기준을 모두 남성 위주의 결과물이라고만 생각하면 이다음 이야기를 절대 이해할 수 없다. 여성의 성이나 아름다움에 대한 남성의 탐미적 욕구와 에로스, 그에 따른 여성의 반응은 양방향적이다. 미의 기준이 남자 위주이니 '여자여, 속지 말자' 아무리 외쳐도 남녀 인간의 잠재적 본능과 욕구 때문에 인류가 멸망하지 않는 한 서로의 사랑은 계속된다.

 PC 주의자들은 이런 남녀가 눈에 들어오지 않는다. 그들은 이 테두리에 들어오지 못한 그 외의 것들만 관심을 둔다. 그래서 마음과 머릿속에 있는 인간의 사랑과 아름다움은 PC와 불편한 관계다. PC 주의자들은 아름다움에 대한 기준과 인식의 틀을 해체하고 자꾸 의문을 제기하는 게 정의로운 것이라고 생각한다. 결국 자신의 관점을 선민의식처럼 가진다.

 페미니스트의 남성 욕구와 PC 주의자의 불편 욕구의 공통점은 세상의 관심이다. 그들 둘 다 테두리 안의 사람과 테두리 밖의 사람으로 구분하여 선을 긋고 자신들과 생각이 비슷한 사람에겐 잘못된 용기를 심어 준다. 그리고 그와 반대된 사람에겐 거부감을 심어 준다. 이들은 이미 세상이 기울어졌다고 생각하기 때문에 자신들의 사상에 균형을 가질 필요가 없다. 그래서 세상과 대립한다. 그 대립이 오히려 그들에겐 에너지원이고 PC 존재의 이유가 된다. 이런 PC에는 비판적 입장을 보였지만 주류가 아니거나 세상 모든 사람이 자유로워 지고 차별받지 않았으면 좋겠다는 게 필자의 기본 생각이다. 그들이 그러기 위해서 어떻게 해야 하는지는 이미 이 글에 써 놨으니 더 이상 언급은 하지 않겠다.

너무 길게 돌아왔는데 본격적으로 인어공주 얘기를 해 보자.
흑인이라는 인어공주 설정 그 자체가 어떤 사람에게는 불만인데 얼굴마저 이쁘지 않다고 생각하니 더 짜증이 날 수 있다. 정치적 올바름에 대한 무조건적 반감을 보이든 아니면 보통 사람들의 어렸을 적 추억을 배신하면서까지 왜 원작대로 하지 않는 것이냐며 이성적 불편함을 토로하든 이런 여러 불만은 남녀노소 누구나 가질 수 있다. 그런데 진짜 문제는 따로 있다. 인간 본능에 대한 억압이다. 정치적 올바름을 엉뚱한 데서 강요하고 본능을 억압하려고 하니 자꾸 반감이 생기는 것이다.
영화 내용이나 재미 요소, 인종적 요소는 여기서 길게 논하지 않을 것이며 핵심만 언급할 것이다. 인어공주 영화가 PC 영화라고는 하지만 실제론 프로크루스테스 올바름이라는 걸 알아야 한다. 정 하고 싶으면 관객이 의식하지 못할 정도로 교묘하게 PC 영화를 만들면 된다. 재밌고 좋은 영화라면 사실 어느 정도 PC가 들어 있든 아니든 흥행할 수밖에 없다. 가령 알라딘이나 프린세스 그리고 뮬란 등은 유색인종이 영화의 주요 등장인물이지만 어느 정도 성공한 영화다. 그런데 앞으로는 구성이 잘 짜여 있고 재밌는 영화라 할지라도

PC에 대한 반동으로 더욱 가는 눈을 뜨고 편향적으로 바라볼 사람들이 생길 것이다. 극렬 페미니즘 때문에 정상적, 합리적 페미니스트가 올바른 소리를 해도 이젠 일부 남성이 페미니스트라는 이유로 오염부터 시키는 것처럼 말이다. 결국 PC가 PC 영화를 스스로 불편하게 만들어 버렸다.

『구별 짓기』저자로 유명한 부르디외는 이렇게 말한다. "외모는 계급 취향을 가장 물질화하는 것을 명확하게 보여 준다." 다만, 부르디외는 취향이 계급화되고 외모가 계급화되는 건 사회적 차별화를 보여 주는 것이라 하면서 이것까지 정당화하진 않는다. 앞서 언급한 대로 아무리 외모는 껍데기라고 생각하고 상관하지 말자고 외쳐도 인간 모두의 공통됨이 있다. 심지어 어린아이들에게서도 이쁘고 잘생기고 멋지고 추한 것이 보인다. 그런데도 일부 페미니스트는 자연적 반응에 대한 불편함을 억지로 강요하고자 하니 사람들이 화가 안 날 수가 없는 것이다. 영화뿐만이 아니다. 특정 단어 및 기타 PC와 관련된 다른 곳에서도 문제점을 찾아 볼 수 있다. 이것은 추후 다시 논하겠다. 일부 PC 주의자들은 잘못된 사회 문화가 구조화된 것들에 대해서 불평등의 기원을 아주 잘못 찾고 있다. 그 이유는 인간이 미(美)에 학습화된 게 아닌 본능의 결과물이란 사실을 인정하지 않기 때문이다. 여기에서의 본능은 동물적 본능이 아니라 인간이 무엇이 보기 좋다는 방향성의 인간 본능이다. 그것은 옳다, 그르다는 것으로 나눌 수 없는 문제다. 그러나 PC 주의자는 그 방향성이 틀렸다고 생각하며 억지로 바꾸려 한다. 관성화된 미(美)의 기준을 결국 남성 위주의 시각이라고 생각하기 때문이다. 거기엔 모든 여성의 시각이 들어 있지 않은데도 말이다.

　PC 주의자들은 이 부분을 인정 안 하다 보니 결국 남자뿐만 아니라 대부분 사람을 불편하게 한다.

　인어공주 논란은 인종적 차원의 교차성 페미니즘도 아니고 페미니즘이 몸의 권력화를 비판하는 것 중 하나인 신자유주의 대한 반응 때문도 아니다. 여성의 성적 대상화, 남성 위주 사회에서의 여성, 외모 고정관념 비판을 페미니즘은 수십 년째 반복하고 있다. 핵심을 보지 않는 한 100년이 지나도 그들은 똑같은 말만 반복할 것이다. 이런 것은 충분히 페미니즘에 동의하고 페미니스트가 되어 보고자 하는 남성에게 오히려 역효과를 가져온다. 심리적 용어로는 역화 효과라 한다. 반감을 사게 되는 것이고 무조건적 페미니즘이 불편한 남성에겐 혐오적 발언이나 공격의 빌미가 되기도 한다. 조금만 더 생각하면 덜 불편하고 더 확장적이며 장기적인 부분이 있을 텐데 그런 면에서 정치적 올바름을 풀어 가는 방식이 조금 아쉽다. 냉정하고 미래 지향적이려면 생각하는 여자는 괴물과 함께 잠을 자야 한다. 하긴 남자를 불편하게 만드는 게 페미니즘이라고 인식하는 일부 정신 나간 사람들이 있는 한 피씨와 팍씨의 싸움은 계속될 것이다. 팍씨는 한 대 때리고 싶다는 그거 맞다. 언어유희다.

　여성은 아름다워지고 싶고 이왕이면 남자에게 사랑받고 싶어 한다. 남성 또한 마찬가지다. 이런 불편한 페미니즘은 진실이라서 불편한 게 아니고 같은 종족인 여성이 오히려 여성을 억압하는 마이너스 페미니즘이기에 불편한 것이다. 머리를 짧게 자르고 화장을 거부하고 비혼을 말하며 남성을 적대시하는 강요의 페미니즘은 보통의 여성에게 적페미니스트다. 그리스 로마 시대 아니, 그전부터 현재까지 외모는 자산이었다. 라메트리의 『인간 기계론』에는 이런 내용이 나온다. "정신적인 부분을 더 차지할수록 본능적인 부분은 줄어든다."

 사랑하는 것, 먹는 것, 보는 것, 잠자는 것, 즐기는 것, 편한 것들에 대해서 왜 이렇게 인간의 감정을 남녀평등이란 것에 가두어 두고 그녀들은 고립되어 가는지 생각해 볼 문제다. 너무나 미시적인, 너무나도 미신적인 흑백논리의 말과 책에 빠진 페미니스트 환자들은 빠져나와야 한다. 물론 안티 페미들의 남성도 마찬가지다. 지엽적인 문제나 가십거리, 뉴스, 이슈 영상에 빠지면 오히려 자신에게 불행이다. 나의 못남을 사회의 못남이라 탓하면서 피해의식을 가지지 말고 사랑받기 위해 '나를 있는 그대로' 외의 노력은 얼마나 하고 있는지 스스로에게 먼저 물어봐야 한다. 인간은 보통 일생을 살아가면서 마음의 노력과 실천으로 내적, 외적 성장을 하고 싶어 한다. 거기엔 여남의 외모도 포함된다. 외모에 대해 여러 가지 고찰을 더 할 게 있지만 이쯤에서 마무리하고 추후 간간이 또 언급하도록 하겠다.

페미니즘의 문학적 고찰

 여기에서는 정치와 경제, 사회적 현실적 문제가 모두 드러난다. 여러 다른 페미니즘 관련 서적에서도 알 수 있는 이야기는 이 책 내용에서 최대한 빼려고 한다. 검색하면 금방 알 수 있는 지식보다는 관점을 좀 다르게 보겠다.

남녀 불평등에 저항한 작가나 문학 작품은 정말 많지만 특정 인물이나 몇 개의 작품만 앞으로 살펴볼 것이다. 현실적 이야기를 아직도 제대로 하지 않았기에 갈 길이 멀다.

페미니즘의 선구적 여성 작가로 가장 먼저 떠오르는 인물은 버지니아 울프다. 그녀는 『자기만의 방』이라는 책에서 의식적, 무의식적 억압된 여성의 존재에 대해서 이야기한다.

가령 도서관을 이용하는 것도 쉽지 않은 여성, 글쓰기를 위해서 충분한 경제적 여건의 필요, 남자의 반대 성인 여자가 아니라 한 인간으로서의 주체적 삶을 말한다. 그러면서도 인간은 인간관계 속에서 자신을 더 올바른 방향으로 이끈다고 주장한다.

현실적이고 핵심적 이야기들이 거의 다 나왔다. 울프는 남성 우월주의 문화에 으레 그랬듯 억압당한 것조차 모르고 살아온 여성의 삶을 의식하고 타파하고자 했다. 그리고 평등하기 위해선 남자로부터의 경제적 독립이 우선적으로 이뤄져야 한다고 생각했다. 사람은 여남 할 것 없이 관계하며 살아야 한다는 인간적 삶에 지극히 평범한 진리의 얘기까지 뭐 하나 틀린 게 없다. 그런 의미에서 남성을 적대시하는 현재 급진 페미니스트들은 울프로부터 느끼는 바가 있어야 한다.

한편 울프는 미발행 책부터 여러 자신의 원고를 친한 사람에게 내보이며 많은 조언을 듣고 다양한 책을 세상에 펼쳐 낸다. 경제적 여유 없이 그 시대에 여성이 여러 책을 쓴다는 것은 거의 불가능했을 것이다. 그녀가 밝혔듯이 부자는 아니지만 일정량 수입이 있는 경제적 여유를 실제로 가지고 있었고 결혼도 한 상태였다. 울프는 여성의 경제적 독립에 대해 매우 중요하게 생각했지만 어떻게 해야 할지의 구체적 방법은 사실 그녀 자신도 쉽게 찾지 못했다. 그럼에도 울프는 자신의 저서에서 남자의 부차적 존재가 아닌 여성의 존재를 끊임없이 각인하려 했다. 현시대 사람들에게 울프는 1세대 페미니스트 작가로 알려져 있지만 실제 삶과 저서 사이의 괴리가 있으니 한 번 더 살펴볼 필요가 있다.

울프의 이야기는 이만하고 일상생활 속 여성의 실제상황을 이야기한 다른 작가의 책으로 넘어가 보자.

『신데렐라 콤플렉스』라는 책이 있다. 이 책은 신념적, 사상적인 것보다 현실적 경제적 문제를 고려하는 여성에게 더욱 공감할 만한 내용들이 들어 있다. 주인공 작가는 주체적으로 살고 싶어 하고 나는 나답게 살고 싶은 여성이지만 한편으로는 남자에게 의지하며 기대고 싶은 심정도 있다고 토로한다. 그러면서 그게 왜 문제가 되는지 반문한다. 취집하면 안 되는 세상에 나름 남녀평등에 대한 문제의식을 느낀 한 여자의 현실적 삶을 그대로 보여 준다. 세상을 남녀평등하게 바라보며 살아 보겠다는 신념이 때로는 자기 자신과 가족 및 사회를 얼마나 억압하고 이분법적 선택을 하게 만드는지 알 수 있게 해

준 책이다. 그런 생각을 더 심화시키면 스스로 올가미가 여성과 가족에게 씌워져 우리 모두 불행하게 되는데 현재 페미니즘 일부가 그렇게 만들려고 하고 있으니 그러지 못하도록 깨어 있는 사람이 그것을 막아야 한다.

 버지니아 울프 이후 조금 지나서는 케이트 밀렛의 『성 정치학』 책이 나온다. 여러 남성 작가가 쓴 글에서 얼마나 여성이 성적 대상화되고 억압되었는지를 논하는 책이다. 그 책에서 매춘에 관한 이야기가 있었는지 정확히 기억나지는 않지만 성매매에 관한 이야기는 추후 따로 살펴보겠다.

 밀렛은 크게 두 가지를 지적한다.
 그것은 여성의 성에 대한 삐뚤어진 남성 위주의 성 인식과 성적 억압이다. 그렇기에 여성은 이중적 불평등과 고통을 겪게 된다. 여성은 인간의 근본적 권리인 행복추구권과 성적자기결정권인 자유를 남성 우월의 사회 속에서 내맡기고 자기 선택권이 없는 삶을 산다.
 책의 전개는 남성 작가들의 소설 작품을 끄집어내어 그 속에 얼마나 남성 우월적 사고를 가진 내용들이 많은지 통렬하게 비판한다. 왜 성적인 불평등까지 여성은 겪어야 하는가? 다른 이야기로 넘어가 보자.

 오래전부터 '정부'를 둔 여자는 '정부'를 둔 남자보다 사회적으로 더 지탄받고 처벌받아 왔다. 이건 전 세계적인 현상으로 특히나 불륜이 주요 내용인 문학 작품을 보면 대부분 여성은 결국 비극을 맞이한다. 그런 대표적 작품으로는 톨스토이의 『안나 카레니나』와 플로베르의 『보바리 부인』이 있다. 다만 남성 작가가 쓴 것이기에 여성 주인공이 잘못된 건지 사회가 잘못된 건지는 정확히 답을 알 수 없다.

 우리나라 여인들도 오랫동안 이런 억압적 고통을 이중 삼중으로 겪어 왔다. 예를 들어 보면 조선시대 여성 어우동과 감동이 있다. 감동이랑 같이 놀아난 여러 남성의 처벌은 거의 없었지만 감동은 그에 비해 가혹한 처벌을 받는다. 감동은 지아비가 있던 상태에서의 간통이었기에 그렇다 치더라도 어우동은 이혼한 뒤 남성들과의 정사였음에도 불구하고 죽임을 당한다. 서로 욕망했는데 정조를 지켜야 하는 것은 왜 여성이어야만 하고 은장도의 슬픔이 여성에게만 있어야 하는가? 그리고 명백히 여성 억압적인 칠거지악을 왜 여성/아내에게만 들이밀었는가? 이것은 명백히 남녀 불평등이다. 한국 남자들도 인정해야 한다. 그래서 조선시대 억압받던 여성에 대한 남성의 벌칙으로 연좌제 같은 걸 적용해 남자가 이젠 애인이나 아내에게 일주일에 한 번이라도 거안제미할 것을 제안한다. 연좌제가 반헌법적이듯 그동안 남성도 여성에게 반헌법적이었기 때문에 필자의 제안에 남성은 불만 없도록 한다. 어쨌든 요즘엔 요리하는 남자도 많아지고 있고 여성에게 인기도 있다.

 이상한 소리 그만하고 이젠 한국의 현대를 잠시 살펴보자. 이런 억압 속에 여성에게도 성적 자유로움을 주고자 한 한국 남성이 있었으니 그가 바로 고 마광수 씨다.

 그는 몇몇 논란이 될 만한 글들과 여성을 성적 대상화하고 적나라하게 성적인 표현을 하여 여자들의 공공의 적이 되었다. 특히 페미니즘이 물어뜯기 가장 좋은 한국 남성이다. 요즘 말로 치면 마광수 씨는 페미니스트들의 맛집이다. 그러나 그의 책 한 권도 제대로 보지 않고 평가하지 말자. 온라인의 몇몇 표현만으로 섣불리 평가하기보단 제대로 비난, 비판하려면 그의 책들을 읽어야 한다. 또 자기가 보고 싶은 것만 보고 혹은 불편한 것만 끄집어내서도 안 된다. 정말 그가 말하고 싶은 것은 여성의 성적 자유다. 그러니까 여성도 남성처럼 하나의 놀이로 성적 농담이든 실제 성생활이든 즐길 수 있어야 한다는 것이다. 그러나 아직도 보수적인 한국 사회에서 이런 벌거벗은 표현들은 여전히 환영받지 못하고 진의가 무엇이든 간에 무조건적 공격의 대상이 된다. 그래서 마광수 씨가 남성 편의적 생각을 줄이고 여성에 대한 성적 표현을 좀 순하게 했으면 어땠을까 하는 생각이 들기도 하는데 만약 그런 순화를 했다면 마광수는 마광수가 아니었을 것이니 그냥 그대로를 인정하고 싶다.

 마광수 씨의 생각을 수용할 시대는 당분간, 아니 어쩌면 앞으로도 오지 않을지 모른다. 그러나 실질적으로 우리는 과거보다 섹스의 여남평등 시대에 살고 있다. 요즘 사람들은 낮져밤이 혹은 낮이밤져 이야기를 하고 있기 때문이다. 다만 극렬 페미니스트는 여전히 시대착오에 빠져 일부의 사례를 들어가며 데이트 강간이나 성적 억압만을 외치겠지만 말이다. 한편 여성은 가임기 때 임신 가능성의 위험과 피임의 불편함 때문에 남성처럼 무책임하고 무분별하게 섹스를 즐길 수만은 없다는 것을 인정하고 이해한다. 그리고 보면 이런 것도 남녀 차이지 않은가.

82년생 김지영은 신경증 환자

영장류 세계의 수컷과 암컷도 그렇고 보통의 인간도 여성이 남성보다 정서적 공감을 더 잘하는 편이다. 그래서 남자에겐 불편하고 여자에겐 정서적 공감을 많이 할 것 같은 책이 『82년생 김지영』이다. 아마도 82년생 딸을 낳은 어머니의 삶, 82살 김복자라는 책이었다면 남자들은 이렇게까지 책 속 김지영이란 인물처럼 민감하게 반응하진 않았을 것이다. 처음부터 문제는 82년생이라는 건데 이 정도 태생으로는 대부분의 남성이 공감하지 못한다. 물론 장남 위주의 가족 혹은 여남 차별적 집안에서 태어난 사람이라면 공감하는 남자도 더러 있을 수 있다. 실제 80년대는 여전히 장남이나 남자가 우선시되는 시대였기 때문이다. 그러나 이런 것들은 핵심이 아니며 진짜 문제는 따로 있다. 자신의 신념을 공격적 혹은 신경질적으로 냉담하게 표현하는 부분이다. 그래서 주변을 다 불편하게 한다.

특정 상황의 김지영이라는 인물에 대하여 60년대생, 70년대생, 80년대생 혹은 그 이상 젊은 여성이 많이 공감한다고 해서 그게 전부

옳은 것은 아니다. 물론 책 속에서 김지영이 처한 남성문화 위주의 그 불합리한 몇몇 설정 부분은 인정한다. 그렇지만 정서적 공감과 인지적, 사회적 공감은 분리해서 봐야 한다. 정서적 공감의 의미는 경험의 공유인데 그것만으론 사회적 공감인 남녀 모두의 배려까지 이끌어 낼 순 없다. 우리는 공감하면 늘 좋을 줄 안다. 그러나 책 『공감의 배신』은 그것에 반론을 제기한다. 거창한 책은 아니니까 읽지 않아도 되며 필자의 정리만 봐도 된다. 오히려 『공감도 지능이다』라는 책을 읽는 게 더 좋다. 『공감의 배신』의 핵심은 정서적 공감이 늘 옳은 건 아니며 오히려 그런 공감이 사회의 해악이 된다는 것이다. 지금의 김지영도 그렇고 한쪽으로 치우친 페미니즘의 여성주의 공감도 그렇다.

김지영의 삶에 자신이나 사회를 투영하여 마음의 공감을 하는 것은 주로 특정 세대의 여성이다. 그렇기에 이런 것이 페미니즘 책이 될 순 없다.

특히나 한국인들은 긍정적 의미의 개인주의를 이기적으로 생각하고 집단적 문화에 익숙해져 다름을 인정하지 않으며 말의 표현을 중요하게 여기는 민족이다. 그 나라의 수십 또는 수백 년 문화 행태 때문에 선조 때부터 그냥 막연하게 이어져 온 생각과 행동들이 무의식적으로 나오게 되는 경우가 있다. 그것을 김지영은 타파하려고 하는 것도 잘 알고 있다. 만약 그것이 정말 명백히 여남 불평등한 것이라면 의식하고 고치는 사회 문화가 필요하다는 것을 백번 인정하고 공감한다. 그런데 아닌 경우도 꽤 있다. 김지영이라는 책의 내용만을 말하는 게 아니다. 페미니즘에 투철한 여성은 상대 남성이 정말로 남성 우월적 사고를 가져서 그런 표현과 행동을 한 게 아닌데도 페미니스트 강박에 빠져 오해하곤 한다. 그저 순수하게 행동했을 뿐인데 일부 페미니스트가 과몰입하여 분위기를 망치는 경우가 있다. 혹은 몰라서 어떤 말이나 행동을 한 것인데도 엄청난 민감함을 보인다. 그래서 옆에 있는 사람까지 괜스레 어쩔 줄 몰라 하는 민망한 상황까지 초래한다. 거기엔 같은 여성이든 남성이든 서로 모르는 사람이든 모두가 포함돼 있다. 김지영처럼 행동하는 것이 현실 생활 속 페미니스트의 실천적 삶이라고 생각하는 모양인데 그건 깨어 있고 의식 있는 페미니스트가 아니라 그냥 분위기 깨는 '민폐'니스트이다. 페미니스트라고 자처한다면 정말 다시 한번 생각해 봐야 할 문제다. 진실이 늘 불편할 필요는 없으며 지금 당장이어야만 하는 것도 아니다. 그리고 우리는 아직 아메리카화되지 않았고 그런 건 또 문화적 타성 때문에 전부 그렇게 될 수도 없다.

한편 이런 것과 관련된 것 중 어떤 특정 표현 및 단어가 있다. 이쁘다는 표현은 남녀노소에게 그저 자연스러운 말이다. 굳이 '너답다! 나답다!' 하는 게 더 이상하다. 자기의 어린 아들과 딸, 조카들에게 무엇인가를 가르친다고 할 때 그렇게 페미니스트 조기교육을 하고 있으면 그것은 어떤 의미로는 대단한 일이다. 비아냥이 아니다. 반면에 입과 손으로는 밖에서 페미니스트를 자처하지만, 집이나 가족 울타리에선 그냥 한 인간 및 한 여자로 사는 삶도 존재한다. 아마 많을 것이다. 그것은 한국 여성의 현실적인 삶인 동시에 그만큼 여성들이 만들어 낸 페미니즘이 얼마나 많은 이상향과 모호성, 불편성을 동시에 가졌는지를 보여 준다. 실제 삶과 괴리가 있고 불편하다면 왜 페미니즘이 필요한 것인가? 방법은 둘 중 하나다. 페미니스트를 없애든가 아니면 현실적이고 합리적 방향으로 페미니즘을 돌려놓든가 말이다. 남성의 업보가 있으니 당연히 후자로 가야 한다. 결론적으로 페미니즘에 공감하든 안 하든 별생각이 없든 우리 인간의 삶은 여남 할 것 없이 불편하지 않은 삶이어야 한다. 전부는 될 수 없지만 많은 남성을 공감하게 하고 적으로 인식하지 않아야 더 빠르게 여성 행복 시대가 온다는 것을 여성들은 알아야 한다. 한편 페미니즘은 이렇게 반론할 수도 있을 거 같다.

그 불편함이 있는 이유가 아직도 남녀 불평등이 존재하기 때문이라고 말이다. 정말 이렇게 생각한다면 이건 약이 없다.

과거엔 당연히 불편함을 가진 여성의 삶일 수밖에 없었다. 그러나 현재는 아니다. 지금은 남녀 불평등이 설령 존재하더라도 그건 불편함이 될 수 없다. 왜냐하면 현재 페미니즘은 불평등이 있는 곳에 꽃이 피기 때문이다. 오히려 일부 페미니스트가 사회를 불편하게 하거나 스스로 불편함을 만든다. 지금의 페미니즘은 억지로 불평등을 찾아야만 하기 때문에 '페미 인지 감수성'이 극에 달해서 불편한 것처럼 느껴질 뿐이다. 더 이상 페미니즘이 페미니스트를 스스로 피학하지 말고 남성을 가학하지 말아야 한다. 이 단락의 결론을 내겠다. 관심받고 싶다면 단순히 페미니스트란 타이틀로 튀지 말고 똑똑하고 합리적 인간으로 튀어라.

여성이 주장하는 주요 남녀 불평등 사례 반박

  도서관이나 서점에 있는 모든 페미니즘 책의 내용은 거의 비슷하다. 특히나 여성 작가가 쓴 글이라면 굵직한 공통의 레퍼토리들이 있는데 그중 하나가 통계를 이용한 불평등 사례다. 대표적인 것이 여성 임금차별과 임원급의 숫자 이야기다.

  통계적으로 보면 통계의 몇 가지 오류를 지적할 필요 없이 여성이 말하는 불평등 통계는 사실 거의 다 맞다.

  부정하지 말고 남성은 역사적으로 이어져 온 여러 가지 불평등 통계를 인정해야 한다. 그런데 어떤 것은 자세히 들여다볼 필요가 있다.

  예를 들어 보통의 남녀 임원급 숫자 관련 통계는 단순히 결과적인 것만 보는 것으로 절대적 숫자만 이야기한다. 최초 투입된 남자와 여자 신입사원의 숫자, 그 회사의 업무적 특성, 승진 체계, 조직문화와 역사 등은 거의 고려하지 않는다.

  아무리 성 고정관념이 사라지고 성역할에 차이가 없다고 하더라도 남녀가 원하는 직업군 차이는 분명 존재할 수밖에 없다. 예전보단 덜 하긴 하겠지만 앞으로도 그럴 것이며 AI가 거의 모든 걸 대체하지 않는 한 어떤 직업은 시대가 한참 흘러도 절대로 남녀 평형에 가까워지지는 않을 것이다. 페미니즘은 이런 걸 아예 부정하거나 이마저도 남성 위주의 사회문화 때문이라고 결론을 내 버린다. 이럴 땐 정말 답답하다. 그래서 종교와 같다고 말하는 것이다. 앵무새처럼 같은 말만 반복하고 파블로프의 개처럼 페미니즘 고기만 보면 침만 질질 흘리는 걸 반복한다. 그래서 한국의 페미니즘이 이 모양 이 꼴이 된 것이다. 표현이 과했다. 모르는 척 얼른 본론으로 다시 돌아와 보자. 페미니즘이나 일부 여성도 불리하면 모르는 척 잘하지 않는가?

남녀 관리자와 임원급 숫자가 과거엔 크게 차이가 있었고 현재도 별로 다르지 않다는 것을 부정하는 게 아니다. 더 정확히 하려면 이런 부분도 살펴볼 필요가 있다는 얘기다. 그리고 앞으로의 상황을 살펴보자. 외국처럼 이젠 우리나라도 일부 분야에서 남성이 여성에게 뒤처지는 상황이 오게 된다. 이미 그런 직업들이 존재한다. 그렇기에 남성은 여성 할당제에 대해 무조건적 반대를 할 필요가 없다. 물론 합리적 기준이나 명백성도 없이 단순히 기계적으로 절대적 수치 놀이만 하는 역차별 할당제를 비판하는 것은 당연하다. 한편 정치인들도 보여 주기식 토크니즘 그만하고 정신 차려야 한다. 페미니즘이나 여성들도 그런 것에 오히려 반대해야 하는 게 정상인데 그런 주체성과 상식을 가진 여성은 매우 드물다. 특히 여성 정치인이나 관료들이 여성을 더 망치고 있으며 오히려 여성의 여성화를 부추기고 있다. 가끔 이럴 때 보면 페미니즘이 정말로 여성의 주체성을 회복하려고 하는지 의문이 들 때가 있다. 왜냐하면 불리하고 나약한 여성이어야 사회에 도움을 받기 때문이다.

임금 문제는 이제 젠더 문제가 아니라 우리 모두의 문제로 인식해야 한다. 1인 가구가 늘어난다고 하지만 대부분 가족에게 여성은 존재하며 누구나 우리 누나, 엄마, 여동생이 합당한 대우를 받기를 원한다. 그래서 동일노동에 대한 동일임금을 받는 것은 매우 당연한 일이다. 하지만 단순히 여성이 남성보다 n% 임금을 덜 받는다는 사실 하나로 불평등이라고 주장하는 것은 옳지 않다. 여남을 떠나서 이것은 정규직이나 비정규직도 마찬가지다.

생산성을 수치화하긴 어렵지만 동일노동이라 할지라도 노동의 강도와 효율성이 다를 수 있다.

능력제라면 오히려 여성이 남성보다 우위에 있는 경우 여성이 더 많은 임금을 받는 것은 당연한 일이며 그 반대라면 차별이 있는 게 매우 공정한 일이다. 후천적 성과와 상관없이 정말 남녀가 동일노동을 하는데도 임금 차별이 있다면 그것은 명백히 잘못됐다. 그러나 자세히 들여다보면 직업 종류만 같을 뿐 동일노동이 아닌 경우도 많다.

사회과학자나 페미니스트는 공무원이나 민간 회사의 고위직에 여성의 비율이 왜 이렇게 낮을까에 대한 이유를 분석한다.

가장 큰 첫 번째 이유는 역시나 남녀 불평등 문화다. 그 문제가 오랫동안 사회 구조화되어 있어 유리천장을 깨기 어려운 데다가 여성의 출산으로 인한 경력 단절이 더욱 그것을 부추긴다. 그동안 남성 우월적 사회와 여성 비하적 의식이 내재화되어 있었으니 그럴 수밖에 없는 것도 당연하다. 한편 임금이나 임원급 숫자가 차이 나는 것을 어떤 이는 남성보다 약한 여성의 진취적 마인드, 성공적 삶에 대한 적극성의 부족을 이유로 들기도 한다. 여성은 적극 반론하고 싶고 싫어하는 이유겠지만 말이다. 이 단락 마무리로 또 엉뚱한 결론을 내 보겠다. 동일노동 동일 오르가슴! 이게 진짜 평등이다. 남자가 배려해서 먼저 레이디 오르가슴 하면 더 좋을지 모른다. 남성이 조금만 참으면 여성이 더 행복하다. 페미니즘도 남성이 조금만 참으면 세상이 더 행복하다. 단 페미니즘이 정상적일 때 그렇다는 이야기다.

성매매는 남성 탓이다?

성경의 일부에 언급되는 여성에 대한 내용에서도 성매매를 유추해 볼 수 있다. 정확히는 여성의 몸으로 위기를 극복하고 성공의 도구로 이용하는 것이다.

참고로 구약성서에는 여성 차별이 적나라하고 다양하게 표현되어 있다. 대표적인 것 중 하나가 생리 중 여성은 불결한 존재로 여겨 멀리했다는 내용이다. 터부(taboo)는 여성의 월경을 뜻하는 것에서 유래했다. 그 외에 성경에는 근친이나 난잡한 행위의 내용이 곳곳에 존재한다.

본격적으로 성매매에 대한 남녀의 시각 차이를 이야기해 보자. 성매매는 인류 가장 오래된 직업 중 하나라고 하는데 과연 이것을 남자 탓만 할 수 있을까? 화두라고 생각한다. 알이 먼저냐, 닭이 먼저냐의 과학 문제는 풀렸더라도 성매매는 사람마다 생각이 다른 판단 문제다. 파는 사람이 있으니 사는 사람이 있는 것인지 반대로 사는 사람이 있으니 파는 사람이 있는 것인지 어려운 문제인데 페미니즘 시각에서는 매우 쉬운 문제로 바라본다. 과거부터 지금까지 거의 모든 페미니즘 책은 성매매를 남성의 성적 욕망이나 사회구조의 탓이라고 말한다.

  여성과 남성의 가장 큰 생각 차이 두 가지는 음란물을 보는 시각과 성매매 관련 시각이다. 100년 전이나 지금이나 변함없이 가장 꽉 막힌 행태를 보이는 게 위 둘과 관련된 페미니즘이다. 여성주의 시각을 버리지 못하고 과거성에 얽매여 있어서 생각 수준이 고정되어 있다.

  남성의 경우 리비도 혹은 이드에 충실했고 여성은 그것을 만족시켜 경제적 수단으로 삼았으니 그런 성매매가 강압적으로 이루어졌거나 안타까운 가족사가 아닌 거라면 성매매는 서로에게 필요한 것을 주고받은 것뿐이다. 그리고 꼭 어려운 가정 형편에 있는 여성만 윤락업에 종사하는 게 아니다. 윤락이란 단어는 안 쓰는 게 좋겠지만 사람들이 쉽게 이해할 수 있기에 여기선 쓰도록 하겠다. 이런 페미니즘 생각을 가진 여성의 오지랖 자매화는 오히려 윤락행위로 쉽게 돈 좀 벌어 보겠다는 여성에게 코미디다. 어떤 여성에게 생물학적 여성의 성은 쉬운 돈벌이 수단이자 오히려 자신의 무기다. 물론 페미니스트 여성은 웃음과 성을 팔지 않을 것이기에 이것을 절대 모르거나 인정하지 않을 것이다. 그러면서 마치 그들 여성의 삶이나 인간적 분석을 다 마친 것처럼 떠들어 댄다. 결국은 남성 탓 하나로 수렴할 거면서 말이다.

어쨌든 여성을 위한다는 페미니스트가 일부 여성의 직업을 더 처참하게 만들고 자유를 빼앗는 꼴이 되었다. 성매매를 적어도 서로 윈윈이라고까지는 하지 않겠지만 그것이 '보이지 않는 손' 즉, 자발적으로 이루어졌다면 이것을 남성 우월이나 남녀 불평등이라고 보는 건 무리가 있다. 애초에 왜 이런 성매매를 하게 되었는지 국가나 사회의 문제라고 하면 이해라도 하겠지만 남성만을 일방적으로 성매수범이나 성 착취자로 보는 것엔 동의하지 않는다. 그렇다고 하여 아동 청소년 성매매, 기타 사회적으로 도저히 용납이 안 되는 성 매수까지 찬성하는 것은 결코 아니다. 또한, 성매매가 남성 탓만은 아니라고 얘기를 하는 것이 성 매수는 별문제가 없다는 뜻으로 등치되어 오해해서도 안 된다. 일부 여성은 남자의 말을 감정적으로 너무나 오해하기에 노파심에서 한번 이 얘기를 해 봤다.

그렇다면 성매매를 어떻게 봐야 하는가?

성매매가 나쁜 것, 더 나아가 범죄라고 하는 것의 의식의 틀을 모든 국민이 가지고 있으면 된다. 그리고 여성의 성 노동이 떳떳하지 못하며 당당한 행동은 아니라는 것의 사회 인식 정도면 충분하다. 이름이 정확히 기억나지 않지만 어떤 학자가 말하길 인간은 도덕성으로 법을 지키려고 하는 게 아니라 법을 지키지 않아 타인에게 들킬까 봐 법을 지키는 것이라고 했다. 도덕적인 사회의식 틀과 법의 테두리에서 자유를 줘야지, 최대한 자유를 제한하고 음지에서 벌어진 모든 것을 남성 문제로 본다면 그건 동의할 수 없다. 페미니스트들은 소수의 성 노동자를 위해 최대의 법적 규제를 하면 성매매가 없어지리라 기대하는 거 같다. 아니면 없어지진 않더라도 매우 극소수만 행해진다고 생각하거나 말이다. 사형제도가 있는 나라에서조차 무수히도 많은 사형 사건을 저지르는 게 인간이란 존재다.

아무리 성 구매자인 남성을 처벌한다 해도 절대 페미니스트가 기대한 만큼 없어지거나 줄어들지 않는다. 혹시나 해서 말하지만 성매매 이 부분을 가지고 우리나라와 맞지도 않는 노르딕 모델을 들먹이지 않았으면 좋겠다.

인간 모두에게는 속물근성이 있다. 성 구매자 처벌만이 성매매 근절에 가장 좋은 해결책이라고 생각하는 페미니스트가 있다면 정말 인간의 정신과 본능에 대해 하나도 모르거나 페미니즘 박약에 빠진 사람이다. 그런 생각은 오히려 인간에게 자유 억압적이다. 그렇게 말하는 것보다 차라리 성 매수에 대해 올바른 가정교육이 필요하다고 말하는 게 더 실효성 있고 합리적인 목소리다.

문제를 현실적으로 보자. 페미니즘이 진짜 해야 할 것은 성매매 자체를 모두 남성 탓으로만 보고 비난할 게 아니라 윤락행위에 있어서 젠더 불평등, 억압, 위계 등을 지적하는 일이다. 제발 극히 일부의 삐뚤어진 성 인식을 가진 남성과 성범죄에 대한 것을 남성 전체화하지 말자. 대다수의 정상적인 남성은 그런 남성을 당연히 혐오한다.

하긴 생각해 보면 데이트 강간, 성폭행, 성 매수, 각종 여성 혐오 등이 있어야 페미니즘이 존재하니까 남성을 모두 타자화하는 걸 이해는 한다. 그래서 현재 페미니즘 인식이 이 모양 이 꼴이 된 것도 이해가 간다. 물론 성매매를 합법화한 국가는 많지 않다. 네덜란드 정도가 생각나는데 성매매를 합법화해도 문제고 아니어도 문제다.

  그래서 답이 정해져 있지 않은 만큼 무엇인가 결정하기가 어렵기 때문에 많은 나라가 성매매를 오히려 암묵적으로 묵인한다. 페미니즘은 세상의 정답을 자기들이 다 아는 것처럼 콕 집어 주려고 한다. 결국 정답은 남자다. 남자 존재 자체가 그들에겐 문제다.

  삶을 살다 보면 얼마나 정답 없는 인생의 갈림길이 많던가. 페미니즘 그들도 유전자 반은 남자한테 받았고 자식을 낳는다면 유전자 반은 또 자식에게 물려줄 거면서 대체 왜 그런지 모르겠다.

  어쨌거나 확실한 건 인류가 없어지지 않는 한 성을 팔고 사는 것은 계속 존재할 것이란 점이다. 그래서 여성의 성 상품화에 문제 제기하고 이런 환경에 노출된 여성에 대해 페미니즘은 국가와 사회에 해결책을 내놓으라고 하는 게 더 현실적이다.

  다만 일부 남성은 이런 것에 세금이 쓰이는 것을 매우 탐탁지 않게 생각한다. 그러면 합법화하고 남녀가 서로 세금을 내게 하면 어떨까? 안타깝지만 늦었다. 한국은 이미 「성매매방지 및 피해자보호 등에 관한 법률」에 따라 성매매는 불법이 되었고 남성은 영원한 성적 강자, 여성은 영원한 성적 약자로 규정되었다. 이것도 남성에겐 투쟁 대상이다. 투쟁하라! 투쟁하라! 다만 성매매 방지 특별법을 제외한다면 자기 성적 욕망 하나 통제하지 못해 범죄에 준한 짓을 행하거나 범죄를 저지르는 남성은 거세하라! 잘나가다 뒤통수 미안하다. 그러나 진심이다. 이런 범죄엔 남녀가 따로 없고 타협도 없다. 그런 짐승과 같은 남자들은 사회와 격리할 필요가 있다.

남자란 동물은 잠재적 성범죄자다?

여성에게도 성범죄자가 없는 건 아니지만 남자의 물리적, 본능적 차원에서 보면 남성이 여성보다 성범죄를 저지를 가능성이 훨씬 높다. 그래서 잠시 여성 편을 들어야겠다. 여성에 대한 남자의 가정폭력과 데이트 폭력은 과거 세대에도 많았지만 요즘처럼 표면화되지는 않았다. 이젠 폭력과 강간, 살인 사건이 일어나면 금방 세상에 알려지고 그 즉시성 때문에 사람들은 더 두려움을 갖게 된다. 그런 불안 속에 살아야 하는 여성의 삶에 남성은 보호까진 아니더라도 최소한 공감은 해 줘야 한다. 우리 가족의 어린 여자아이 혹은 물리적으로 남성보다 약한 여성을 생각하면 된다. 이건 공존이다. 일부 남성은 마치 우리 집엔 여자가 없다는 생각으로 민감한 태도를 보인다. 반대로 극렬 페미니스트 또한 우리 집이나 세상엔 남자가 안 사는 것과 같은 태도를 보인다.

가령 여성이 밤에 불안하다고 말하면 남성은 세계인이 인정한 가장 안전한 국가가 한국이라고 반론한다. 일부 남미 국가나 아랍 국가를 예로 들면서 한국 여성이 밤에 얼마나 안전한지를 알라고 하는 이런 말들은 올바른 대화법이 아니다. 그렇지만 이해는 한다. 평행선을 달리는 이 대화법은 누가 먼저 잘못해서 나온 것일까? 아까도 잠깐 말했지만 어떤 범죄가 일어났을 때 일부 여성이 한국 남성을 전체화하니까 남성들이 이렇게 삐뚤어지게 말하는 것이다. 여성의 표현도 그래서 중요하다.

　여성도 알아야 할 게 있다. 이것은 단순히 여자만의 문제는 아니다. 최근 들어서 더욱더 묻지 마 범죄가 기승을 부리다 보니 남녀노소 할 것 없이 모두가 불안 사회에 살고 있다. 그리고 의식 있는 남성은 으슥한 밤의 골목길에서 이성의 뒤를 우연히 따라가는 경우 그녀의 불안감을 이미 인식하고 있다. 어떻게든 배려의 생각을 하고 행동을 취하려 한다. 모두를 매도해서는 안 된다.

　심지어 이런 선의를 넘어 목숨까지 걸며 모르는 여성을 도와주는 남성들이 있다. 무엇인가를 바라고 도와주는 것이 아닌, 그냥 인류애다. 그런데 도움받은 여성이나 그 여성의 가족이 도움을 주다 다친 사람을 나 몰라라 하는 경우가 있다. 그것은 정말 인간이 할 짓이 아니며 도움을 준 사람에게 깊은 배신감과 자괴감을 들게 하는 일이다. 그런 것들이 보일수록 페미니즘보다 더 앞서 중요한 '인간 신뢰'가 무너져 버려 우리 모두의 불행이 돼 버린다. 정말 인간의 삶이 여기까지 가서는 안 된다. 쓸데없이 글이 길어졌는데 이 단락을 마무리하겠다. 남자는 잠재적 성범죄자가 맞다. 이쁘게 자는 12개월 된 우리 아들, 재롱떠는 우리 집 어린 손자, 이웃집 남자 어린이, 같은 반 남학생, 아재 농담하는 우리 부장님, 다정한 내 남편, 마지막으로 무뚝뚝한 우리 아빠는 잠재적 성범죄자다. 이 말에 다들 기분이 좋은가? 여성은 애인이나 남성이 말 이쁘게 하길 바라면서 자기들은 왜 이렇게 자극적인 말을 하는지 모르겠다. 여남을 떠나 인간 모두는 잠재적 살인마고 타인에게 혐오감을 주는 존재다. 페미니즘도 쓰는 문장이나 언어부터 고쳐야 한다. 남녀 차별적 단어라며 페미니스트만 사회에 용어 변경을 요구할 게 아니다.

그다음으로 성인 영상물에 대한 여성의 시각이다. 정상적인 남자 아니 보통의 사람이라면 너무 엽기적이거나 아동 포르노 같은 것들에 대해서 분노와 반감을 보이는 게 당연하다. 그래서 이런 것은 앞으로의 음란물 논의에서 제외하겠다. 포르노가 남성에게 잘못된 성 인식을 심어 주어 성범죄자를 유발한다는 주장은 마치 범죄 영화나 난폭한 게임이 그런 모방 범죄를 일으킨다고 주장하는 것과 같다. 전혀 과학적이지 않다. 다만 극히 일부 남성이나 청소년은 그럴 수 있는데 그것마저 부정하는 건 아니다.

그것이 진짜 핵심이 아닌데도 페미니즘은 모든 남성을 욕구 불만족으로 매도한다. 정작 중요한 것을 남성들은 알고 있다. 부정적인 것보다 긍정적인 면이 더 많은 음란물의 효과를 말이다. 자신을 위로하고 혼자 마무리하며 즐거운 힘 빠짐을 남성에게 선사해 준 포르노는 오히려 성범죄자를 막아 내는 긍정적인 힘을 가지고 있다. 어떻게 보면 성매매도 그렇다. 여성은 남성이 아니기에 아마도 이해하기가 쉽지 않을 것이다.

어떤 페미니스트는 음란물이 단순한 성적 해소가 아니라 남성의 욕망 충족의 도구이며 또 다른 욕망을 추구할 위험성이 있을 것처럼 말한다. 남자 아니 인간에 대해 다 아는 것처럼 이야기하고 남자를 전체화하는 일부 페미니스트는 이젠 여성들도 걸러 내야 한다. 대부분의 남자는 자신을 위로하고 스스로 끝내는 것에 그치며 끝낸 순간 더 이상 그 이상으로 강하게 상상하지 않는다. 힘이 빠지고 고개를 숙였기 때문이다. 좋은 마무리였고 이런 긍정적 효과는 일정 나이가 된 남자의 일생 동안 계속된다. 그러니 페미니즘은 음란의 덫을 더 이상 남성에만 옭아매지 말아야 한다. 요즘 여성도 음란물을 충분히 즐기고 있으며 만약 연인이 있다면 남자와 함께 시청하면서 흥분의 요소를 더할 수 있다. 그런데도 정말 음란물이 나쁜 거라 생각하는 페미니스트는 가정에서 교육을 제대로 하면 된다. 자신의 어린 남자 조카나 아들이 그런 남자로 크지 않게 하려면 성교육 외에 절대 음란물을 보지 말라고 하면 된다. 그러면서 포르노를 악마화하면 더 좋은 교육이 될 것이다. 하지만 인류 역사는 그 무엇이든 간에 본능적 욕망을 억제하면 할수록 더 엉망이 되었다는 것을 명심해야 한다. 이게 바로 프로이트 정신분석의 핵심 중 하나다. 성적 욕망 억제! 그래서 일부 여성은 프로이트를 싫어한다. 결론을 내 보겠다. 요즘 페미니즘은 객관성이라는 게 거의 없다. 만약 있다고 생각한다면 찾아서 알려 주길 바란다. 물론 예전엔 정답이 확실히 정해진 페미니즘 객관식 문제가 많이 있었다. 과거 여성은 정답을 잘 풀어 왔으며 상당수 과제를 끝낸 상태다. 많은 객관식 문제를 끝냈기 때문에 이젠 주관식 문제만 남았다. 그 주관식 문제는 풀기가 굉장히 어려운 것들이다. 어쩌면 페르마의 마지막 정리보다 더 어려운 문제일 수도 있다. 그런데 정답을 찾은 척 여성의 언어와 여성의 성을 가진 종족이 남성에게 못된 짓을 하고 말장난을 하고 있다. 여성의 감성을 자극하는 근사한 언어와 철학적 표현, 가슴 울리는 페미니즘 책들! 필자도 빠져들게 한다. 제대로 알지 못해도 여성만 사로잡으면 된다. 남성은 여자에게 열 번 잘해도 한 번 잘못하면 그걸로 고통을 받는다. 페미니즘은 결국 여자의 마음을 훔쳐야 성공한다. 하지만 이 책은 아니다. 각 성(性)의 동지애를 발휘하거나 편을 드는 게 아니라 새 스케치북을 주고 싶다.

진짜 자기 인생에 도움이 되는 사람과 책은 잔소리나 공감을 주는 게 아니라 다른 시각을 주는 것들이다. 하지만 그것도 주관적이며 우리 인생이 서술형이란 사실을 인정하지 않을 수가 없다.

성매매나 음란물 관련 이야기는 특히나 객관성을 담보할 수 없다. 그런데도 주관성을 페미니즘에 연결하여 규정짓기를 좋아한다. 그런 사람은 높은 확률로 위선자나 다중인격자일 가능성이 크다.

현재는 페미니즘 복제자들이 할 수 있는 게 별로 없다 보니 정답이 없는 것을 자꾸 끄집어내어 같은 말 또 하고 또 하면서 갈등만을 일으키고 있다. 페미니즘은 좌우 정치처럼 끊임없이 생명력을 유지할 수 있는 에너지원이 있다. 젠더가 세상에 존재할 때까지 말이다. 결국 그들은 오로지 건강한 사회보다 페미니즘 수확만을 바라는 GMO 페미니스트다.

이젠 GMO 페미 여성과 식품에 대해서 확실한 전 성분 표시가 필요하다. 사회 안전을 위해 최소한의 정보를 국민이 알고 있어야 한다. 그렇지 않으면 체계적, 합리적 관리란 앞으로도 계속 어렵게 되고 국민 대다수가 불안에 빠지며 괜한 에너지를 낭비하게 된다. 한편 한국의 자살률이 1위라는 것은 유전자 조작 식품을 무분별하게 1위로 먹어서가 아닐까 하는 우스갯소리를 해 본다.

아니, 또 왜 엉뚱한 결론이 나왔는지 모르겠다. 정말 필자도 현재의 페미니즘처럼 구제 불능이다.

용어와 표식 문제

자궁은 남성 우월적 용어로 생각하여 점차 포궁으로 바뀌고 있다. 최근엔 유아차, 유모차의 용어 논란이 있었는데 무엇이 옳은지는 차치하더라도 사회 곳곳에 페미니스트 신념자가 참으로 많구나 하는 생각이 들었다.

언어가 인간의 의식에 영향을 준다는 헤르더의 말이 굳이 아니더라도 우리는 언어에 지배받으며 살고 있다. 언어는 또 타자를 인식하는 수단이 되고 대상화할 수 있게 해 주며 타인과의 관계를 형성하게 한다.

그래서 명백히 성차별적 용어라면 바꾸는 것을 찬성한다. 그런 것을 주장하는 것에 불편하지 않고 자궁을 포궁으로 바꾸는 것에도 거부감이 없다. 그런데 한자 관련 그 어떤 누구도 필자처럼 말을 안 해서 지적 좀 해야 할 거 같다. 특히나 페미니스트는 못 알아들을지언정 남성은 필자의 이야기를 널리 퍼트릴 자신감이 생기길 바란다. 사실 포궁 정도에서 끝날 거 같으면 이렇게 구구절절 따질 생각은 없었다. 페미니스트는 여기서 끝나지 않을 것을 알기에 제대로 알려 주고 싶다.

한자 어원적으로 아들 자(子)의 기원인 갑골문자 형태로 보면 아들 자(子)는 마치 남녀 성별 기호인 비너스 거울 모양을 하고 있으면서 꼬리가 약간 왼쪽으로 휘어진 아이의 머리나 머리카락 행태를 보인다. 상형문자로 보면 아이가 양팔을 벌리는 모습이다. 그래서 원래 아들 자(子)는 아들 즉, 남자만을 뜻하는 게 아니다. 그냥 딸과 아들 모두를 포함한 자식/아이를 의미한다. 결론적으로 여자와 남자의 구별이 처음부터 없었다는 얘기다.

자궁은 그래서 태초 의미가 아들을 낳는 여성 생식기관이 아니라 그냥 자식/아이를 낳는다는 생식기관으로 해석해야 한다. 남(男) 자에게 대비되는 녀(女)는 계집 녀(女)가 있지만 아들에게 대비되는 딸은 없다는 사실로도 알 수 있다. 이런 한자들을 찾아보면 한자가 처음 생긴 시대를 전후하여 남녀 차별의 관념 없이 소리의 음, 모양의 표기, 관용의 뜻으로 봐야 할 게 있다. 그런데도 굳이 따져서 후대에 이런 단어가 이젠 남성 우월적 어휘로 인식되니 바꾸자고 한다면 어쩔 수가 없다. 다만 무지한 상태에서 겉만 보고 남성 우월적 단어라고 단언하면 안 된다.

문제는 한국 어휘의 약 70%가 한자이며 그중에서도 일본의 영향을 받아 변형된 것이 많다는 점이다. 문자의 자(字)는 처음엔 지금의 글자를 의미하는 게 아니었다. 원래는 아이를 의미하는 '아들 자(子)'에 '집 면'이 더해져 생긴 한자다. 집에서 아이를 기른다는 의미다. 그런데 지금의 글자 의미로 해석해서 아들만 문자를 아는 것이냐며 차별적 단어로 생각한다면 이것도 용어를 바꿔야 한다. 하지만 그것은 어원을 무시한 무식한 생각이다.

 "자식"이란 한자 또한 아들 자(子)가 들어가는데 자녀는 아들만을 의미하는 것이 아니지 않은가.

 혹자는 이렇게 반론할지 모르겠다. 시대가 시대인 만큼 남아선호사상으로 나중에 의미변화가 한자에 반영된 게 아니냐고 말이다. 갑골문자가 육서를 거쳐 지금의 한자로 정립이 된 뒤 그 자체가 단어이자 표의어인 한자가 뜻이 변한다는 것도 이상한 일이다. 그렇지 않은가? 또 자기 나라의 문자를 태초에 만들 때 여성 남성 차별을 생각하고 만드는 것도 이상한 일이다.

 물론 부계사회로 오면서 아들 자(子)가 아들만을 의미하게끔 인식된 걸 아예 부정할 순 없다. 2000년 전에도 딸을 불길하다고 여긴 중국의 그 당시 일부 국가도 있었기 때문이다. 그러나 한자 자체는 이와 다르다. 차별적 한자라고 그걸 모두 인정하면 아들 자(子)가 들어간 부수 한자 11개와 아들 자(子)가 들어간 한자는 전부 다 고쳐야 한다. 다른 예시를 더 들어 보겠다.

 이자(利子)라는 한자는 아예 아들 자(子)만 들어가는데 이 뜻을 페미니즘적으로 해석해 보자. 이자의 자(子)는 아들이 딸보다 집안에 이득을 가져다줄 거란 의식이 밑바탕에 깔려 있는 것이니 명백한 성차별적 인식의 단어로 생각하고 고쳐야 한다고 주장해야 한다. 그래서 서두에 말했듯 아들 자(子)를 아이를 낳다/얻다 정도로 해석하면 매우 설득력이 생긴다. 이자가 그런 의미지 않은가.

씨앗을 의미하는 종자(種子) 또한 '아이를 낳는다' 즉, 씨앗이 또 씨앗을 얻는다/번식한다의 의미 정도로 해석하면 매우 합리적이다. 그리고 남자라는 한자와 여자라는 한자를 살펴보자.
남자라는 한자는 그렇다 치더라도 여자의 한자는 그럼 무엇으로 바꿔야 하는가? 계집/여자 녀(女)에 아들 자(子)라는 단어인데 모순이 되니 이것도 바꿔야 한다.

이번엔 좋을 호(好)라는 한자를 알아보자. 우리나라 사람 거의 모두는 여자와 남자가 함께 있으니 서로 좋은 것이라서 좋을 호(好)로 알고 있을 것이다. 그렇다면 남성 우월적 한자에 왜 아들 자(子)부터 안 오고 여자 녀(女)가 먼저 왔을까? 또 여자를 좋아하는 남자라면 계집/여자 녀(女) 다음에 사내 남(男)으로 한자가 이루어져야 하는데 여자 녀(女) 다음 아들 자(子)가 왔으니 말이 되지 않는다. 계집이 아들을 좋아하니 좋을 호가 될 순 없다. 그러면 패륜 집안이 된다. (그 시대 남아 선호사상으로 생각하면 계집이 아들을 낳으니 좋아했을 수는 있다. 그러나 앞서 말했듯 그건 너무 억지다.)
이 뜻은 여자/계집이 자식을 낳으니 참으로 좋구나로 해석해야 한다. 결국 이런 것들을 볼 때 아들 자(子)는 과거부터 어떤 뜻으로 해석해야 하는지 명확하다. 이 외에 아들 자(子)가 들어가 합쳐진 학문의 학(學)은 이제 아들만 하는 게 아니다. 그래서 이런 한자들도 우리식으로 남녀평등화하여 새로운 한자를 만들어야 한다.

　한자가 왜 한자인지를 봐도 아들 자(子) 의미는 또 명확해진다. 물론 계집 녀(女) 자가 부정적이며 성차별적 의미가 있는 한자로 쓰이는 경우가 몇 개 있긴 하다. 그렇다고 하더라도 아들 자(子)의 원래 의미가 변하진 않는다. 어쨌거나 이런 모든 걸 어떻게 할 것인가 페미니즘에 물어보면 모르는 척하거나 모순에 빠진 이야기만 할 것이다. 아니면 당장 많이 쓰이는 여남 차별적 어휘부터 바꾸는 게 중요하다고 말할 게 뻔하다.

　한편 우리나라 어휘 중 한자지만 일본으로부터 뜻 해석이 유래된 것들이 있다. 가령 방송, 이것은 사람들이 현재 아는 브로드캐스트가 아니라 원래는 죄인을 풀어 준다는 일본의 해석에서 온 것이다. 발명 또한 지금의 의미가 아니라 명백히 밝히다가 원래 뜻이었다. 이런 건 남녀 차별적 단어와 직접 상관이 없지만 페미니즘의 용어 변경은 일본어에서 한국화된 것에 관심을 가져야 할 게 있고 다른 외국어에서 온 것도 마찬가지로 우리 언어로 바꿔야 할 게 있다. 그 에너지를 다른 데다 쓰면 참 좋겠다.

　물론 그나마 설득력 있는 몇몇 성차별적 단어에 대해 용어 변경하는 것을 남성은 용인하고 찬성하며 그런 것에 불편하지 않다. 그런데 열린 자세로 넓게 포용하려 해도 요즘은 너무 과하다 하는 것들이 조금씩 생기고 있어 피로감이 몰려온다. 정 그렇다면 선택적으로 하지 말고 국어/언어의 문제까지 대개조해서 이참에 모두 수정하면 어떨까? 대체 어디까지 갈 셈인가?

　제일 문제는 그런 것이 페미니즘의 한 가지 방법이라 생각하고 사회적 합의 없이 그들이 내놓은 답을 무조건 강요하는 것이다. 할 줄 아는 게 고작 이런 지엽적이고 무식한 용어 변경뿐이다. 그렇다면 한자 남/여/모 이것은 모두 수정할 대상인가? 적당히 좀 해야 한다. 모국어라는 단어는 어머니처럼 따뜻하고 고향이나 뿌리 같은 느낌의 긍정적 단어인데 이런 것들은 그러면 어떻게 해야 하는가? 뜻은 그렇다 치더라도 한자 어머니 모(母)의 모습은 포유하는 유방의 젖꼭지를 드러내는데 남자도 젖꼭지가 있으면서 여성만 저렇게 상형자로 그려 놓으니 이것도 바꿔야 하지 않은가? 앞으로 포궁이란 단어나 기존 여남 차별적 용어를 대체어로 교체하여 서서히 사회에 확산시키려 노력할 텐데 기준을 명확하게 했으면 좋겠다. 그리고 설령 자궁이란 단어를 계속 쓰고 여타 대체어를 쓰지 않는다고 하여 현시대에 이런 용어 하나가 남성 우월적 사고에 얼마나 영향을 줄까에 대한 것을 생각해 보면 그냥 무념무상이라 말하고 싶다. 이런 것은 너무 오래되어 의식조차 하지 않고 관성적, 무의식적으로 쓰고 사는 것이다. 이런 단어 하나하나 표현이 실생활에서의 남성 우월적 사고의 뿌리라고 여긴다면 할 말은 없다. 그러나 요즘 젊은 사람들의 어휘력이나 현시대의 언어를 볼 때 남녀 상당수는 그냥 남성 우월적 단어인지도 모르고 별생각 없이 사용한다. 오히려 페미니즘이 이런 것으로 존재를 드러내고 갈등을 만드는 게 더 문제다. MZ세대들을 모두 무시하는 게 아니다. 최근에 수능 언어 영역 시험문제를 몇 개 들여다본 적이 있는데 광범위한 지식과 통합적 사고를 요하는 것들이었다.

그걸 보고 다들 이렇게 어려운 건 정답을 잘 맞히면서 세상은 왜 자꾸 갈등 지향적으로 되었을까 하는 생각도 한편으론 들었다. 그 이유를 찾아보니 무식한 사람들이 신념을 가졌기 때문이다. 정치적이든 페미니즘적이든, 좋아하는 연예인이나 기업의 브랜드든, 감정과 신념이 지식을 앞설 때는 늘 그런 사람들이 있을 수밖에 없다. 쓰고 보니 너무 멀리 돌아왔다. 이제 페미니즘 용어 변경에 결론을 내야겠다.

어떤 용어는 찬성하지만 어떤 것은 괜히 긁어 부스럼 남기는 지엽적인 것들이 있다. 앞으로도 계속될 텐데 정작 중요한 것을 놓치고 말고 여성의 승리를 위해 그냥 넘어갈 수 있는 것은 넘어가자. 지엽적일수록 남자들은 지겹도록 반대할 것이 뻔하니 말이다.

용어 문제에 대해 너무 길게 얘기했는데 표식 관련해서는 좀 짧게 하겠다. 현재 2030세대는 잘 모를 테지만 과거엔 전설의 레전드 죠리퐁 사건이 있었다. 현재의 시선으로 보면 이건 마치 성인지 감수성 때문에 자기검열을 해야 하는 느낌이다. 왜냐하면 죠리퐁이 여성의 성기와 비슷해서 이렇게 만들면 여성들은 상처받았다고 주장할 수 있기 때문이다.

조리퐁 사건은 비건이 고깃집에서 시위하는 것과 같다. 20년도 훨씬 지났지만 이런 여성들의 행동은 현시대에도 여전히 유효하다. 공중 화장실, 비상구, 의류, 공공 표지판 기타 등등 전통적 관점의 표식을 페미니즘은 바꾸려고 한다. 앞으로도 그들은 계속 그럴 텐데 성 고정관념 표식을 타파하는 것에 대해서는 당연히 찬성한다. 그런데 제발 표식을 변경하려면 부모로서 자식을 가르칠 때 부끄럽지 않고 상식적이며 납득할 수 있도록 해 달라. 페미니스트 자폐에 빠져서 자기들끼리 '이건 변경해야 해! 좋았어!' 이러고 있는 여성들이 있다. 보통은 자식을 안 낳아 본 극렬 페미가 그럴 확률이 높은데 그러다 보니 표식 변경이 오히려 모순을 띠기도 한다. 엄청난 페미니스트 신념 주의자인 엄마 아니고선 여자 아기와 남자 아기에게 페미니즘적 패션을 입힐 사람은 아무도 없다. 그저 각자 성별에 맞게 이쁜 옷을 입히고 싶은 마음뿐이다. 물론 성 고정관념을 없애는 교육을 아이에게 하는 것은 대단히 좋은 일이다. 그러나 성 고정관념을 깨고자 하는 것과 아이에게 이쁜 옷을 입게 하는 것은 별개의 문제다. 만약 우리 아이를 페미니즘 논리로만 키워서 학교에 보내면 같은 반 아이들과의 이질감 때문에 아마 정신적 고통을 받게 될 것이다. 페미니즘은 목표이지 현실이 아니다. 그러니 진짜 깨어 있는 여성이라면 페미니스트가 뭔가를 한다고 할 때 비판적으로 바라봐야 한다. 그들이 사회와 여성을 오히려 억압하기 때문이다.

착각하거나 속지 말자. 여성의 공감이 곧 부모나 가족의 공감이 되지 않는다. 마지막으로 한마디만 더하고 이 단락을 끝내겠다. 여자의 적은 여자라는 상투적 헛소리는 여전히 진실이다.

상식적 차원의 페미니즘 곁가지

주디스 버틀러의 『젠더 트러블』에서도 저자는 섹스, 젠더, 섹슈얼리티에 대한 개념부터 명확히 하려 한다. 섹스는 생물학적 성이고 젠더는 사회문화가 만들어 놓은 남녀의 이분법적 기준이며 섹슈얼리티는 그 사회의 성적 욕망이나 지향성으로 여성성 남성성을 넘어서는 개념이다. 그러나 주디스 버틀러는 이런 전통적 구분이 자연스럽지 않다고 보았다. 이런 구분은 사회가 만들어 놓은 이성애적 문화 구분으로 오랫동안 모든 이에게 수행되어 당연시된 것뿐이라고 버틀러는 주장한다. 버틀러에게 중요한 것 중 하나는 여성을 범주화할 때 정치성을 가질 수밖에 없다고 하면서 여성의 재현은 그 이상으로 보았다는 점이다. 재현을 철학적 의미로 보면 존재와 본질의 무한성, 보이는 것이 전부가 아닌 일어난 현상의 부정 정도로 이해하면 된다.

주디스 버틀러는 그동안의 젠더 수행성을 부정하고 이성애적, 동성애적 기타 섹스(성)의 전통적 시각을 붕괴시키며 새 관계에서 논의를 전개한다. 즉, 버틀러는 젠더에 대한 그동안의 이분법적 시각을 인정하지 않는다. 그래서 주디스 버틀러를 퀴어 이론가라 부르기도 한다. 그 외 몇몇 개념이 더 있는데 깊게 들어가면 머리 아프니 참고할 사람은 책 『젠더는 패러디다』를 봤으면 좋겠다. 주디스 버틀러의 책을 분석해 놓은 책인데 『젠더 트러블』을 직접 읽는 것은 그다지 추천하지 않는다. 필자의 글은 재밌고 어렵지 않아야 한다고 생각하기에 너무 깊은 철학적 분석은 하지 않는다. 그러니 안심하고 계속 읽어 가길 바라며 앞으로 이런 얘기가 나와도 겁먹을 필요가 없다.

 젠더 갈등만이 아니라 섹슈얼리티에서도 다양한 차별이 존재한다. 어디까지 범위를 정할 것인지는 조금씩 다르지만 대체로 LGBTQ 성소수자들을 포함하는 것이 페미니즘이다. 참고로 LGBT 외에 에이젠더는 어느 성에도 구애받지 않는 사람을 말하고 시스젠더는 생물학적 성이 전통적인 젠더 구분에 부합하는 사람을 말한다. 쉽게 말해 시스젠더는 이성애자다.
 그 밖에 페미니즘은 제2의 물결 전후로 계급, 인종, 직업, 다문화 등의 교차 이론이 등장함에 따라 다양한 인권 차원으로 전개된다.
 한편 이 글은 오로지 페미니즘에 대한 것만 이야기하진 않는다. 래디컬이든 리버럴 페미니즘이든 자신들을 새로운 페미니스트라고 생각하든 젠더 갈등과 사회 갈등이 있는 것들을 총체적으로 이야기한다. 궁극적으로는 사람의 삶 그 자체와 행복을 위한 글이다.
 그래서 어떤 것은 여성 남성의 젠더 문제로만 볼 게 아니라 인간다운 삶을 위해 갑과 을이라는 시각으로 접근하는 것도 필요하다. 사회 속에 다양한 차별이 존재하다 보니 불공정과 불합리의 문제로 봐야 하는 것이 더 많이 있다. 다 같이 고민해 봐야 할 것들이 이렇게 많이 있는데 지금의 페미니즘은 큰 것을 보지 못하고 작은 차이로 남녀 갈등과 반목만 하고 있으니 참으로 안타깝다.

문제는 남녀를 떠나 정치, 종교적 차이에서 오는 극단적 의견 불일치가 더 심각하다는 점이다. 단순하게 평등을 중시하니 진보적이고 좌파적이라며 공격하는 이분법적 사고에 매몰된 사람이 있다. 반면 그 반대편에서는 그런 사람들을 철 지난 보수의 시각이라고 비판한다.

물론 모두가 그렇게 이분법적인 사람만 있는 것은 아니지만 대체로 사람들에겐 정치, 종교의 신념이 굉장한 영향을 끼치기에 이 부분을 무시하진 못한다. 동성애자에 대한 인식이 바로 그런 것 중 하나다. 아무리 논리적이더라도 설득할 수 없는 것이 있다. 그게 '나는 생각한다. 고로 존재한다'는 사람의 아이러니한 특징이다.

그런 면에서 스타노비치라는 학자는 합리와 지능은 별개라고 주장하는데 요즘 사람을 보고 있노라면 그의 말이 정확히 들어맞는다. 지능이 높아도 편견과 편향된 시각을 가지고 있으면 바보와 다를 게 없다. 인지 편향으로 인한 차이는 현대사회에서 스마트폰 보급 이후 더욱더 급속화되었고 그것은 우리나라뿐만 아니라 전 세계의 공통적 현상이 되었다. 그래서 2010년대 이후 그런 상황을 지적한 책들이 세계 곳곳에서 나오고 있다.

레온 페스팅거는 이미 수십 년 전 인지부조화 이야기를 꺼냈고 사람마다 정보 편향으로 인해 서로 양극단화되는 것을 예견하였다.

결국 사람들 간의 갈등과 싸움이 격화되는데 그것을 정책이나 정치가 완화하기는커녕 오히려 상황을 더 악화시키고 있다. 일부 정치

세력이 더욱 안 좋은 길로 가고 있으니 국민이라도 더 바르게 인식해야 한다. 국민의 실질적 삶에 비교하면 페미니즘 헤게모니 싸움 따위는 정말로 아무것도 아니다.

프리드리히 글래슬이라는 학자는 싸움을 9단계로 정의하면서 1단계는 서로가 차갑게 식어 버리다가 마지막 9단계에서는 함께 나락으로 간다고 보았다. 건설적이어야 할 것이 생각의 차이로 오히려 젠더 갈등만 깊어지는 게 지금의 페미니즘이라고 생각하면 글래슬의 주장에 왠지 불길한 마음이 든다. 이것이 단순히 기우일까?

먼저 한 사람의 심리적, 환경적, 교육적 상태는 다들 다를 것이기에 사람은 특수성과 보편성을 함께 가지고 있다고 생각해야 한다. 그냥 일상에서 평범한 친구이자 직장 동료, 사랑스러운 연인 관계일 때는 평상시 대화엔 별문제가 없다. 그러나 특정 분야로만 들어가면 서로가 대단히 신념적인 상태를 가지는 경우가 있다. 꼭 정치나 종교, 페미니스트만 그러는 게 아니다. 도덕관이나 소비 관념에 관해서도 그럴 수 있고 심지어 섹스에 대한 것이 있을 수도 있는데 여기서는 주제와 관련된 것만 이야기해 보겠다.

페미니즘 현 상황에 대해 슬로터 다이크라는 사람은 현재 페미니즘이 전 지구적 해방 기획을 질투와 원한의 사례로 보고 있다고 주장한다. 결국 그것은 잠잠해지는 게 아니라 더욱더 폭풍을 일으키게 한다는 것인데 지금 페미니즘 상황을 보면 정확히 맞는 이야기다. 그래서 페미니즘을 이용해 어떤 조직을 만들고 반사적 이익을 얻으려는 못된 사람들이 생겨난다. 문제는 스마트폰의 영향으로 거기에 휩쓸리는 사람이 많다는 것이다. 엘리아스 카네티 저서 『군중과 권력』은 그런 모습을 미리 예견이라도 하는 것 같다.

그는 무한 증식하는 조직과 그렇지 않은 조직을 구분하면서 그걸 이중 군중이라는 용어로 표현했다. 그중 살아남는 군중은 끊임없는 갈등을 유발하며 권력을 쟁취하려 한다고 카네티는 주장한다. 그리고 그 조직에 대해서 사람들은 각자의 조직을 맹신하게 된다. 쉽게 말해서 지금으로 치면 자기가 좋아하고 활동하는 커뮤니티나 셀럽, 신문사, 작가, 유튜버 등의 친위대에 종속되는 것이다. 그러면서 대중이 권력화된다. 그렇게 과몰입되고 그들 스스로는 반향실 효과를 인식하지 못한 채 레온 페스팅거가 말하는 양극단화가 되어 버린다. 결국 그런 사람들의 상당수는 이성적 자립이 없는 온라인 전사가 되어 반대편의 사람에게 혐오나 비아냥을 일삼는다. 결국 페미, 반페미의 대립은 비건설적 싸움으로 귀결된다.

이런 패턴이 십여 년간 지속되었고 갈등 격화의 핵심인데 이런 것을 제대로 분석조차 안 한 사회과학 도서나 페미니즘 도서가 너무 많다.

사람의 뇌는 정말로 쉽게 세뇌당하고 생각보다 합리적이지 않다. 그와 관련 행동경제학이나 심리학 연구는 많이 있으며 특히 『생각에 관한 생각』을 보면 사람들의 인지 오류와 편향이 얼마나 심한지 금방 알 수 있다. 자신이 경험하고 배운 게 전부인 줄 안다. 영상을 보는 것도 좋지만 생각해 볼 수 있는 책이 필요한 이유이다. 물론 편향된 시각의 책을 한 권만 읽은 사람이 있다면 안 읽은 사람보다 더 위험할 수 있는 게 책이기도 하다.

그렇다면 남녀평등을 넘어 왜 사람들은 정의와 공정을 외치면서 각자의 커뮤니티에서 라포(rapport)를 유지하려고 하는가?

니체와 프로이트는 평등에 대해 "정의로운 걸로 생각하는 것의 밑바탕엔 부러움이 있다."라고 주장했다. 그러나 그건 특수한 상황에 대입할 때만 설득력이 있다.

사람들은 부러움보다 공동체의 평등하고 평범한 일원이 되고 싶은 마음이 더 크다. 바로 소속감에 이은 안정감의 욕구다. 그 속에는 직업과 지위, 엘리트 여부, 재산의 많고 적음과 상관없이 모두가 평등하다.

그래서 어떤 사람의 지향점이나 성향이 비슷하게 되면 온라인이든 오프라인이든 심리적으로 유대감과 소속감을 가져다준다. 참고로 커뮤니티는 공통/함께하다의 뜻인 라틴어 커뮤니스에서 유래했다. 그 소속감이라는 게 오히려 이성을 짓누르는데도 합리적 도구로 오인되어 자신감을 느끼게 해 준다. 그런 소속감이 심하면 플라톤이 말한 동굴의 상태에 빠진 사람이 된다. 불길하지만 이미 그런 그림자가 많이 드리워졌다.

공동체 이야기가 나왔으니까 공동체주의자로 비판받는 마이클 샌델의 이야기도 잠깐 해 보자. 그 유명한 『정의란 무엇인가』의 저자다. 센델의 모국에서는 그렇게 많이 팔린 책이 아닌데 한국에서만 왜 유독 인기가 있을까 하고 비판한 어느 한국인 철학 교수의 저서도 있다. 설득력은 별로 없었지만 어쨌거나 한국뿐만 아니라 일본에서도 샌델은 좀 유행했다.

자살률이 가장 높은 한국에서 어쩌면 사람들은 공정한 세상을 갈망하고 잠시 시기와 경쟁을 뒤로하고 싶은 마음에 열광했을지 모른다.

그 책은 어떤 것이 좋은 선택인지 답을 알려 주거나 확실한 결론을 내지 않는다. 인종, 계급, 문화 등 여러 다양한 부분의 차별적 상황을 배타적이지 않으면서 동등하게 각 집단 목소리를 듣게 해 준다. 쉽게 말해 이 사람 말도 들어 보고 저 사람 말도 들어 보는 식이다. 그렇기에 페미니즘도 남성을 배제하고 여성만의 울타리 속에서 결론을 내고 이것이 페미니스트의 올바른 방향이라고 하는 것은 좋은 방법이 아니다.

다양한 의견의 소리를 듣지 않으면 통보식이 되고 그 통보 중 한두 개만 불편해도 남성은 큰 거부감이 생긴다. 솔직히 페미니즘에 별생각 없이 살아가는 사람이 얼마나 많은가. 혈기 왕성한 젊은 남녀는 서로 사랑하는 데 바쁘고 어린 자녀를 키우는 젊은 부부는 살아가는 데 바쁘다.

상식적 차원의 교육이 아닌 어린이에게 의도가 뻔한 편향되고 불편한 페미니즘 교육을 한다면 페미니스트에 별생각 없는 그 학부모는 매우 화가 날 것이다. 그리고 보니 어린이가 위험하다. 필자는 처 자식이 없다. 만약 내 아이가 잘못된 페미니즘 교육을 학교나 공공

기관에서 받고 있다면 매우 불쾌할 것이다. 아마 필자 성격상 가만히 있지는 않을 거 같다. 그렇다고 엄청 화를 내거나 몰상식하게 할 성격은 아니다. 아무리 알아듣게 이야기해도 극단의 페미니즘에 빠진 교사나 강사, 기타 여성은 어차피 알아듣지 못하기 때문에 나름의 방법을 찾아야 한다. 도태남으로서 이건 앞으로도 일어날 일이 거의 없으니 이쯤 하겠다. 물론 아래와 같은 교육은 환영한다. 여자 할 일이 따로 있고 남자가 할 일이 따로 있는 게 아니다. 남녀 누구나 무엇이든 할 수 있다. 남자 힘이 세다고 무조건 남자에게 도움을 바라는 건 잘못됐다. 남자도 분홍색을 좋아할 수 있고 여자도 머리를 짧게 자를 수 있다. 이런 식의 페미니즘 교육은 환영한다. 필자가 부모라면 적어도 이런 부분만큼은 일반 교사보다 더 알아서 교육을 잘하겠지만 어린 나이 때부터 잘못 배우면 그걸 고치기가 매우 어렵기 때문에 노파심에서 화를 내고 걱정하는 것이다. 자라나는 어린이는 부모님이 조금만 소홀해도 다른 길로 갈 수 있다. 아이들은 어른이 하는 말과 행동을 그대로 학습하고 학교와 사회가 원하는 대로 양육되기 때문이다.

  교육을 뜻하는 에듀케이션(education)은 원래 주입의 가르침이 아니라 에듀케이트라는 어원의 '이끌다'라는 뜻을 가지고 있다. 한 사람의 능력치를 최대한 끄집어내는 게 에듀케이션이다. 즉, 모를 때는 지식을 가르치는 티처의 자세를 취하면 되고 주체적 사고를 하게끔 하는 것은 아이의 생각을 밖으로 끄집어낼 수 있는 에듀케이션을 하면 된다. 어린이에게 정답이 없는 페미니즘을 주입하지 말아야 한다. 정답이 없는 어려운 것은 생각을 물어보고 한쪽으로 너무 기울었을 때만 조정해 주면 된다. 그리고 만약 꼭 틀린 게 아니라면 그 아이의 생각을 존중해 줘야 한다. 교육의 역할 중 하나는 인간의 독립심을 키우는 일이다. 페미니즘 목표도 그중 하나지 않은가? 요즘은 초등학교 교사의 남녀 비율이 심각하게 불균형이다. 아무래도 여성 비율이 높으면 거기에 분명 잘못된 신념의 페미니스트 교사가 있을 가능성이 크기 때문에 부모님은 이 부분도 신경 써야 한다. 학교뿐만 아니라 도서관, 방과 후 학습, 외부 초청 강사, 기타 교육 자료집 등등 사회 곳곳에 잘못된 페미니즘 신념자가 있을 수 있다. 현시대엔 이런 거친 생각과 불안한 눈빛이 연인에게만 있는 게 아니라 자식과 교사에게도 있다. 기본적인 교육 과정 외에 사실상 어린이부터 청소년은 게임, 음악, 운동, 영화 기타 문화 산업 등 사회 전방위적으로 침투한 페미니즘의 영향을 받고 있다. 이제는 남성뿐만 아니라 부모가 정신을 바짝 차려야 한다.

 청소년과 일반 성인에게도 그런 불편한 주입식 페미니즘 교육은 페미니즘에 별생각 없는 사람들에게 부정적 인식을 준다.
 계속 확장력을 가지려면 이 부분이 매우 중요한데 오히려 이 부분을 가장 못하고 있는 게 지금의 페미니즘이다. 즉, 남(男) 탓을 하며 '백래시다! 반페미니즘 정서가 강하다' 등의 정신 승리로 여전히 사태 파악을 못 하고 있다. 이런 상태다 보니 결국 감정적 극렬 페미니스트들이 오히려 사회적 공감의 파이를 계속 줄이고 있다. 그런데도 염치없이 계속 페미니즘 페르소나를 쓰고 여성을 위하는 척한다. 그런 페미니스트는 여성을 진짜 위하는 게 아니라 오히려 여성의 가장 큰 적이다.

  판결을 하겠다. 우리나라의 페미니즘은 남자 없인 못살고 남자 탓만을 해야 하는 일방향적 어긋난 사랑의 스토킹범이다. 이에 따라 남혐 접근 금지를 명령한다. 땅! 땅! 땅! 물론 반페미니스트 환자들도 여혐 접근 금지를 명령한다.

여남은 다를까, 같을까

사람이 신념을 가지면 해석하기 어려운 세상도 때론 쉬워 보인다. 잘 생각해 보니 어떤 신념자에게도 단점만 있는 게 아니라 이런 장점이 있다. 페미니즘은 여남의 차이가 없다고 쉽게 결론짓는다. 이 어려운 걸 페미니즘은 쉽게 해낸다. 마치 성매매는 남자와 사회 탓이라며 성 매수인만 나무라는 것처럼 말이다.

남녀는 정말 다를까 아니면 그다지 차이가 없을까? 이것도 어려운 부분이다. 직장이나 가족 그리고 친구 사이에서도 도저히 이해가 안 가는 상황이 생겨 감정이 상하는 존재가 인간인데, 남녀라고 크게 다를 것은 없기 때문이다. 그래서 서두에 말했던 철학적 문제로 돌아가 주체와 타자의 속성을 가진 '인간 그 자체'가 그냥 트러블의 연속이라고 쉽게 결론 내고 싶어진다. 아니면 인간과 동물은 영역이나 먹이 싸움, 암컷을 차지하기 위한 경쟁 등에서 공통점이 있으니까 인간도 동물과 별반 다르지 않다고 치부해 버리던가 말이다. 그런데 만물의 영장이며 소크라테스가 말하는 에로스를 추구하는 고귀한 영혼의 존재가 인간 아니던가. 여기서 멈춰서는 안 될 일이다.

그렇다면 프로이트와 자크 라캉은 어떻게 이야기했을까? 라캉은 프로이트나 헤겔, 기타 철학자들의 영향을 받았다. 그래서 일부는 그들과 비슷한 것을 말하고 또 일부는 자기만의 인간 심리상태를 분석한다. 한편 라캉의 저서는 정신분석인 거 같으면서도 철학적인 이야기처럼 느껴지곤 한다.

　프로이트는 남근의 유무를 가지고 심리상태를 설명하는데 남성은 있고 여성은 없으므로 근원적으로 여남은 다르다고 말한다. 태어나 처음부터 가지고 있는 남성의 성기는 남성을 완전한 존재가 되도록 하고 여성은 불완전하다고 느끼게 한다. 그래서 완전과 불완전한 사이의 남성과 여성은 아주 어린 나이 때부터 심리적 반응을 다르게 하며 성장한다. 구강기부터 성인까지 남근의 유무는 리비도 상태에 영향을 주고 불안이나 억압, 부모와의 관계에서도 남성과 여성을 다르게 받아들이게 한다. 라캉에 비하면 사실 프로이트는 남녀 차이를 비교적 단순하게 봤다. 반면 라캉은 여남의 차이가 생물학적인 이유보다는 구조적 차원에서 생긴 것으로 본다. 여기서 말한 구조적 차원이라는 건 쉽게 말해 사회 관계적이라는 뜻이다.

　기본적으로 라캉도 남근의 유무에 따라 남녀가 세상을 받아들이는 방식이 프로이트처럼 다르다는 것을 전제로 한다. 라캉은 먼저 남성과 여성의 아버지 어머니를 상상과 상징계로 대입하고 구별한다. 그러면서 라캉은 팔루스(남근)가 없는 여성이 끊임없이 무엇인가를 하거나/되려고 하는 어떤 심리상태를 설명한다. 쉽게 말해 남자아이에게 남근은 기표이자 주체가 되어 의미화되고 여자아이에겐 남근의 의미가 결여되어 의미화된다는 것이다. 라캉의 상상계는 쉽게 말하면 거울 속에 비친 내 욕망이다. 여성은 팔루스가 없음으로 인해 실재와 괴리가 생겨 계속 무엇이 되어야만 한다. 그래서 여성은 남성보다 말이 많아야 하는 것인지도 모른다. 물론 방금 말한 건 라캉의 정신분석엔 직접적 언급이 없는 내용으로 필자가 지어낸 것이다.

자크 라캉 이야기를 더 하자면 머리가 아프기 때문에 남근은 그들 둘에게 중요했다 정도로 마무리하려고 한다. 여성이 볼 땐 인정하고 싶지 않겠지만 말이다. 참고로 주디스 버틀러는 보부아르나 프로이트의 이성애적 이원론 전제를 비판적으로 바라본다.

머리 좀 식혀야 할 것 같다. 그렇다면 남녀의 차이점에 대해 말한 책은 무엇이 있을까? 식상하긴 하지만 존 그레이의 책 『화성에서 온 남자 금성에서 온 여자』를 사람들은 많이 언급한다. 사람마다 다르다고 꼬투리 잡을 수도 있지만 그냥 가볍게 여남의 차이에 대해서 수긍하는 정도로 바라보면 좋겠다.

남자의 특성은 이성적 차원에서 신뢰나 인정을 좀 더 바라지만 여성은 정서적 차원에서의 공감과 존중 등을 더 원하는 것으로 그레이는 설명한다. 실제 심리학 연구에서도 여성이 남성보다 공감 능력이 조금 더 높다고 한다.

앞의 이성과 정서는 일부러 필자가 붙인 것이다. 여남 할 것 없이 방금 언급한 것 외에 몇 가지 남녀가 중시하는 마음들이 더 있지만 그게 이분법적인 것만은 아니라고 생각해야 한다. 또한, 여성과 남성이 특정 상황에 따라 서로 인지하고 무엇에 가중치를 더 두는지 아는 게 중요한데 이것이 이 책의 핵심이다. 쉽게 말해 이 책은 결국 여남은 조금 다른 종족이니까 서로의 이해가 필요하다고 말한다. 그런데 서로 좋아하기 시작하고 사랑할 땐 별로 문제가 되지 않지만 싸울 때에 비로소 문제가 생긴다. 가장 최악은 서로의 감정이 이성보다 중요시될 때의 상황이다. 그래서 소크라테스는 진정한 사랑이란 '절제'하는 법을 아는 것이라고 했다. 남자는 화도 참아야 하고 싸울 땐 이성적이기보단 울고 있는 앞의 여성에 대해 잘못이 없더라도 미안하다며 감정적 공감을 해 줘야 한다. 그러면 남자는 누가 위로해 주나? 바로 음란물이 위로해 준다. 방금 말한 건 단순한 농담이 아니다. 바람둥이나 매우 능력 있는 남성이 아니라면 보통의 남성은 여러모로 이중 삼중고에 놓여 있다. (그런 차원에서 추후 수컷을 잠시 탐구해 보도록 하겠다.) 그리고 남성은 사랑하는 사람을 위해 끓어오르는 욕정도 때론 참아야 한다. 이것이 바로 '절제' 즉 진정한 사랑이다. 여성은 이 말에 머리가 식는 게 아니라 끓어오를지도 모르겠다. 여남이 싸울 때의 밈 정도로 봐 줬으면 좋겠는데 계속 따지고 물고 늘어지면 잘못했다고 말하겠다. 남자의 결론은 늘 이렇다.

그러면 뇌 과학적으로는 어떨까? 막연하게 보통 사람들의 인식은 여자의 뇌와 남자의 뇌는 다르다고 생각한다.

그런 책들이 더 많기도 하고 오래 이어져 온 인지 편향을 가져서이기도 하다. 어떤 특정 상황에서의 fMRI 촬영으로 본 실험은 남녀의 뇌 활성이 다르다. 이런 결과들에다가 오랫동안 인류 역사는 남녀를 서로 이해 못 하는 존재로 생각했으니 뇌에 차이가 있든가 아니라면 분명 무언가는 달라야 한다는 이유를 무의식적으로 가졌을지 모른다. 반대로 페미니스트는 여남의 뇌 차이를 거부한다. 결국 여성에게 희소식이 전해졌다. 『젠더 모자이크』를 쓴 여성 학자가 여자의 뇌, 남자의 뇌는 따로 있는 게 아니라고 주장한 것이다. 쉽게 말해 블라인드 테스트를 한다고 생각해 보자. 책 제목처럼 뇌는 모자이크화되어 특정 상황에서도 남성이 반응한 뇌인지 여성이 반응한 뇌인지 알기 어렵다는 얘기다. 저자는 오랫동안 이어져 온 남녀의 뇌에 대한 인식을 바꾸고자 했는데 무엇이 맞는지 선택하는 것은 이 글을 읽는 독자의 몫이다.

  뇌 과학 외에도 남녀는 어떤 면에서 다른지 많은 종류의 심리 실험을 그동안 진행해 왔다. 그중 재밌는 거 하나만 소개해 보겠다. 남자는 여자보다 더 웃기려고 하는 경향이 있다는 연구 결과다. 어떻게든 여자를 꾀려고 하니까 그런다고 생각할 수 있다. 그런데 꼭 그렇지만은 않다. 동성끼리 이성끼리 그리고 혼성으로 이루어졌을 때 조금 차이는 있지만 남성은 동성끼리 있든 이성끼리 있든 웃기고자 하는 경향이 여성보다 더 강했다. 그 이유에 대해서는 다양한 추측이 있다. 그중 하나가 웃음을 통해 야생에서 수컷의 공격성으로 인한 폭력과 살인을 무의식적으로 줄이고자 했을 것이라는 해석이다. 그런데 지금 중요한 건 그게 아니다. 여성은 동성보다 이성과 같이 있을 때 더 웃었다. 역시나 여자와 남자는 같이 있으면 서로 웃음이 되는 존재다. 반면 우리나라 페미니즘은 우스운 존재가 되어 가고 있다. 마지막으로 페미니스트 작가 샬럿 퍼킨스 길먼은 이렇게 이야기했다. "여성적 두뇌는 없다. 두뇌는 성기가 아니며 이는 여성적 간

(female liver)이 없다는 말과 같다."

다르니까 아프다. 페미 vs 반페미가 정치화되다

　먼저 전제로 해야 할 중요한 것이 하나 있다. 페미니즘에 대해 비판한다고 해서 그게 바로 반페미니즘을 의미한다고 생각하지 말아야 한다. 지금은 잘못된 방향의 페미니즘을 이야기하는 것이지 극단의 반페미에 동조하는 게 아니다. 양극단의 그들은 어떤 해결책을 제시하기보다 커뮤니티나 영상, 디자인, 사진, 미술 심지어 게임 등 사회 곳곳에서 비아냥과 조롱 갈등만 일으키고 있다. 그래서 깨어 있는 의식의 눈으로 세상을 바라봐야 한다.

　양극단 그들은 변하지 않을 것이다. 그리스 로마 시대, 아니 그전부터 인간의 역사는 도저히 이해할 수 없는 몇 퍼센트의 부류가 항상 존재해 왔다. 합리적 이성보다 신념으로 뭉친 사람들이기에 그들을 변화시키긴 매우 어렵다. 그렇기에 사회가 평형을 유지하려면 잘못된 정치인이나 권력자들, 거짓 선동자 등에 속지 말아야 한다. 그리고 비판적 사고를 길러야 한다. 그런 차원에서 한나 아렌트를 잠시 언급해 보고 페미, 반페미 이야기를 본격적으로 시작해 보겠다
　『예루살렘의 아이히만』의 책에서 악의 평범성을 이야기한 것으로 유명한 (이에 대해 몇몇 학자의 비판이 있다. 요즘 악의 평범성은 언론과 기자, 판검사 그리고 관음의 대중이다.) 한나 아렌트는 이것 외

에도 더 많은 통찰을 남겼다. 대표적으로 『전체주의의 기원』에서 전체주의는 곧 대중의 출현이라고 주장했는데 쉽게 말해 전체주의는 대중을 원자화하고 하나로 묶음으로써 선동 선전에 쉽게 이용할 수 있는 도구가 되었다는 뜻이다. 전체주의는 스탈린이나 히틀러 일본 군국주의 및 파시즘 기타 독재의 나라에서 많이 볼 수 있다. 이것은 국가 및 정치 조직에만 해당되는 게 아니며 경쟁하고 투쟁하는 곳엔 어디든지 존재한다. 민주주의마저도 전체주의 혹은 파시즘 성격을 띤다. 왜 그런지는 우리나라 정치 좌우만 봐도 알 수 있으니 자세한 설명은 생략하겠다.

과거와는 달리 현재는 온라인, 오프라인의 여러 가지 방법으로 조직을 구성하여 그들의 주장과 입지를 강화하고 있다. 그중 일부 조직은 권력화까지 되는데 집단적 이념이 여기에 더해지면 본래의 큰 가치와 목표를 점차 잃어버리고 투쟁적 혐오가 시작된다.

그렇게 되면 결국 양쪽 모두의 대다수는 소모적 존재로 이용당하거나 고립화되는데 문제는 그 추종자들이 그것을 인지조차 못 한다는 것이다. 이득은 극소수의 사람이나 조직에 돌아가고 신념만 가득한 추종자들은 그들의 노예가 된다. 그런 무책임함은 크게는 정치인부터 작게는 페미니스트나 개인 방송하는 사람들까지 여러 곳에 존재한다. 해결보다는 갈수록 다수에게 피해가 가고 있으며 선동하는 그들 때문에 갈등은 더욱 커지고 있다. 어쩌면 페미와 반페미를 앞장서서 외치는 사람들은 갈등이 깊어지는 것을 오히려 조직 유지와 금전적인 차원에서 더 반길지도 모른다. 정치화란 어떻게 보면 권력화나 조직화된다는 걸 의미한다. 계속될 존재근거와 지탱을 위해 그들에겐 서로 반대 조직이 있어야 하며 돈과 지지자가 생기려면 갈등은 필수 요소다.

앞서 언급했지만 주디스 버틀러는 여성이 범주화될 때 정치화될 수밖에 없다고 하였다. 참고로 여기서 말하는 정치화는 실제 정치가 아니라 사회 논쟁적 의미로 봐야 한다. 우리나라에서 일부 페미나 반페미가 이제는 양극단을 이용해 실제 진보와 보수의 정치질을 하기 시작했다. 특히나 특정 정권일 때 미투가 터지면 이것을 더욱 정치화한다. 남녀 차별적 뉴스나 페미니즘 이슈가 되는 것들에 대해서는 더욱더 선택적 잡음을 만들어 내며 각각의 커뮤니티에서 극단화나 분란을 일으킨다.

페미니즘이나 안티 페미니즘이 특정 정치 성향과 연결되면 안 되는 이유는 그렇게 되면 원래의 목표는 사라지고 합리적 사고 대신 이분법적 편향에 빠지기 때문이다. 교묘하게 페미와 반페미를 선택적으로 이용하여 정치 성향과 결부시키고자 하는 사람들은 최종목표가 따로 있기에 정상적 사고방식의 국민에겐 암적인 존재가 된다. 군중심리에 이끌리지 않도록 최대한 그런 커뮤니티를 안 하고 영상을 안 보는 게 좋다. 그런데 아까 말한 대로 정치인이나 권력의 하수인, 페미와 반페미를 이용해서 이득을 보려는 사람들로 인해 지금은 그외 대중이 그들의 목적이 아니라 수단이 돼 버렸다.

페미니즘만 이런 문제가 있는 게 아니다. 사회적으로 넓게 봐서 누가 갈등을 일으키고 무엇이 문제인가도 살펴봐야 한다. 그런데 사람들은 근원적 문제를 찾기보다 겉으로 드러난 것만 만지작거리는 경우가 대부분이다.

 오염되지 않은 페미니즘은 인권을 위해 사회 모든 분야에 걸쳐 의미를 찾을 수 있게 해야 한다. 그런데 어쩌다가 페미니즘이 더럽혀졌는지 안타까움을 다시 전하며 아무튼 이 얘기로 다름에 대한 이야기를 시작해 보려 한다.
 "다름은 틀린 게 아닙니다. 서로의 차이를 인정합시다." 이 말은 이젠 상투적인 표현이 되었지만 하나의 맹점도 있다. 물론 이 말 자체에는 아무런 문제가 없다. 지극히 맞는 말이다. 문제는 그 다름의 소수 쪽인 사람들 중 일부가 다수인 상대에게 원망과 강요를 통해서 설득하려 할 때이다. 참고로 니체는 원망과 시기를 르상티망이라는 용어로 개념화하고 넓은 의미를 부여한다. 생각해 보면 사회 곳곳엔 소수자가 여러 형태로 존재한다. 그중 다문화와 성소수자를 예로 들어 보려고 하는데 동성애 관련해서는 따로 논할 것이니 여기서는 다문화 다민족 관련 이야기만 해 보겠다.
 한국에 들어온 무슬림 사람들의 모스크 건축으로 빗대어 말하면 쉽게 설명할 수 있겠지만 이 자체 언급만으로 무슨 말을 하려고 하는지 알 수 있을 거라 생각하고 다른 쪽으로 눈을 돌려 보겠다. 외국인 노동자 혹은 다문화 가정을 이룬 한국인 부부, 기타 이민자, 난민 등에 관해 이야기해 보자. 문화, 정치, 사회적인 부분에서 한국인들은 그들을 어디까지 용인해 줘야 하는지, 반대로 그들은 어디까지 감수할지 여부가 문제가 된다. 그들에 대한 차별적 상황이나 법적인 것만을 말하려고 하는 게 아니다. 가령 이방인에 대한 경제 사회적인 지원, 건강보험 조건 같은 것은 가치판단이 매우 다른 영역이라 국민적 생각이 많이 다를 수 있다. 정치적으로는 시민권의 범위 여부도 어떻게 해야 할지 고민해야 한다. 이방인에 대해 어떤 한 국가나 사회가 내국인화되도록 많은 혜택과 관용을 주었을 때 내국인의 이방인에 대한 시선도 함께 생각해야 한다. 관용적이고 포용적인 나라여도 문제고 아니어도 문제인데 어느 권리를 주었고 어느 것을 뺏겼다고 생각하는지는 이방인은 이방인대로 내국인은 내국인대로 상대적이라 갈등이 생긴다.

한쪽에서는 더 많은 것과 이해를 바라고 또 한쪽에서는 "이 정도면 충분하다! 뭘 더 바라느냐!"라고 생각하기에 서로 충돌한다. 다름을 인정해 달라는 소수의 쪽이 오히려 다름이라는 자신들의 한계에 갇혀 다수 쪽을 이해 못 할 땐 특히나 격렬해진다. 일부 페미니스트의 행태가 이런 상황과 완벽히 일치한다. 다만 이런 소수가 다수에게 양보하지 않고 권리만 내세울지라도 그들에게 투사적 혐오를 해서는 안 된다. 언제까지 그럴 수도 없거니와 집단 혐오는 해결책이 아니며 폭력은 폭력을 낳기 때문이다.

이렇듯 소수와 다수 혹은 페미와 반페미의 갈등은 가진 자와 가지지 못한 자의 권력 및 정치 싸움으로 번진다. 좀 더 확대 해석하면 마치 부르주아와 프롤레타리아의 투쟁과 같은 성격을 띤다. 즉, 다양한 종류의 소수라는 사람들이 세상의 관용과 이해를 받지 못했다고 생각할 때 혹은 불합리하고 억압받는다고 느낄 때 투쟁과 갈등은 시작된다. 거기에는 합리적인 것이 있을 수 있고 말 그대로 소수자들만의 생각에 사로잡힌 것도 있다. 아니면 그들 소수 내부에서조차 찬반이 엇비슷하여 다양한 목소리가 존재할 수 있다.

그렇기에 소수의 다양한 목소리 중 자정작용이 필요한 것들은 그들 스스로 걸러 내고 세상에 공감을 얻고자 하는 노력을 해야 한다. 결국 그게 되지 않으면 니체가 말한 무리 본능, 무리 짐승 같은 행태를 보이면서 합리성은 온데간데없고 더욱 갈등을 부추기며 고립화되어 가는 행태를 보이게 된다. 현재 분리주의 페미니즘이 딱 이런 상태에 놓여 있다.

결국 소수든 다수든 선동적 상황에서는 집단적 지성을 기대할 수 없고 설령 다른 목소리가 있더라도 묻히기가 쉽다. 특히나 현시대 사람들은 자신이 하고 있는 온라인의 메아리 방 같은 곳에 갇혀 있고 규범적인 측면과 정보적 측면에서 주로 일방향의 영향을 받다 보니 영상이나 뉴스 SNS 커뮤니티 선동자들에게 쉽게 이끌려 버린다. 이런 걸 심리학적 용어로 동조현상이라고 하는데 페미니즘도 이런 연장선상에 놓여 있다.

여기서 말하는 소수는 동성애, 다문화, 난민, 여러 인종, 종교, 기초생활수급자, 장애인 등 아주 다양하다. 페미니즘 역사로 한정하면 "정체성 정치"는 여성 한정적이며 그 외에는 배타적인 입장을 취한다. 여성주의로 통합하여 말하면 되는데 정체성 정치를 부정적으로 표현하기 위해 어떤 사람들은 이 말을 계속 꺼내려고 한다. 태초부터 일부 정체성을 가진 여성은 무엇을 가진 권력이 아니다 보니 기생할 수밖에 없다. 자연 생태계의 기생충을 한번 살펴보자. 기생충은 침투하여 공격하고 자리를 보존하고자 하지만 숙주가 없으면 기생할 수 없기에 숙주 권력(생명)을 전복할 수 없다. 인간도 지구에 기생하여 살지만 자연이 없으면 존재할 수 없다. 동식물 세계의 숙주와 기생은 공생관계가 많지만 쥐의 특정 기생충은 고양이를 겁내지 않게 뇌를 조절하여 죽음으로 이끌기도 하는데 이것은 또 다른 숙주로의 전환을 시도하는 일이다. 사마귀의 연가시도 종족 번식을 위해 사마귀를 물이 있는 곳으로 조종한다. 고양이가 쥐에 기생하는 기생충의 숙주가 되지 않는다면 공생이 아니지만 기생충은 대체 숙주를 만들며 암세포처럼 숙주가 있는 한 무한 증식한다. 인간 세계에 자신들만의 특정 정체성을 가진 존재는 기생충과 비슷한 존재다. 다만 인간애를 발휘할 다양한 정체성 인간들을 페미니즘에 기생하는 존재와 같게 취급하여 모두 폄하해서는 안된다. 유대인을 혐오하는 일부 사람은 유대인을 다른 나라들에 기생하는 벌레로 표현하는데 우리는 그들 모두를 증오하거나 혐오하지 않는다. 소수자 이야기를 총체적으로 하기 때문에 굳이 "정체성 정치" 용어를 안 쓰고 싶은데 사람들이 페미니즘 역사와 문제점을 지적하고자 할 때 꼭 한 마디씩 하는 소리라서 안 할 수가 없었다. 이 정도면 충분하다. 그들을 비판하기 위해서 이 용어를 강조하여 오염시켜 해석하는데 그걸 비판하는 인간조차 특정 정체성을 가지고 있는 존재라는 걸 인정해야 한다. 특정 정당 소속, 특정한 가치관, 기타 페미니즘 반동꾼 등이 자기의 성(性)과 반대된 젠더의 응원을 받고자 하는 스탠스도 어떻게 보면 특정 정체성이다. 그렇기 때문에 정체성 정치를 공격하는 건 자기 모순적이라는 걸 알아야 한다. 이런 게 폐쇄된 언어다. 즉 무엇을 결론짓고 규정해 버린다. 굳이 하고 싶다면 들뢰즈가 말한 "소수성"이라는 말이 더 적합하며 매우 의미 있는 개념이기 때문에 이 단어를 추천한다. 우리는 무엇에 속한 존재라고 이 책에서 누차 이야기하고 있기에 모두를 폄훼하는 말 아야겠다. 더 말하고 싶은 게 많은데 이쯤 해 두겠다.

　한편 어떤 이는 전통적으로 이어져 온 남성 우월이나 가부장적 남녀 차별을 새로운 관계 정립과 방향성을 위해 신자유주의 속 여성 남성 관계까지 끌어들인다. 그러나 그건 너무 거창한 이야기다. 어렵게 표현하지 말고 재밌게 풀어 보자. 현실 남녀는 고요한 상태에서 자기 삶을 살아가지만 페미, 반페미의 온라인 전사는 극렬의 사이버 전쟁 같은 것을 일으키며 살아간다. 불만이 많고 사랑받지 못하거나 가지지 못한 여남들이 신념의 광선검을 가지고 서로를 베어 내고 있다. 생각해 보면 진짜 베어야 할 권력자는 놔두고 '을'이나 프롤레타리아들끼리 싸우는 꼴이다. 아니면 이런 시각도 있을 수 있다. 팔레스타인 하마스와 이스라엘 전쟁을 두고 다양한 사람들이 양비론이나 양시론을 말한다. 또 누군가는 선악으로 보지만 누군가는 선악의 저편으로 보는 싸움처럼 페미, 반페미를 그렇게 보기도 한다.

영화 속 전쟁은 이미 끝났다. 페미/반페미 워즈의 공상에서 나와 진짜 세상의 부조리에 저항하는 저항군이 되자.

이 단락을 마무리하는 말로 버틀란드 러셀의 표현이 잘 어울릴 거 같아 그의 말을 인용해 보겠다. "바보들과 광신도들은 자기 확신이 지나친 데 비해 더 현명한 사람들은 의심이 너무 많다는 게 세상의 문제다."

 ## 페미니즘 책과 페미니스트의 한계

　누군가에게 조언한다는 것은 꼭 그 사람보다 잘나서가 아니다. 어떤 이의 전체적 스펙이 나보다 잘났거나 못났어도 서로의 처지나 경험 같은 노하우가 다를 수 있다. 그래서 열린 마음으로 조언을 해 줄 수 있고 반대로 받을 수 있는 것이 사람의 삶이자 지혜이다. 소제목을 이렇게 하였다고 하여 그동안의 페미니즘 책이 형편없다는 뜻은 아니다. 당연히 페미니즘에 대해 배운 게 더 많았다. 사람은 완전하지 않고 실수하기에 평생 배워야 한다.

　공자나 소크라테스는 제자들이나 일반 사람에게 가르침을 주기에 앞서 호학을 중시했고 나이가 들어서도 학무지경의 삶을 살았다. 즉 끊임없이 배우기를 좋아했다는 뜻이다. 역사적 사상가들도 이렇게 배우고자 했는데 지금의 페미니즘은 배우고 성찰하는 게 없이 자기 생각에만 빠져 있다. 일종의 페미니즘 자폐성이다. 필자는 이미 페미니즘에 대한 저서들을 많이 접했다고 생각하지만 더 많은 것을 알고 싶어서 정기적으로 페미니즘 책을 찾아본다. 그런데 시간이 지나도 거의 내용이 비슷한 것들만 보였다. 그래서 이 글이 탄생했다.
　여기서 직접적으로 언급하지는 않겠지만 여성 작가가 쓴 것 중 남성의 입장을 조금이라도 생각하고 최대한 기울어지지 않은 상태로 글을 쓰려고 했구나 하고 느꼈던 것은 극히 일부의 책이었다. 대부분의 저서들이 마치 여성만을 독자로 하는 듯했고 남성을 나무라기만 했는데 그런 책을 몇 개만 간접적으로 언급해 보겠다. 어떤 분홍 표지의 외국 작가 책은 몇몇 여성의 차별적 상황만을 주로 서술했고 한국의 모 교수의 책은 대부분 통계적 수치로 사람들을 설득하려고 했다. 선량한 마음으로 썼지만 어떤 것은 매우 논쟁적일 수 있거나 유토피아적인 게 있었고 어떤 것은 감정적으로 써서 갈등만 조장한 경우도 있었다. 어떤 책은 현학적으로 보이고 싶었는지 몰라도 사상적, 철학적 이야기만 해서 현실과 괴리가 있었다.

여성이 쓴 책 외에 남성 페미니스트를 자처한 사람의 책도 있었는데 마치 마마보이 같았다. 잘 알지도 못하면서 페미니즘 어머니나 여동생 말만 듣고 어리숙하게 써 놓은 느낌이다. 그 외에 편향적이지는 않았지만 작가의 자기 생각이 없고 단순 지식 차원의 교과서 같은 책도 있었다.

아무튼 이런 비슷한 이야기를 그동안 페미니즘 책은 무수히도 했다. 단순히 "내 얘기를 들어 줘!"라는 과거지향적 외침은 이제 충분한데 아직 어떤 틀에서 벗어나지 못하는 느낌이다. 그리고 현실 분석을 제대로 못 하니 미래지향적인 것은 거의 찾아볼 수가 없다. 비교적 최근에는 이제서야 대립적 상황을 고찰하고 전략적으로 무얼 해야 한다고 하는 정도까지 나오는데 늦어도 늦은 것이지만 여전히 이상향적이라는 측면에서 한계성이 뚜렷하다. 그리고 여전히 페미니즘 책은 극단성을 가정하고 남성을 전체 타자화한다.

남성들이 주장하는 것에 합리적 반론은 없고 유리한 것만 취사선택하며 불리한 건 침묵한다. 설령 반론을 제시해도 여성 편향적이다. 시중에는 여성의 입맛에만 맞는 페미니스트류의 책이 대부분이다 보니 그런 책 고작 몇 권 읽고 일부 페미니스트는 자신이 마치 깨어 있는 여성이라고 착각한다. 여기에 여성 커뮤니티가 가세하면 확증편향이 더욱 공고해져 버려 탈출하기 힘든 상태의 페미 패닉에 빠진다. 결국 그렇게 배운 여성들 일부가 사이비 사이버 페미니스트가 되어 세상 여러 곳에서 나타나 전사 역할을 한다.

사실 무조건적 반페미니스트의 전사가 아니라면 남성들은 그동안의 긴 역사 동안 여성이 겪은 차별에 대해 인정하는 편이다. 양심이 있는 사람이라면 보통 그렇다는 것이다. 그런데도 대부분의 책은 오로지 과거에만 빗대어 차별적 사실만 나열해 놓는다. 사실을 인정하는 쪽과 과거에만 빗댄 쪽 남녀 상당수는 어느 정도 나이가 있는 사람들이 가지고 있는 온건주의자들의 생각이다. 역사적 관점에서 남성 우월적 문화를 인정하는 사람들은 너무 터무니없다거나 급진적이지 않은 페미니즘 정도라면 대체로 스윗하게 받아들이는 편이다. 반면 상대적으로 젊은 남자들은 어려서부터 성인기까지 또래 여자들과 매우 평등하고 공정하게 경쟁하며 살아왔다고 생각하기에 판에 박힌 페미니즘에 불만이 생길 수밖에 없다. 특히 90년대생이나 2000년대 이후 태어난 대한민국 남자들은 "현시대는 여자들이 말한 여남 차별적 사회도 아니며 설령 그렇다 치더라도 나 자신 혹은 내 세대가 대체 무슨 혜택을 보았고 우리들이 무슨 여성들을 억압했는지 도저히 이해할 수 없다."라고 생각한다. 기본적으로 2030세대는 이런 심리상태인데 여기에 페미니스트들이 불합리하고 비상식적인 이야기만 떠들어 대니 젊은 남자들은 더 이상 참지 않게 되었다. 이대남은 사실 잘못이 없다. 30대 중반 이상은 제외하더라도 그 아래 세대는 그 위 세대처럼 남녀 차별로 인한 남성만의 달콤한 무임승차를 하지 않았다. 현재 그 무임승차 영역이 사회 어느 곳에 있는지 모르겠지만 그게 있다고 하더라도 이대남은 그 무임승차의 관성을 누린 세대가 아니다. 설령 그 콩고물을 모르고 조금 먹었다면 이대남은 아마도 이대녀로부터 공격당하느니 차라리 포기하는 쪽을 선택할지 모른다.

정작 여남 불평등을 만든 잘못은 위 세대가 해 놓고 아래 세대가 싸우는 꼴이니 이런 코미디가 따로 없다. 더군다나 이대남 이대녀 둘 다 피해자라고 주장하는 상황이니 대체 어디까지 웃길 셈인지 궁금하다. 위 세대 여성은 여전히 고군분투하고 남성은 나 몰라라 하고 있으며 아래 세대 여성은 독불장군이 되고 남성은 졸병이 되어 간다. 거기다 무책임한 정치는 편 가르기와 대립만을 일삼고 있는데 이 와중에 젠더 갈등을 이용하여 불로소득 같은 이득만 챙긴 정치인이 있다. 역시나 무료를 좋아한다. 이런 역학 관계를 잘 해결하려면 세대 분리와 세대 공감을 구분해서 봐야 한다. 가부장적 문화와 남성 중심 사회가 굳어진 건 이대남 탓이 아닌데 젊은 여성은 이대남 탓을 한다. 그건 명백히 잘못됐다. 페미니즘이 말한 그런 불평등이 존재할 땐 이대남은 이 세상에 태어나지 않았고 불평등이 거의 사라질 땐 이대녀와 이대남 모두 공정하게 커 왔다. 적어도 베이비붐 세대 남성은 동시대 여성에게 빚과 같은 채무가 있다. 그러나 MZ세대 혹은 2030세대, 알파 세대 등은 여성에게 아무런 채무가 없다. 젊은 여성은 불만이 있으면 이대남에게 화살을 돌리지 말고 우리 삶을 책임지는 정치에 해결책을 물어야 한다. 페미니즘 관점이 잘못되면 그걸 따르는 사람은 사실과 핵심이 눈에 들어오지 않고 결국 피아식별을 못 하게 된다. 지금이라도 이대녀는 정신을 차려야 한다. 페미니즘 책을 읽더라도 취할 건 취하고 버릴 건 버리면서 중심을 잡아야 한다. 반면 남성은 젊은 여성의 도발이나 말로만 떠들어 대는 빛 좋은 개살구에 흔들리지 말고 이성으로 대처해야 한다. 남녀 불평등의 원인이 되는 당사자는 위 세대가 맞지만 젠더 갈등은 아래 세대에도 책임이 있기 때문에 책임은 공동이다. 물론 이대남 이대녀는 매우 억울한 상황이긴 하다. 그래도 어쩌겠는가? 우리가 태어나고 싶어서 태어난 게 아닌 것처럼 세상에 태어나 보니 한국과 세계의 남녀 불평등 역사가 그렇게 된 걸 어떻게 할 수가 없다. 이렇게 페미와 반페미니즘이 격렬한 상황에서 위 세대 스윗남이 중립을 지키는 건 무책임한 처사다. 방금 말한 건 무임승차하면서 사유 없는 위 세대 스윗남을 비판하는 것이지 의식하고 있는데 괜히 이대남에 욕먹는 스윗남까지 받아들이는 건 아니다. 사실 왜 이런 변명까지 해야 하는지 모르겠다. 대다수 국민은 페미니즘 반페미니즘 그딴 게 뭔데? 반문할 수도 있다. "하루하루 살아가기도 바쁜데 너희들은 살기 편한가 보다! 세월 좋다!"라며 배부른 소리 한다고 생각한다. 그래도 우리 세대의 갈등이라고 하니까 필자 같은 사람이나 페미니즘에 한마디 하고 싶은 사람, 기타 식자층이라고 생각하는 사람이 있는 것도 꼭 쯧쯧 하며 혀만 찰 일은 아니다. 그런 의미에서 세상을 이끄는 건 우리 모두이기 때문에 각자 틀린 건 아니다. 갑자기 짜증이 밀려온다. 왜냐하면 정말 소수 교조주의 페미니즘과 못된 정치 신념을 가진 자들이 여러 세대와 남녀를 분열하게 했으니깐 말이다. 최근 국가대표 사건 관련 축구협회와 우리나라 최고 지도자의 무능과 무책임을 보면서 페미니즘에 대한 시각도 어쩔 수 없이 이런 관점으로 대중은 인식하겠구나 하는 생각이 들었다. 누차 말하지만 진짜 근본적인 문제가 어디에 있는지 아는 게 중요하다. 을끼리 싸우면 가장 위에 있는 프레임 조정자와 그 분란을 일으키는 노예들만 좋아한다. 페미니즘 또한 지금 분노의 대상을 잘못 찾고 있다. 그 잘못된 정답을 오랫동안 알려 준 게 보통의 페미니즘 책이다.

세상을 살다 보면 전 세대의 인류 공감이 가는 게 있고 아닌 게 있는데 그동안의 페미니즘은 이런 구분조차 하지 않거나 하더라도 이 부분을 작게 생각했다. 이런 상황이다 보니 이제 페미니스트라고 자처하면 남성들은 피해의식을 가진 여성이나 이쁘지 않고 뚱뚱한 여자들이 극렬 페미가 되어 남자들을 공격하며 징징대는 거라고 생각해 버린다. 반대로 여자들은 한남이나 도태남거리면서 반페미가 아닌 모든 한국 남자까지 싸잡아 조롱하고 감정적 싸움을 걸어온다.

우리나라 페미니즘의 또 다른 문제는 페미니스트라 자처하는 사람들이 오히려 여성의 자유와 행복을 억압하고 있다는 점이다. 이것은 비교적 젊은 사람들에게 해당하며 가장 현실적인 문제다.

　보통의 페미니즘 책은 남성 우월적 문화의 문제점이나 여성이 차별받아 온 것을 사실적, 감정적, 역사적으로 잘 정리해 놨다. 그러나 해결책은 거의 없거나 있더라도 매우 불완전하다. 어떤 것은 불완전한 것을 넘어 역설적으로 여성 억압적이다. 한번 잘 생각해 보자. 인간의 생애 중 외적으로 가장 아름다운 시기가 언제인가? 물론 사람마다 조금씩 다르겠지만 성인으로 따지면 보통 20대다. 과학적으로 늦어도 25세 전후로 모든 생육은 끝나고 노화가 시작된다. 현재 30대 40대 이상이라면 무슨 말을 하고 싶은 것인지 감이 왔으리라 생각한다. 이성적으로 가장 불타오르는 나이 때라 외적으로도 관심이 많고 대부분 사람의 리즈 시절이라고 하는 것도 보통 이 나이 때다. 뭘 해도 이쁘고 뭘 해도 멋있으며 실수도 용납되고 실패도 용납되는 시기다. 가꾸어서 더 사랑받고 가꾸지 않아도 있는 그대로 괜찮은 나이다.

　인생의 아름다움은 언제나 지속되어야 하겠지만 정말 돌아오지 않을 그 이쁜 나이는 여남에게 단 몇 년일 뿐이며 세상에 잘 보이고 싶은 전투적인 마음이 가장 높아질 때도 보통 이 나이 때다. 그런데 그런 것을 제쳐 두고 몇몇 반본능적 행동을 하라는 것과 페미니즘 우위의 사상을 심어 주는 것은 얼마나 잘못되고 안타까운 일인가? 이것은 여자 남자 모두에게 해당된다. 그들보다 좀 더 어른으로서 책임감을 가지고 나아가야 할 올바른 방향을 얘기하는 게 아니라 오히려 페미니즘 책은 여남에 대한 갈등 조장이나 이분법적 시각을 드러낸다.

그곳에서 탈출하면 사람이 보이고 설렘이 느껴진다. 이 사상에 현실까지 과몰입하지 않는 여성 남성은 지금도 서로 불타오르고 사랑하며 행복하게 잘 살고 있다. 결론적으로 지금의 페미니즘은 인간의 해방 파이를 넓히는 게 아니라 오히려 좁혀 놨다.

그렇다면 왜 이렇게 되었을까? 심리학적 용어로 의도화된 합리화란 게 있다. 이것은 정치적으로도 페미니즘적으로도 적용할 수 있다. 의도화된 합리화란 자신이 무엇을 지향하고자 할 때 미리 학습의 편견과 정해진 마음을 가지고 상황을 받아들이며 해석하는 것을 의미한다. 페미니스트가 현재 이 글을 본다면 그 독자도 의도화된 합리화 상태에 놓여 있을 가능성이 크다. 그래서 필자의 이야기가 마음에 들지 않고 꼬투리를 잡을 생각만 하게 된다. 우리나라의 페미니즘 책은 수십 년째 지겹도록 레퍼토리가 비슷한데 그 이유는 서로의 생각을 베끼기 때문이다. 시대가 변했는데도 오래된 페미니즘 서머리(summary)만 외우고 있으니 오답만 내놓게 된다. 페미니스트가 되려면 응당 그런 책이나 강의 및 교육 기타 영상에 스며들어야 한다는 의무감이 있는 듯하다. 그중 어설프게 배운 페미니스트들이 세상에 나오고 온라인으로 복제된다. 잘못된 복제다.

우리 진짜 솔직해지자. 우리 모두 무단횡단을 하지 말아야 하는 것을 안다. 대기업의 횡포에 분노하여 불매를 말하고 일본에 노 재팬을 말하지만 모든 것을 실천할 수가 없다. 최대한 실천하고자 하는 사람의 노력을 존경하지만 그들 스스로도 현실 앞에 때론 무너지곤 한다.

사실 이런 선택적 실천만으로 대단한 것이다. 인간에게 목표와 이상향이란 그런 것이며 페미니즘 또한 마찬가지다. 그런데 페미니즘은 이상향을 현실에 절대 맞추지 않으려고 한다. 단, 피해자일 때만 현실로 잠깐 돌아온다.

  페미니즘을 외쳐 명성을 얻었는데 자기 자녀를 페미니즘적 인생으로 살게 할 수 있는 부모는 극단의 종교적 마음이 있지 않는 한 아무도 없다. 왜냐면 사회가 받아들이지 못하기 때문이다. 그들도 알기에 현실에 맞춰 살 것이다. 말과 글을 그럴듯하게 하여 인간을 현혹한 페미니즘은 이제 그만 현실과 동떨어진 이야기를 멈춰야 한다. 그들이 젠더 갈등의 범인이다. 집 밖에서는 성별 없는 무엇의 IST, 집 안에서는 그냥 WOMAN, 페미니스트 인간이여! 솔직해지자. 현실 앞에 너무나 이중적 행태를 취하지 말자. 다른 죄 없는 수많은 여자는 당신들의 그 한없이 가벼운 입 때문에 여성 해방이 아니라 여성 행방불명에 빠져 고통스럽다. 다른 사람은 몰라도 당신의 페미니즘 인생을 나는 안다.

나는 무고하고 너는 고소하고

　미투에 관한 이야기를 하기에 앞서 성인지 감수성이라는 것을 먼저 얘기하겠다. '법'은 삼수변과 갈 거(去) 자가 합쳐진 한자인데 막상 한자 뜻을 풀어서 보니, 법이 단호할 거 같은 느낌보단 고정불변하지 않고 왠지 영원하지 않을 것 같다는 느낌을 준다. 이와 비슷한 의미로 말한 이가 있었는데 바로 예링이라는 사람이다. 『권리를 위한 투쟁』이라는 저서에서 그는 법의 목적은 평화이고 그 방법은 투쟁이라 했으며 그 투쟁의 대상은 계급이나 국가 등이라고 했다. 이런 점을 볼 때 법은 언제든 변한다는 것을 알 수 있고 그런 차원에서 성인지 감수성이라는 개념도 새롭게 만들어졌으리라 생각한다. 한편 법은 객관적 권리이고 권리는 주관적이라고 하는데 이렇게 법이 역사의 흐름 속에 변하면서 존재하더라도 적용에 있어서는 명확해야 한다.

　성인지 감수성은 그런 면에서 드러난 객관성보다 느끼는 주관성을 법 속에 합쳐 놓은 것이기 때문에 그 자체가 불완전할 수밖에 없다. 마치 관심법을 타인에게 전해 줘야 하는 느낌이다. 애초에 성인지 감수성이라는 게 명확하지 않다 보니 억울한 사람은 어떻게든 설명해야 하는 형이상학적 상황까지 맞닥뜨리게 된다. 성인지 감수성의 가장 큰 문제는 잘잘못이 명백한 게 아닌 다툼의 여지가 있어 원고와 피고가 격렬하게 법적 다툼을 할 때이다. 성인지 감수성을 이용해 판결이 나기도 전에 피해자 중심으로 본다는 거 자체가 모순이다. 그리고 증거주의와 무죄 추정의 원칙에도 상충한다. 그렇다면 성인지를 빼고 ××인지 감수성을 또 만들어 세상 모든 사람을 처벌할 수 있게 한번 해 보자. 하나만 예를 들어 보자면 '장애인 인지' 감수성이다. 선량한 마음을 가진 신체 및 지적 장애인이 어린이에게 다가오고 있다. 어떤 부모는 본능적으로 놀라 그 자리를 성급하게 뜰 수 있고 아니면 아이에게 다가오는 줄 알고 제지를 할 수도 있으며 심하면 아이가 놀랐다며 몇 마디 화를 낼 수도 있다. 추후 그 장애인이 부모의 그런 행동에 깊은 상처를 받고 심리적으로 계속 고통받고 있다면서 그 비장애인을 고소할 경우 피해자 중심의 장애인 인지 감수성 입장에서 판결해야 하는가? 극단적 예시이고 성인지와는 다르다고 주장할 수 있겠지만 어떤 남성이라도 극단적인 성인지 감수성으로 인해 피해를 볼 가능성은 충분히 있다는 점에서 별로 다를 게 없다. 즉, 성인지 감수성은 주관적 무한성을 가지기에 인간 모두를 성범죄자화할 수 있다.

물론 그동안 남성들이 무심코 행동하고 말한 것이 이제는 성폭력일 수 있다는 처벌 가능성과 경각심을 일깨워 준다는 점에서 성인지 감수성은 일부 긍정적 요소가 있다. 또한 약자를 보호하고 위계에 의한 성폭력이나 암묵적 성 억압 등에도 도움이 될 것이다. 그럼에도 불구하고 성인지 감수성은 태생적 모호성을 가지고 있다. 그래서 피해자를 위할 수도 있지만 반대로 억울한 피해자를 만들 수도 있는 양면성을 가진다. 결론적으로 성인지 감수성에 대해 남성은 목소리를 높여 투쟁해야 한다.

그럼 이제 미투로 돌아가 보자. 최근 어떤 판결이 나올 때 우리나라의 낮은 형량에 대해 법 자체를 비판하거나 그런 낮은 형량을 판결한 판사를 비판하는 사람들이 점차 늘어나고 있다. 그리고 관례화되며 판례화된 것들에 대해서도 볼멘소리가 여기저기 나오는 상황이다. 성폭력이나 성폭행은 매우 야만적이어서 한 사람 및 한 가족 인생을 처참하게 만들거나 심지어 한 사람의 생을 마감하게 하는 것이니 반드시 무겁게 처벌해야 한다. 그러나 한국 사회는 음주 운전이나 성폭력 기타 범죄에 대한 형량이 아직 국민적 눈높이에 맞지 않은 실정이다. 여전히 한국 여성은 온전하게 한 인격으로 존중받지 못하거나 2차 피해의 대상이 되고 쉽게 보복에 노출되어 있다. 그런 면에서 미투는 약자의 관점에서 법적 처벌 외에 자신의 억울함을 표현하는 최소한의 사회적 몸부림이기 때문에 용기 있는 행동으로 응원받아야 한다. 상대방이 아직 법적 처벌을 받지 않았다면 방아쇠 역할도 할 수 있으니 미투는 여러모로 필요한 수단이다. 그런데 이런 장점도 있지만 단점도 존재한다. 그게 거짓 미투이거나 성인지 감수성이 만들어진 이후 억울한 사람이 생기는 경우엔 돌이킬 수 없는 사회적 살인을 당하게 된다.

우리나라는 무고죄에 대해서 처벌이 그리 심하지 않은데 성폭력을 행하는 사람의 처벌이 당연히 가혹해야 하듯 무고한 사람을 성폭력이라고 하는 사람도 지금보다는 더 강하게 처벌해야 한다. 왜냐하면 성폭행을 당하고 인생이 망가지는 사람이 있는 것처럼 사회적으로 성폭행범 누명이 씌워져 인생이 망가진 무고한 사람도 생길 수 있기 때문이다. 한편 성인지 감수성 내용이 꼭 아니더라도 남성들 측면에서 볼 때 최근 불합리한 성추행 판결을 가끔 접할 수 있다. 그것에 대해서는 판결하는 사람의 법 논리이기 때문에 필자가 아무리 이야기해 봐야 의미가 없다. 그 대신 사회적 평형을 이루도록 비상식적 판결이 나오면 많은 사람이 공론화하고 그런 사회적 공감대를 바탕으로 판결하는 사람의 의식을 압박해야 한다. 아까도 말했듯이 남성에게 투쟁적 요소가 분명히 존재한다는 걸 알고 있어야 한다. 아닌 것은 아니라고 말할 수 있어야 남자라서 당하지 않는다. 요즘은 검사나 판사가 하도 비상식적인 짓을 많이 하고 언론이 죽어 있는 상태다 보니 평범한 우리 국민이 나서야 한다. 이야기가 잠시 사적으로 빠졌는데 이 단락을 마무리하겠다.

　우리나라 일부 페미니스트는 여성에만 기생하는 기생충이다. 피해자 중심이란 건 좋은데 왜 여성에만 특별히 한정해서 그래야 하는가? 미투도 남녀를 떠나 사회 부조리에 전방위적이어야 한다. 그러고 보면 사기 공화국 대한민국에 얼마나 많은 약자와 피해자들이 피눈물을 흘리는지 가늠조차 안 된다. 우리나라 페미니즘은 진짜 갑은 안 보고 오로지 남(男)만 본다. 제발 정신 좀 차리자.

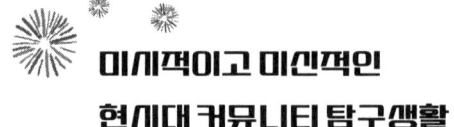
미시적이고 미신적인
현시대 커뮤니티 탐구생활

　자신의 묘비명에 "우물쭈물하다 내 이럴 줄 알았다."라고 쓴 유명 작가 조지 버나드 쇼는 이런 말도 했다.
　"현재 세상의 문제는 불신이 아니라 오히려 믿음이다."
　신뢰가 없는 불신 사회도 문제지만 맹목적인 믿음도 문제다. 개인적이라면 크게 상관없지만 합리적이지 않거나 과학적이지 않은 맹목적 믿음으로 심리적 자기 보상인 미신이 사회적 차원으로 퍼지면 해로운 결과를 초래한다.
　이번 주제는 페미니즘이 제5의 종족이 되고 미신화되었을 때의 상황을 전제로 이야기해 보려 한다. 먼저 헛된 믿음으로 인해 비교적 최근에 있었던 남녀 갈등이나 이슈는 무엇이 있었는지 살펴보자.

　종교와의 공통점 단락에서 잠깐 언급했지만 일부 페미니스트는 어떤 특정 제스처나 행동을 사진이나 디자인, 캐릭터, 게임 등 다양한 곳에서 기표화하려고 한다.
　사실 이들에게 기표라는 단어를 쓰는 것조차 불쾌하다. 예를 들면 한국 남성의 성기가 요만하다며 집게손가락 모양의 제스처를 만들어 일상 곳곳에 표식으로 남겨 두는 행위다. 그런 표시를 하면서 일부 페미니스트는 여성 우월이나 남성 비하로 희열을 느끼며 정신 승리하고 그럴 테지만 사실 그것은 극렬 페미가 아닌 하나의 정신병이다.

참고로 이와 비슷한 게 일베의 표식인데 둘의 공통점은 긍정적이고 건설적인 건 하나도 없다는 점이다. 그리고 일베 사이트를 안 하더라도 일베 같은 마인드면 모두가 일베라는 점도 알아야 한다. 이들은 마치 사이비 종교에 빠진 것처럼 스스로 깨닫지 못하는 한 탈출하기 힘든 정신상태에 놓여 있다. 극렬 페미니스트들은 그런 손가락 표식이 페미니즘 실천 중 하나라고 생각하는 모양인데 이런 의식 수준은 극렬 페미 미신자들 빼곤 여남 할 것 없이 모두를 등 돌리게 할 뿐이다. 그리고 이런 것은 페미니즘도 아니며 하지 말아야 할 표식을 하다 범죄자의 길로 간다는 것도 알아야 한다. 게임 사건에서 집게손가락 표시는 남자 페미니스트가 그랬든 여자 페미니스트가 그랬든 간에 본질엔 아무런 차이가 없다.

이것에 대해 극렬 페미는 남성들이 과도하게 집착하고 예민하게 반응한다고 주장하는데 그 주장이 설득력이 있으려면 명백히 불필요한 상황에서의 집게손가락 표시까지 하나하나 설명해야 한다. 그런데 상식적 설명이 불가능하고 유사한 과거 전례가 많아 남성들에겐 받아들여지지 않는다. 쓸데없는 짓으로 피해는 자신들이 입혀 놓고 오히려 피해자 코스프레를 한다. 그러면서 본질을 흐트러트리고 프레임을 짜는 못된 인간들이 있는데 선동당하지 말아야 한다. 그들은 왜 이런 짓을 할까? 표식이라는 건 상징성을 드러내고 동일체를 의미한다. 나치의 하켄크로이츠나 프리메이슨의 직각자, 68혁명 후 극렬 인종주의자들의 스킨헤드 등 이런 표식은 역사적으로 수없이 존재해 왔다. 거기엔 한마음 한뜻의 신념이 들어 있으며 표식은 조직을 공고화하는 데 있어 필수 요소다. 그런데 그런 표식과 인류 포비아 페미니스트들의 집게손가락 표식은 질적인 차이가 있다. 앞서 언급한 그런 표식들은 나쁘거나 나쁘지 않거나를 떠나 지향성이 뚜렷하다. 그런데 집게손 페미와 일베 표식은 조롱이나 혐오 말고 그 어떤 지향성이 없다. 그 이유는 머리에 지식이 없고 혐오 외에 할 줄 아는 게 없기 때문이다. 고작 그런 유치하고 가증스러운 표식으로 자기들끼리 형제애와 자매애를 느낄 뿐이다. 사실 범죄행위만 아니라면 극렬 페미들이 모이는 곳에서 더 작은 소추 집게손가락을 그리며 자기들끼리 조롱을 하고 남자 혐오를 하며 놀아도 별로 상관은 없다. 그런 자유까지 어떻게 말리겠는가? 그러나 일베처럼 공적영역에 나타나 비상식적인 짓을 하고 기업이나 대다수 국민은 그런 것을 원치 않는데 장난질을 할 때는 사회가 가만있으면 안 된다.

집게손가락 그들 또한 여성을 위한 게 아니라 여성의 적이고 사회의 적이다. 그래서 사적인 영역을 넘어 표식으로 인한 범죄행위는 무관용으로 대처해야 한다.

그렇다면 어디서 그렇게 비상식적인 페미니즘이 나왔을까? 디씨나 일베 혹은 일베의 아류에서 나온 에펨코리아(이하 펨코) 등 특정 커뮤니티는 표현과 의식 수준이 대체로 처참하다. 같은 선상에서 이런 비상식 페미도 영상에 학습화되고 반지성적인 것을 심어 주는 여성 커뮤니티의 영향을 받았을 가능성이 크다. 그래서 이 챕터 외에 앞으로도 커뮤니티에 대한 것은 몇 번 반복해서 이야기할 것이다.

둘 다 사회 암적인 존재로 양극단은 여러 면에서 통한다. 소박한 실재론처럼 페미와 반페미는 자신들이 서로 의식적 편견 없이 객관적 인식을 하는 거 같다고 생각하겠지만 고장 난 시계처럼 가끔 맞는 거 빼고는 둘 다 도긴개긴이다. 일베와 일베 같은 페미 그리고 악플러는 타인에 대한 공감의 부재, 자신 위주의 생각, 습관화된 조롱과 비아냥, 낮은 수준의 언어와 사고방식, 열등감, 정치적 극단화 등 다양한 점에서 공통점을 가진다. 방금 나열한 것을 자세히 보니 우연히도 소시오패스나 사이코패스 특징과 거의 비슷하다. 결국 이런 쓰레기들이 모인 커뮤니티는 나와 생각이 비슷한 사람이 이렇게도 많구나 하면서 그들에게 심리적 안정제 역할이나 합리적인 척하게 하는 판단의 도구가 되는 역할을 한다.

심리학자 아들러는 그 사람의 특성이란 '세상을 해석하는 방식'이라고 했는데 그들의 생각은 이미 굳어져 있어서 근본적 변화 없이는 그런 관념으로 평생 살아갈 수밖에 없다. 커뮤니티의 진짜 문제는 솔로몬 애시의 연구에서 알 수 있다. 애시의 심리 실험은 자신을 제외한 다른 모든 사람이 틀린 답을 말할 때 나중엔 정답을 알면서도 다른 사람들처럼 틀린 답을 말할 확률이 75퍼센트나 된다는 걸 보여 준다. 특정 커뮤니티나 극렬 페미/반페미 유튜브 등만 보고 삶을 살아가는 사람은 이 실험과 비슷한 상황에 빠진다. 특히 요즘 시대 커뮤니티나 영상은 즉시성 때문에 숙고할 시간을 없애 버리고 그로 인해 비판적 사고를 하지 못하게 한다.

결국 페미/반페미 생각에 매몰된 사람은 주체적이지 못하고 하나의 뚜렷한 목표만을 생각하기에 보는 시야가 협소해진다. 그래서 틀림의 무한반복을 일으킬 가능성이 크다.

다만 정상적인 커뮤니티도 있을 수 있으니 모두를 폄하하는 것은 아니다. 그러나 인간이기에 심리적으로는 그 어느 커뮤니티든 간에 이런 단점에 빠질 위험이 있다.

특히나 걱정되는 것은 페미/반페미를 떠나 어떤 가치관 형성에 있어 어린 나이 때부터 잘못된 커뮤니티나 영상의 영향을 받게 될 때이다. 그렇게 자란 아이들은 나이가 들수록 더욱 신념화되어 타파하기가 정말 어려워진다. 실제 과학적으로 같은 상황에서의 청소년이 반응하는 뇌와 성인이 반응하는 뇌 활성은 조금 다르다. 이런 것은 정치적 성향에 대해서도 비슷한 결과를 초래한다. 한편 지금까지 필자의 일관된 경향은 커뮤니티에 대해 매우 부정적 인식을 드러낸 것이었는데 이에 대해 어떤 이는 몇 가지 긍정적 요소를 언급하며 반박할지 모르겠다.

하지만 단점이 극대화될 때 장점은 의미가 별로 없게 된다. 긍정적 요소를 유지하려면 언어가 순화되고 합리적 비판들이 이뤄져야 하는데 커뮤니티는 그렇지 못한 경우가 많다. 특히나 커뮤니티는 높은 확률로 정치 성향까지 연계되어 있어 객관적 시각을 흐트러뜨려 버린다. 커뮤니티 외에 개인 방송 기타 유튜브도 마찬가지다. 단순히 지식 전달이나 사실관계 확인 정도는 상관없지만 짧은 영상은 가치판단 영역에서 온전한 생각을 전부 담지 못하는 경우가 많다. 그리고 가치중립적이어야 할 것들이 편향되어 있는 경우가 많고 더군다나 온라인은 자극적 팝콘 브레인이 주를 이룬다.

온라인은 얻는 것도 있지만 잃어버리는 것들이 너무 크다. 커뮤니티가 개인마다 자신이 옳다, 타인이 그르다며 온갖 의견을 말하는 아고라인 거 같지만 결국 갇힌 틀에서의 사유일 뿐이다. 그래서 그들이 바라보는 게 세상의 전부인 줄 아는 상황에 빠진다. 결국 넓은 사고를 하지 못하게 되며 뇌는 마치 알 속에 갇힌 것처럼 깨지 못하고 썩어 버린다. 질문의 하나만 교묘하게 바꿔도 인간의 대답이 쉽게 변해 버리는 심리 실험은 도서관이나 서점의 책에서 아주 쉽게 볼 수 있다. 또한 우리의 뇌가 화자에게 얼마나 쉽게 세뇌당하는지는 굳이 심리 실험을 찾아보지 않더라도 과거 역사에서 쉽게 알 수 있다. 세뇌당하지 않기 위해 사람들은 책, 그것도 좋은 책을 읽어야 한다.

현시대 사람들이 정보를 주로 어디서 얻고 담론을 어디서 펼치는지를 생각해 보자. 특정 생각이 강한 사람들은 각각의 편에서 한데로 모이고 그런 사람이 모이는 곳에서의 정보는 보고 싶은 것 위주로 돌게 되어 생각은 굳어진다. 보통의 사람들보다 특정 이슈나 이념에 관심이 많은 사람은 커뮤니티에 글을 쓰고 영상을 만들며 담론을 만들어 가는데 그건 강성일수록 더 극렬해지며 논쟁적이게 된다.

그리고 그것을 본 사람들은 그 좁은 시각의 담론이 세상의 담론인 것처럼 생각하고 더 큰문을 만들지 못한다. 핵심은 커뮤니티만 하고 수준 낮은 영상만 시청하다 보니 애초에 큰문을 만들 생각조차 하지 못하며 그 좁은 문에서만 논다는 것이다. 좁은 틈으로 나 먼저 너 먼저 들어가겠다고 옳고 그름의 이야기를 꺼내 놓는 게 작금의 커뮤니티 글과 영상의 댓글이다.

  스마트폰 시대에 그런 것들을 아예 안 하고 살기란 현실적으로 힘들다. 그래도 인간의 삶은 항상 중용이 무엇인지 아는 게 중요하기에 본인이 자각하고 균형적인 시각을 가지려면 다른 곳에서 비평적 정보 습득을 하고자 노력해야 한다. 그래서 많이는 아니더라도 될 수 있으면 책을 읽는 게 좋다. 다만 한국인들의 독서는 출생률만큼이나 암울하고 자살률만큼 걱정이라서 별로 기대하진 않는다. '그놈의 책 좀 봐라!'라고 생각하는 사람이 있을 거 같아 설명을 덧붙인다. 심리학적 개념으로 접촉 이론이라는 게 있다. 정치의 극단화나 혐오가 심해지고 젠더 갈등이 더 커진 건 실제 서로의 접촉이 없기 때문이다. 양극단은 온라인에서 극에 달한 것만 접하며 살고, 서로 마음을 진지하게 교류하지 않으며, 생각을 음미하며 눈을 마주치는 것이 사라진 세상에 산다. 직접 교류할 수 없다면 심리학자들은 책이나 여행 같은 간접경험을 통해 타인을 겪어 봐야 한다고 말한다. 그렇게 하면 인종적, 동성애적, 계급적, 정치적 증오 등이 실제로 유의미하게 줄어든다고 한다. 그래서 극렬 페미와 반페미는 핸드폰 터치만 하지 말고 서로 이성적 터치를 해야 한다. 그런데 그런 사이버 전사들 상당수는 자발적으론 이성적 접촉이 아마 힘들 것이다. 평생 그렇게 살아왔기 때문이다. 그래서 국가는 강제적 여남 미팅을 주선해야 한다.

정신을 차리고 다시 미시적/현실적으로 돌아와 보자. '보이루'라는 표현을 예로 들어 보려 하는데 이 사건은 페미니즘이 피해망상과 과대망상에 빠지면 얼마나 위험한지를 보여 주는 대표적인 사례다. 헛발질이 분명한 잘못된 페미 짓에 일부 여성은 라포(rapport)를 형성했지만 결국 법원의 판결은 과대망상가에게 벌금을 부여했다. 단어에 '보'자가 들어가면 특정 여성들은 그걸 참지 못하는 듯하다. 보이루 사건은 무식함과 잘못된 신념의 콜라보가 얼마나 페미니즘 수준을 처참하게 하는지를 여실히 보여 준다. 보이루 사건 외에 지금의 페미니즘이 엉망이 된 데에는 이런 어이 상실 자칭 페미니스트들이 여기저기 봇물 터지듯 나왔기 때문이다. 그들은 깃털처럼 가벼운 생각이나 썩은 뇌를 가지고 오랫동안 헛소리를 남발해 왔다. 결국 그런 자칭 페미니스트들이 "페미는 정신병"이라는 슬로건에 가장 큰 도움을 주며 반페미 성장에도 큰 몫을 하게 되었다.

상상하고 싶지 않지만 만약 저런 표현에 대해 일부 여성 혐오 표현으로 볼 수 있다든가 조심해야 한다 등의 내용으로 판결문에 쓰여 있었다면 정말 끔찍한 대한민국의 시작이 될 뻔했다. 성인지 감수성을 이럴 때 적용해 버리면 아무리 상식적인 상황이고 양심적으로 자신은 그럴 의도가 없었다 하더라도 빠져나갈 구멍이 없어져 버리게 된다. 하도 요즘은 비상식적인 세상에 엉뚱한 판결을 많이 겪게 되어 이런 과도한 기우까지 하게 된다. 어쨌거나 조롱이나 혐오의 의도가 전혀 없는 이런 표현의 자유에 자기검열이 들어가는 순간 모든 게 엉망이 되는 것이니 세상이 상식적으로 돌아갈 수 있도록 남성은 계속 지켜봐야 한다.

정말 아무것도 아닌 것을 트레바리 한 사람 때문에 이렇게 길게 얘기해야 한다는 거 자체가 에너지 낭비다. 이런 사건 외에도 세상에 불편한 게 많은 사람들은 그다지 불편하다고 생각하지 않은 많은 사람을 불편하게 만든다. 빨리 이 단락을 긍정적으로 마무리해야겠다.

여남 갈등이 심각해지고 무거워지고 있는 상황에서 인권을 지키기 위해 함께한 사람 이야기와 남녀는 하나라는 느낌의 책 한 권을 소개하려고 한다.

지금 살아 계셨다면 70대 후반의 멋진 청년이 되었을 전태일 열사는 약관의 나이에도 불구하고 인권을 위해 제 한 몸 바친 분이다. 전태일 열사는 햇빛이 차단되고 무수히 많은 먼지 속 돼지우리 같은 노동환경에 일하는 여성 노동자를 보았다. 처참한 노동환경에 사회문제를 의식했고 분개했다. 처음엔 노동법이 있는지조차 몰랐다가 노동법을 알게 되고 그것이 지켜지지 않는 것에 이의를 제기했으며 인권이라는 대의를 위해 투쟁했다. 사람이 사람답게 살아야 하고 사람다운 대접을 받아야 하는 것은 응당 당연한 일인데 사회는 그런 목소리에 계속 무심했다. 저항의 의미로 전태일 열사는 자기 몸에 불을 지폈고 결국 고통스럽게 사망하였다. 세상 곳곳에 불을 밝히고 자신은 별이 된 것이다. 전태일 열사는 사람다운 세상을 만드는 데 일조했기에 우리가 오래도록 기억해야 할 아름다운 사람이다.

책으로는 소설 『상록수』가 있다. 남녀는 못 배운 사람을 위해 농촌에서부터 계몽운동을 시작한다. 『상록수』를 읽으면 약간의 생각은 달라도 공동의 목표를 위해 제각기 자기 할 일을 열심히 하는 청년들의 모습이 그려진다. 가르침을 배움으로, 배움을 가르침으로 생각하고 어려운 환경 속에서도 긍정적이며 미래지향적 희망을 놓지 않는 젊은 여남들의 모습이 보기 좋은 문학 작품이다. 훈훈해지다 갑자기 초를 치는 이야기가 떠올랐다.

『상록수』의 사람들은 민중 속으로 들어가는데 왜 커뮤니티 사람들은 집단 무의식, 암흑의 동굴 속으로 들어가는가 하고 말이다. 그러나 백 년 전 사람보다 못할 우리가 아니다. 한국은 위대한 민족이고 우리 어머니와 아버지 세대는 그동안 더욱 위대한 일을 해 왔다. 젊은 여남이 힘을 합쳐 할 수 있는 것들은 갈등의 부정보다 훨씬 많은 긍정의 것들이 있다고 생각한다. 그러니 커뮤니티 하는 것이나 영상 보는 일은 적당히 하자. 그만 이 단락 끝내겠다. 오지랖이라면 미안하다.

성소수자도 똑같은 사람이다. 동성애에 대한 기독교 탐구생활

싫은 걸 강요할 생각은 추호도 없다. 필자도 이성애자로서 본능적 거부감에 속으로는 동성애가 그냥 싫으니까 말이다. 다만 성소수자를 혐오하는 사람을 혐오하며 나 자신을 사랑하듯 타인을 존중할 뿐이다. 성소수자든 페미/반페미로 인한 남혐이나 여혐이든 혐오의 시대는 이제 멈춰야 한다. 사실 이것들 말고도 사회 곳곳엔 분노와 혐오가 만연해 있다. 정작 우리가 분노해야 할 것은 따로 있는데도 말이다.

버트런드 러셀은 "세상 사람들은 선한 것을 얘기하지 않고 남의 비밀스러운 악행만 얘기하려 한다."라고 말했다. 러셀의 말을 확대 해석하면 기본적으로 인간은 관음증을 가지며 타인의 가십거리에 더 반응한다는 걸 알 수 있다. 연예인이나 셀럽의 스캔들 그리고 동성애를 보는 시각도 그중 하나다.

지금까지 필자의 글을 잘 따라왔을 일부 여성과 남성에게조차 이 부분은 또 하나의 허들이 될 것이다.

어쩌면 페미와 반페미의 논쟁보다 더 격렬할 수도 있다. 왜냐하면 여기엔 자연의 흐름에 따른 관성적 거부감, 종교적 신념, 삶의 가치관 등이 들어가기 때문이다. 먼저 차별 관련 우리나라 헌법 내용을 살펴보자.

헌법 제11조는 모든 국민은 법 앞에 평등하고 누구든지 종교, 성별로 인하여 차별을 받지 않는다고 규정하고 있다. 헌법 제10조는 행복추구권으로 모든 국민은 인간으로서 존엄과 가치를 지니며 행복을 추구할 권리를 가진다고 되어 있다.

동성애자를 콕 집어 배제하지 않으니 성소수자도 사람이자 국민으로서 행복할 권리가 있고 법 앞에 평등하며 이성애자와 똑같이 대우받아야 하는 건 당연한 일이다. 개인이 가지는 감정은 어쩔 수 없지만 사회적으로 그들이 차별받아야 할 법적 근거는 아무것도 없다. 인간의 자유라는 측면에서 그들을 미워하며 더럽다고 혐오하는 것을 어디까지 인정해야 하는가는 사람마다 생각이 다르겠지만 적어도 국가와 사회는 그러지 말아야 한다. 오히려 헌법 제10조를 근거로 들어 성소수자는 국가가 적극적 행위를 해야 한다며 투쟁할 수 있다. 가령 동성결혼을 합법화하라며 입법 투쟁을 하거나 차별금지법을 사회 전방위적으로 적극 실천하라고 국가에 요구할 수 있다. 한편 밀의 『자유론』에서는 타인에게 해가 되지 않는 한 모든 자유를 인정해야 하며 그전까지는 국가의 간섭이 없어야 한다고 말한다. 그런데 어떤 사람은 동성애자에 대한 비인간적 혐오가 결국 자신에게 해가 된다고 생각하고 헌법 조항을 근거로 국가가 좀 더 적극적 개입을 해야 한다고 주장할 수 있다. 반면 어떤 사람은 표현의 자유는 제한이 없어야 하며 그에 따른 도덕적 법적 책임 같은 건 그 국가의 기존 법률에 맞게 시행하면 된다고 생각한다.

무엇이 맞는지는 각자 판단에 맡기고 생각의 전환을 한번 해 보려고 한다.

연예인이나 셀럽에게 하는 악의적인 글을 명예훼손으로 처벌하는 것과 같이, 특정된 어떤 성소수자에 대한 악의적인 글도 처벌해야 하며 그 처벌은 더 가중되어야 한다고 주장하는 사람이 있다고 가정해 보자. 이해할 수 없는 사람도 있겠지만 아리스토텔레스의 『니코마코스 윤리학』에서는 술에 취한 사람의 잘못된 행동을 더욱 가중 처벌해야 한다는 내용이 나온다. 이런 것을 적용하면 우리 시대의 관성적 인식에 대한 역발상이 된다. 술로 인한 범죄가 심신미약의 감형 참작 사항이 아니라 오히려 술이 나쁜 영향을 줄지 알면서도 행동한 것이기 때문에 술 마시고 범죄를 저지르는 것을 더 괘씸하게 보자는 것이다. 음주 운전 같은 것도 여기에 해당한다. 이것을 성소수자에게 적용해 보자.

대중적 연예인을 단순 비방하는 것과 차별 금지할 대상을 미리 알면서도 비방한다는 것은 조금 차이가 있다고 생각하면 된다. 무슨 뜻인지 이해하였는가? 그래서 성소수자를 위해 새로운 차별금지법을 제정하는 것이다. 이 새로운 법으로 인해 앞으로 사람들은 성소수자를 차별하거나 비방하면 안 된다. 만약 성소수자를 비방한다면 이제는 차별할 대상을 알고 하는 것이니 단순 명예훼손보다 더 엄한 법적 처벌을 받게 된다. 다만 세상엔 성소수자 외에 장애인이나 기타 약자들이 매우 다양하게 존재하기 때문에 이런 차별금지법 제정은 사실 범위가 무제한적일 수 있어 논란이 생길 수밖에 없다. 가장 큰 논란은 역시나 표현의 자유에 대한 문제다. 그러나 성소수자와 장애인은 신체적/정신적으로 뚜렷이 특정되어 있다는 점에서 다른 약자와는 다르다. 이런 급진적 생각을 하면 성소수자에게 투쟁적 요소는 여전히 존재한다. 인간의 삶에 서로의 권리를 지키는 것과 표현 및 사상의 자유는 이렇게 끊임없이 대립한다.

  정답 없는 논쟁은 계속될 테니 이것은 이쯤하고 다음의 이야기로 넘어가 보자. 국가적 차원과 사회 법적인 차원에서 한번 살펴봤으니 진짜 논쟁적인 가치 판단적, 신념적 이야기를 해 보겠다. 보수적인 사람이라고 해서 전부 다 동성애에 반대한다거나 기독교인이라고 해서 모두 보수적인 것은 아니지만 종교적 차원에서 반대하는 사람들은 보통 그분의 '말씀'에 근거하는 경우가 많다. 방대한 성경 구절 중 동성애적 이야기로 해석할 여지가 있는 것은 몇 군데 있지만 명백히 동성애를 하지 말아야 한다고 나오는 곳은 그리 많지 않으며 두세 곳 정도로 크게 요약해 볼 수 있다.

  참고로 대중적으로 잘 알려진 성경 내용 중 소돔과 고모라 이야기가 있다. 이 지역을 하느님이 파괴한 이유가 동성애 때문이라고 말하기도 하는데 그 근거는 비약하다. 가장 많이 언급하는 동성애 금지에 대한 성경 구절은 레위기인데 그것은 쉽게 말해 남자가 여자 위에서 성행위를 하는 것처럼 남자가 남자 위에서 그러지 말아야 한다고 하는 내용이다. 어떤 이는 이 구절을 자연적 인간에 대한 사회질서 유지 차원에서 하느님의 환기적 말씀에 불과한 것이라고 해석한다. 그러나 동성애를 반대하는 기독교인들에겐 말도 안 되는 해석이다. 그들은 성경에 명시된 것을 근거로 이제 성소수자를 비판한다. 동성애는 인간이 할 짓이 아니며 잘못된 인간으로 태어났으니 갱생해야 한다고 보수적 기독교인은 주장한다. 그런데 현대인은 성경의 말씀대로 실천하고 사는 것이 불가능하다. 하느님이 네 이웃을 사랑하라 하시면서 동성애자는 빼자고 하는 건 못 들어 봤다.

성경적 말씀을 잘 따른다는 사람들에게 구약성서부터 신약성서까지 현대인의 삶을 대입하여 그렇게 살라고 한다면 아무도 그렇게 살지 못한다. 현재 삶에 비추어 성경의 오류에 관해 책 한 권도 쓸 수 있지만 아무리 논리적으로 쓴다 한들 모든 것은 하느님의 큰 뜻이라고 승화시켜 버리는 종교인을 설득할 수 없음을 알기에 여기서 더 언급하지는 않겠다. 분명한 건 선택적으로 자신에게 유리한 것만 골라서 반대를 공격하는 것은 옹졸한 짓이라는 점이다.

어느 기독교 학자는 "믿음은 십자가 위에 이성을 목매는 것과 같다."라고 말했는데 이성은 서두에 흄을 빗대어 말했듯 믿음을 논리적으로 이길 수 없는 한계가 있다. 필자 같은 이성주의자는 그런 믿음의 최면에 걸리지 않는다. 다만 뇌 과학적으로 보면 자유의지에 대한 과학적, 철학적 의문이 들 수는 있긴 하다. 어쨌거나 인간은 역사적으로 종교적 믿음을 이기기 힘들어했지만 아닌 것은 아니라고 말하는 사람들 때문에 진일보했다. 예를 들면 기독교인이면서도 과학을 과학으로 말하다 죽임을 당한 지오다노 브루노부터 해서 합리적 생각을 말하는 것조차 움츠러들어야 했던 갈릴레오와 다윈까지, 역사적으로 관찰하면 관성적 기독교 사회가 얼마나 인간의 자유의지와 이성을 억제해 왔는지 알게 된다. (다만 역설적으로 기독교는 과학의 발전과 떼려야 뗄 수 없다.)

심지어 끊임없이 이성적 회의를 외쳤던 합리적 데카르트마저 신의 존재는 신이라는 관념이 존재하니까 존재할 수밖에 없다고 말해 버리니 인류 역사는 합리적인 것만의 세상이 아니라 이성과 관념의 뒤섞임이 끊임없이 함께한 이율배반의 연속이었다.

그렇다면 신념적 차원에서 성소수자를 비난하는 것 외에 현실적으로는 어떤 것이 있었을까?

배우 마크 러팔로는 「더 노멀 하트」라는 영화에 출연했다. 우리에겐 다른 영화에서 헐크 역으로 나온 배우로 잘 알려져 있다. 노멀 하트의 영화 목적은 80년대 본격적으로 두려움의 존재가 된 에이즈에 대해 경각심을 일깨워 주는 것이었다. 다만 그 당시엔 동성애 섹스가 에이즈의 주요 원인이라고 인식했으니 영화 내용이 그런 것에 한정적일 수밖에 없었다. 필자는 이성애자로서 영화 내용 중 동성애 성행위 장면이 조금 불편한 거 빼고는 영화 자체는 재밌게 본 편이다. 그 불편함이 조금 지나치면 더러움을 느끼고 혐오가 되는데 이 또한 이성애자들이 보기엔 정상적인 반응이다. 그러나 아래와 같은 비난은 편향적이다. 크리스마스이브에 동성애자들이 자고 나온 모텔방 쓰레기를 사진으로 찍어 누군가 온라인 커뮤니티에 글을 올린다. 그리고 동성애 혐오를 위해 온갖 콘돔과 기구가 난무하는 걸 보여 주면서 더럽고 불결하다며 게이나 레즈비언 등을 집단 공격한다.

이성애자들이 들어간 방은 모두 깨끗하다고 생각하는가? 아닌 경우도 많다는 걸 인정하자. 사실 인간쓰레기 보존의 법칙으로 캠핑하거나 낚시를 가거나 할 때 도덕적 관념이 전혀 없는 사람들은 어디를 가나 있기 마련이다. 그래서 인간에 대한 혐오는 어디든 존재할 수 있다. 군대나 찜질방 같은 공공의 영역에서 동성애자가 더러운 짓을 하면 비난하거나 법적 처벌하면 된다. 이성애자도 그런 비상식적인 일을 저지르면 법적 처벌이나 비난하면 된다. 공중도덕을 잘 지키는 사람이 있는 반면 안 지키는 사람들은 이성애자든 성소수자든 어디에든 존재하고 결국 사람하기 나름이다. 누구나 저지르는 짓을 단순히 동성애자라고 해서 더 욕먹을 이유는 없다.

그런 면에서 중국이나 인도를 욕할 것 없이 우리나라부터 잘하면 되고 나 자신부터 잘하면 된다. 나는 떳떳한가를 생각하고 비판이든 비난이든 하면 되는데 사람은 참으로 이런 면에서 솔직하지 못하고 비열한 경우가 많다. 사람들은 자신의 잘못에는 관대하면서 남의 실수엔 관용을 베풀지 않으려고 한다.

한편 그동안 약자라는 인식으로 여성과 성소수자는 페미니즘 차원에서 궤를 같이했다. 그런데 지금은 성소수자 내에서도 일부는 극렬 인류 혐오자가 되어 이성애자인 여성과 남성 모두를 공격하기도 한다. 성소수자는 극히 일부의 선동에 흔들리지 말고 올바른 투쟁법을 찾아야 한다. 반면 이성애자는 동성애자이면서 인류 혐오적 시각을 가진 일부 사람의 주장을 전체인 양 생각하여 성소수자를 싸잡아 비난해서는 안 된다.

참고로 동성애는 정신병이 아니며 세계 보건기구 WHO에서도 1990년 국제 질병에서 동성애를 삭제했다. 그 대신 성불편증 같은 것이 존재하는데 이것은 일반적 동성애와는 엄연히 다르며 인간 모두의 질병이다. 그렇다면 동성애는 어떤 사람들일까?

동성애 관련되어 어떤 과학자는 유전적 차원을 설명하려 하고 어느 학자는 프로이트적 정신분석을 하기도 한다. 장남보다 둘째가 유의미하게 성소수자가 된 경우가 많고 조부모까지 거슬러 약간 정신이 이상한 직계가 있으면 성소수자가 될 가능성이 높다고 말하는 과학자도 있다. 성소수자에 대한 의견은 이외에도 다양하다.

전체적으로 볼 때 성소수자는 인간이 아직 알 수 없는 어떤 생물학적 차원에서, 태어난 성과 인식하는 성정체성이 약간 오류 난 것으로 보는 게 가장 합리적이다.

한편 성소수자라고 하지만 단순 숫자면 보면 생각처럼 극소수가 아니다. 동성애 관련 통계를 대중적으로 처음 알게 해 준 게 킨제이 보고서일 텐데 과학적 데이터가 부족하긴 하지만 보수적으로 봐도 그 숫자는 사실 적은 게 아니다. 각 나라별 동성애에 대한 인식과 사회 분위기에 따라 성소수자를 접하는 게 다르겠지만 사실 매우 많은 성소수자가 우리 삶에 들어와 있다. 참고로 동물 세계에도 동성애가 만연하는데 그 범위와 종류가 상상을 초월할 정도로 많다.

성소수자들은 이성애자나 사회에 대해 예의와 존중까진 기대하지 않는다. 다만 자신들을 바라보는 사회 인식은 적어도 혐오나 편견의 대상이 되지 않길 바란다. 생각해 보면 자기 자신을 사랑하며 살기도 바쁜 세상인데 혐오로 배설 기분을 느끼는 사람이 아니라면 성소수자를 그렇게 비난할 이유가 없다. 아무리 사람이 종교적이든 이성애적이든 다른 신념을 가지든 말이다. 혐오함으로 인해 희열을 느끼고 자신의 존재를 느끼는 사람은 얼마나 불쌍한 사람인가!

어쨌든 인류의 역사는 억압하면 할수록 고개를 더 쳐들어 왔다. 그들을 막으려고만 하지 말고 이젠 성소수자에 대해 우리와 조금 다를 뿐이라며 열린 생각을 하는 것이 필요하다. 그들도 어찌 보면 그렇게 태어나고 싶어서 태어난 게 아니다. 그냥 생물학적 성과 사회적 성이 다르게 된 것이니 얼마나 힘이 들겠느냐고 생각하면서 성소수자를 측은지심으로 바라보면 좋겠다. 남을 위해 흘리는 눈물과 공감은 얼마나 아름다운가.

다만 주디스 버틀러는 측은지심 따위는 넣어 두고 동성애도 이성애처럼 다르지 않다고 주장하며 성주체성을 전복하려 할 것이다. 그러나 때론 그런 철학적이거나 이상향 같은 소리 말고 현실적으로 답할 필요가 있다.

한편 『니코마코스 윤리학』에서는 정의란 타인에게 좋은 것이라는 내용이 있다. 15년 전에 읽었지만 여전히 그 내용이 머릿속에 아직도 잊히질 않는데 이 말을 성소수자를 바라보는 시각에 한번 적용해 보고 싶다. 다름과 잘못됨을 제대로 구분하고 개인 취향과 타인을 존중하는 자세로 세상을 사는 것은 꼭 필요한 일이다.

사실 세상에는 성소수자 말고 정말 다양한 종류의 인간들이 있지 않은가. 이성애자 중에서도 이렇게 갈릴 수 있다. 가령 필리아 인간들 말이다. 고대 그리스어로 필리아는 열정/탐닉이라는 뜻이 있다. 시체에 성욕을 느끼는 네크로필리아, 여성의 생리혈에 성욕을 느끼는 멜로필리아 그리고 소아 성애자들인 페도필리아 등 이처럼 세상엔 다양한 인간들이 존재한다. 일반 사람과 다르게 특정 냄새를 좋아하는 사람도 있고 심지어 변을 만지고 싶어 하는 사람도 있다. 이 중에는 그 자체가 타인에게 혐오이거나 범죄로서 도저히 용납 안 되는 인간이 있고 개인 취향으로 비난은 받을지언정 범죄가 아닌 것도 있다. 오랫동안 반려동물을 키우는 사람은 키우지 않는 사람에게 언젠가 한 번 이상은 무조건 피해를 준다. 이처럼 인간 모두는 누구에게나 불편과 피해, 심지어 혐오를 줄 수 있다는 겸손한 생각으로 타인을 대해야 한다. 성소수자는 그런 면에서 보통의 사람과 하등 다를 게 없는 존재다.

인간은 태어나서부터 실질적으로는 불평등한 존재이긴 하지만 성소수자를 평등한 관점에서 바라보려는 노력은 페미니즘의 정신과 같으므로 동성애자를 잠깐 언급해 보았다.

사상가와 68혁명

『우리의 불행은 당연하지 않습니다』의 저자 김누리 교수는 유럽의 68혁명과 같은 것이 한국에 없었던 것에 대해 아쉬움을 전하는데 필자도 비슷한 생각이다. 다만 우리나라 역사로 보면 50년대는 전쟁을 치르고 전후 복구의 시기였으며 그다음 바로 박정희 독재로 접어들어 60년대 70년대를 겪어 왔기에 한국은 그럴 여건이 존재하지 않았다. 한국은 그 대신 68혁명과 같이 학생이 주축이 되어 5.18 광주 민주화 혁명을 이뤄 냈으며 87년 항쟁으로 민주주의를 수호하고 대통령 직접선거를 이뤄 낸 위대한 역사를 가졌다. 그전에는 부패한 이승만 독재정권을 4.19 혁명으로 끌어내리기도 했다. 아직도 아프리카나 중남미 일부 국가는 여전히 민주주의와 투쟁하고 있고 심지어 일본도 굳이 따지면 모더니즘 시대 때 잠깐 학생운동 있었던 거 빼고는 뚜렷한 민주주의 운동으로 이뤄 낸 역사를 가진 적이 없다. 중국은 두말하면 입이 아픈데 여전히 마오쩌둥 망령에서 벗어나지 못하고 있다.

영국의 산업혁명이 전 세계에 엄청난 영향을 주었듯 68혁명 또한 계기는 사소했을지언정 그 후에 정치 사회 문화적으로 엄청난 영향을 끼친다. 표면적으로는 기성세대나 기존 관료 체제에 대한 반대였지만 68혁명은 사회 전방위적이었고 포스트모더니즘의 시대를 이끌게 해 주는 도화선이었다.

잠시 재밌는 이야기 하나 해 보겠다. 이 시기에는 기존 서구사회, 기독교 사상에도 반기를 들었는데 애플을 창립한 스티브 잡스도 70년대에 잠시 히피문화의 영향을 받았고 동양사상에도 심취해 실제 인도 여행을 하기도 하였다. 다만 잡스는 인도 여행을 하고 나서 불교의 말씀과 다른 삶인 인도에 대해 크게 실망했다.

68혁명은 또 구조주의 사상이나 푸코 같은 사람을 빼놓을 수 없다. 그리고 자크 데리다의 사회문화 구조와 절대적 로고스의 해체에서도 페미니즘 사상을 이끌어 낼 수 있다. 기본적으로 그의 사상은 기존 사유에 대한 반대이기 때문이다. 그러나 이번 주제는 페미니즘에 실질적 영향을 준 사상가 위주로 짧게 언급할 것이기에 68혁명을 더 자세히 알고 싶은 독자들은 따로 알아보는 게 좋겠다. 사실 모든 철학적 사고들을 페미니즘에 연계하면 너무 광범하고 억지스러울 수 있다.

한국의 페미니즘은 솔직히 현대 철학자를 일일이 언급해서 설명할 정도의 수준도 아니거니와 깊이 있게 철학적이지도 않다. 한편 푸코가 집필한 『성의 역사』나 여성 관련된 이야기도 찾아보면 도움이 된다. 필자가 자세히 쓰진 않더라도 페미니스트라 자처한다면 적어도 철학적 관점에서 후기 구조주의와 데리다 이외의 해체주의는 뒤에 나올 마르쿠제와 함께 꼭 알아야 할 사상이다. 여기서는 세 명의 사상가만 잠시 알아보겠다.

페미니즘에 사상적 영향을 준 것은 비판주의 철학이라 불리는 프랑크푸르트학파, 그 이후 68혁명 그리고 포스트모더니즘이다. 그 외에는 마르크스가 있다. 밀레토스 학파 이후 소크라테스부터 지금까지 가장 위대한 사상가 중 한 명인 마르크스는 우리 인류가 끝나는 날까지 언급될 인물이다. 마르크스의 사상에 관해 그의 책 한 권 제대로 읽지도 않은 사람이 마르크시즘을 공산주의라는 말 한마디로 정리한다는 것은 참으로 안타까운 일이다. 그의 사상을 버릴 것도 많지만 적용할 것들도 많다. 마르크스의 단점만 보면서 좌파적 혹은 폭력적이라 치부해 버린다거나 자유주의와 상충한다고 생각해 버리면 인류의 역사는 이렇게 진보하지 못했을 것이다.

그리고 마르크스 사상은 오히려 자유주의적이다. 사실 68혁명도 나중엔 투쟁적인 것을 넘어 점차 과격하고 폭력적 성격을 띠게 되었다. 진보는 사람마다 받아들이는 방식이 다르고 해결하는 방식도 조금씩 달라 때론 과격해지거나 분열하곤 한다. 마르크스 사상도 마찬가지다. 마르크스 사상을 수정하고자 한 추종자들이 있듯, 자본주의 수정이 필요한 시대가 있었으며 위 두 가지를 합하는 사회를 원하는 사상가들도 있었다. 현재까지 인류는 이렇게 다양한 사상의 변화를 함께했다. 이야기가 잠시 샛길로 빠졌는데 본론으로 와 보자. 20세기 초 신마르크스주의 사상의 영향은 추후 신좌파를 탄생시켰고 여기에 페미니즘이 연계하게 된다. 왜 페미니즘은 마르크시즘을 이용했을까? 먼저 마르크스 사상은 기본적으로 투쟁적, 혁명적 요소가 있다.

물론 68혁명의 주요한 목표는 기존체제 비판과 자유/반전 운동 등이었기 때문에 계급투쟁이 핵심은 아니었다.

헤겔도 노동과 소외를 언급하긴 했지만 마르크스처럼 프롤레타리아와 부르주아 간의 계급투쟁으로까지는 보지 않았다. 노동자들은 그들이 가지지 못한 생산수단의 궁극적 쟁취가 목표였고 페미니즘 또한 그동안 남성 때문에 자유롭게 누리지 못한 것을 투쟁적으로 쟁취하는 게 목표였다. 이 둘은 자본가와 남성 권력에 대한 인식을 계급투쟁적으로 본다는 점에서 공통점이 있다. 마르크스는 극악의 노동시간을 10시간이나 8시간 정도로 줄이고자 하였고 그 당사자에는 남녀가 따로 없었다. 참고로 마르크스는 여성 분야를 따로 두고 거대 담론을 전개하진 않았다. 다만 그의 경제적 지원자이자 사상적 동지인 프리드리히 엥겔스는 정치와 자본의 집중화를 가부장적 제도와 연계하였는데 페미니즘은 이런 사회 구조적 문제를 지적한 엥겔스 사상을 잠시 이용하기도 했다.

아무튼 여기서 무엇을 이끌어 낼 수 있는가? 바로 착취다. 마르크스는 노동자에 대한 자본가의 잉여 노동 착취를 중요하게 봤고 여성은 남자의 성적 착취나 남성 우월적 문화로 잃어버린 여성의 실제적 삶을 중요하게 봤다. 그전까지는 여남 불평등이 인식의 문제였던 것을 단순히 표출화한 것의 수준이었다면 68혁명 이후 이제는 수단적, 해결적 요소를 갖추었다는 점에서 이 시기 페미니즘은 큰 변화를 맞이한다. 그리고 중요한 게 하나 더 있다. 바로 소외라는 개념이다. 마르크스는 프롤레타리아의 소외를, 여성은 남성 위주 사회에서 인간 소외를 받아 왔기에 둘은 또 공통점이 있었다. 이렇게 페미니즘은 마르크스적 요소를 받아들일 만한 충분한 이유가 존재했고 적극적으로 마르크시즘을 이용하였다. 확대 해석하면 둘 다 반자본주의 특성을 띤다. 유물론적 관점에서 노동자는 소외된 소모적 인간이 되고 여성은 그 자체로 완전한 인간이 아니라 "출산이 곧 노동력이다."라는 자본주의에 종속되는 존재가 된다. 더군다나 그 당시 여성은 가사와 노동 외에 남성의 수단적 존재까지 되어 이중적 억압에 놓여 있었다. 이걸 투쟁적으로 인식하면서 페미니즘 물결은 이때 한 번 더 요동을 치게 된다. 다만 마르크스에만 너무 집중하면 페미니즘 투쟁 원인이 단순화돼 버리니 이 정도의 연계성이 있다는 정도로만 생각해야 한다. 왜냐면 실제로 페미니즘은 사회주의 혹은 마르크스적 투쟁의 한계를 인식하면서 역설적으로 비(非)마르크스적 관점을 가지고 여성운동을 전개하기도 했기 때문이다.

이젠 『제2의 성』의 저자로 유명하고 사르트르의 여인으로도 유명한 시몬 드 보부아르를 이야기할 때가 되었다.

거의 모든 페미니즘 책이 보부아르 이야기를 하기에 이젠 식상할 정도다. 그래서 누구나 아는 이야기 하나와 많이 언급되지 않은 거 한두 개만 짧게 하고 끝내겠다.

그녀는 "여성은 태어나는 것이 아니라 만들어진 것이다."라는 유명한 말을 남겼다. 간단하게 해석하면 사회문화적으로 여성은 주체성을 가지기보다 남성 위주 문화에 길들어진다는 의미다. 정확히는 만들어지기보단 무엇으로 된다는 뜻이다. 보부아르는 제3의 성, 제1의

성 같은 것을 일부러 만들어 내어 여성 우월이나 남성 비하를 하지 않으며 급진적인 주장도 하지 않는다. 그녀는 여성 주체와 남성 주체를 전통적 불평등의 관점에서 단순하게 이성애적으로 보았다. 참고로 보부아르 이후 68혁명 전까지 페미니즘은 여성 인권적, 남녀평등 차원에서 합리적인 사상이 전개되었다. 그러나 68혁명 이후에는 다양한 사상의 영향으로 급진적 페미니즘이 생기기 시작했다.

보부아르는 성적 자유와 낙태 찬성, 사회에 만연한 남녀 차별 극복을 이야기했다. 『제2의 성』은 남성이 봐도 크게 불편한 것이나 이해할 수 없는 수준의 주장을 하는 게 별로 없다. 현재도 논쟁적일 수 있는 낙태 정도 빼고는 주로 여성 인권적 측면을 강조한다. 『제2의 성』은 가정에서부터 사회까지 보부아르의 경험을 토대로 여성의 불평등한 삶을 논하고 무엇이 잘못되었는지를 지적하는데 비교적 70년대 이후 페미니즘보다 온건하게 이야기한다. 또한 교육적 측면에서도 언급했다. 남자 제1의 성과 차이는 자연적인 게 아니라 결국 교육과 문화적 차이에서 오는 것이라 하면서 평등하기 위해선 사회주의적 요소를 받아들여야 한다고 주장한다. 참고로 안토니오 그람시는 이보다 훨씬 전에 교육의 중요성을 간파하고 투쟁에 있어서 문화적 헤게모니를 선점하고자 말했는데 보부아르의 여성 교육은 그런 면에서 그람시의 사상과 비슷한 면이 있다.

다만 일부는 사르트르 부부가 공산주의적 사상에 찬동한 거 아니냐며 좌파로 한데 묶어 공격하는 일이 종종 있다. 이런 것마저 정치적 이분법으로 보고 좌파거리며 비난하는 사람은 극렬 페미니스트처럼 정신적으로 문제가 있다. 사르트르는 마르크스 인물이나 사상 그 자체보다는 공산주의적 요소를 지지한 인물이다. 물론 스탈린이나 히틀러에 명백히 부역했다면(가령 하이데거의 나치 가입. 그러나 그의 사상을 좋아하는 사람들은 반론한다.) 다른 일부 사상가들처럼 비판받아 마땅하지만 그런 행적은 없다. 반자본주의적이면서 마르크스 사상이나 사회주의와 같은 비슷한 사상을 가지고 있는 것만으로 비난받을 일은 아니다. 사상이나 신념은 지나고 보면 틀렸구나 하는 것도 있고 착오도 있다. 예를 들면 대표적으로 19세기 말 20세기 초 우리나라 사상가들이다. 일제시대 일부 일본 유학파들은 우리나라도 서양 문물을 빨리 받아들여 일본처럼 근대화되기를 바랐다. 사상가들은 오로지 대한민국을 사랑하는 마음에서 순수하게 좋은 점만 보고 일본을 소개하고자 했지만 그 당시엔 교묘한 일본의 속내를 몰랐을 때이다.

어쨌거나 『제2의 성』과 보부아르는 실질적으로 페미니즘을 가장 대중화시키고 여성의 의식을 일깨운 가장 중요한 저작이자 인물이다.

마지막으로 마르쿠제를 언급하고 이 장을 마무리하겠다. 68혁명을 이야기할 때 미셸 푸코와 함께 가장 많이 거론되는 사상가이며 마르쿠제는 특히나 페미니즘 사상에 직접적이었다. 왜냐면 여성의 해방을 넘어 인간의 해방을 외친 인물이기 때문이다. 마르쿠제는 이성이 오히려 에로스 해방에 방해가 된다고 보고 합리적인 것들로 이뤄졌다고 생각한 사회의 구조나 조직은 결국 개인을 억압한다고 말한다.

거기에는 잘못된 것들이 있을 수 있는데 본능적 차원에서 억압된 개인은 그 부정성을 모르고 인간으로서 부정(否定)된 채 1차원적 사고에 머물게 된다. 거기에 한몫하는 게 대중매체와 상업광고라고 마르쿠제는 지적한다. 그래서 페미니즘이 지속해서 주장하는 여성의 성 상품화에 대한 비판적 근거를 그의 사상에서도 찾아 볼 수 있다. 또한 마르쿠제는 일차원적 인간은 관성적인 것에 지배받으며 살아간다고 주장하는데 페미니즘은 남성 위주의 관성을 깨고자 한다는 점에서 사상적 동일성이 있다. 그중에서도 성 해방은 페미니즘이 가장 이용하기 좋은 반기독교적, 반남성 우월적 생각이다.

포스트모더니즘의 포스트가 정확히 무엇인지 학자들조차 조금씩 다르게 이야기하지만 기본적으로 이 시대에는 이성적 인간이나 사회체제에 대한 회의가 포함돼 있다. 마르쿠제 사상은 억압된 여성의 성적 해방을 말하며 자본주의에서는 남녀 할 거 없이 인간해방을 외친다.

특히나 국가의 지배와 억압이 청소년이나 동성애자 소수민족 등에 주로 이뤄졌으며 그들을 말살하는 관리를 인간이 만들어 놓은 사회체제가 행한다고 보았다.

마르쿠제 사상은 철학적 사고에 그치지 않고 실천적 뿌리도 제공해 준다는 점에서 페미니즘의 이중적 동반자다.

이렇듯 비판이론의 프랑크푸르트학파 후대 인물 중 페미니즘 사상 투쟁에 마르쿠제를 빼놓고 이야기할 순 없다.

한편 일부 기독교인들은 푸코의 동성애적 삶과 일부 사상가들의 성에 대한 과격한 주장을 문제 삼고 그로 인한 문란한 생활을 비판한다. 그런 기독교인들에게 이런 재밌는 실험 결과도 있다고 말해 주고 싶다. 미국 공화당과 민주당 관련 서적에서 본 통계인데 출처는 정확히 기억나지 않는다.

"보수적 기독교인들은 앞에서는 겉사람이 되지 말고 속사람이 되라고 말한다. 그런데 성적 자유로움을 말하는 사람보다 그런 보수적인 사람들이 오히려 음란물을 더 훔쳐본 것으로 드러났다."

억압된 인간의 이중적 행태는 남몰래 행해졌을 때 얼마나 더 달콤한가.

사실 목사 같은 종교인의 성범죄는 통계적으로 유의미하게 뚜렷해지고 있는데 그건 일부의 목사만은 아닌 것이 아닌가를 보여 준다. 또 엉뚱하게 결론이 났다.

낙태죄와 4B 그리고 사회적 약자

　낙태죄는 개인의 감정적 측면과 종교적 측면을 함께 가지고 있기에 격렬하고도 다양한 반응이 나올 수밖에 없다. 그래서 상대방을 설득하기 쉽지 않은 주제다. 감정과 신념의 차원만 본다면 낙태죄 찬반은 논쟁을 왜 해야 하는지 모를 정도로 의미가 없어지는 제로섬 게임이 된다. 낙태죄 찬성이냐 반대냐를 극단적으로 보는 것은 아무런 해결책도 주지 않기 때문에 건설적이고 현실적으로 봐야 한다.

　보수적이고 종교적인 사람 중 일부는 인간의 생명은 소중하고 그것은 신이 부여한 것이기에 어떠한 경우도 낙태를 해서는 안 된다고 생각한다. 이 생각이 절대적이라면 자신이나 자기 가족이 강간이나 원치 않는 일로 임신이 되었을 때에도 낙태를 하지 말고 낳아야 한다. 이처럼 내일이 아닌 것처럼 쉽게 말해서는 안 된다. 낙태 논쟁을 미시적으로 들어가 보면 생명체란 무엇인가까지 고민하게 된다. 생명체에 대해 수정 이후 태아의 의미를 어디까지 봐야 할지 사람마다 생각이 다른데 하나의 세포마저 생명으로 보는 사람도 있을 수 있으니 이 부분은 그냥 넘어가려 한다. 한편 낙태죄에 반대하는 사람 중 일부는 인간의 형체를 어느 정도 갖추고 난 후, 임신중절의 의료적 행위로 인해 태아의 찢어지는 고통을 보고 감정을 이입하여 더욱더 낙태를 반대하기도 한다. 낙태를 찬성하는 사람도 그런 것에 마음이 아프다. 그러나 감정적으로만 봐서는 안 된다. 강간에 의한 임신이었거나 낙태를 하지 않으면 산모 건강에 치명적이거나 기타 낙태의 이유가 합리적일 때는 합법적으로 임신중절을 허용해야 한다.

낙태가 애매한 경우는 현실적 측면에서 장애 아기의 출산 문제, 강간이 아니더라도 원치 않는 임신을 한 경우, 성적자기결정권이 생명 윤리와 충돌할 때 등이다. 어느 것을 가치판단에 있어 더 우위에 둘 지는 사람마다 생각이 다르므로 이런 낙태를 생명 경시라고 비난하거나 살인이라고 하면서까지 죄를 물어 인간을 처벌한다는 것은 옳지 않다. 물론 불가항력적 이유 빼고 낙태에 대해 최소한의 조건을 붙여 사회적 상식의 범위 안에서 허용하자는 것이지 무조건 찬성하자는 말이 아니다. 인간의 존엄성은 임신한 여성에게도 태아에게도 존재하는바 어떤 여성은 출산해서 경제적, 사회적 이유로 더 처참한 인생을 살 수도 있다. 그렇다면 둘 다 불행한 일이다. 일부 비상식적 낙태는 비난받아 마땅하지만 그 외에 낙태를 죄로 보기보다는 문제점을 실질적인 사회문제로 끌어와 해결책을 찾는 게 더 필요하다. 그렇다면 낙태죄에 대해 우리나라의 상황은 어떨까?

우리나라는 2019년 낙태죄에 관한 형법 조항을 헌법 불일치로 결정하였다.

결정의 요지는 이렇다. 낙태를 일률적으로 금지하는 것은 과잉금지원칙에 위배되며 이것을 처벌한다는 것은 임신을 유지하고 강제적으로 출산하게 하는 것이므로 임신한 여자의 자기 결정권을 제한한다는 것이었다. 이후 입법이 필요한데 아직 요원한 상황이다.

우리나라는 이제서야 낙태죄 폐지에 관한 결정이 나왔지만 프랑스의 경우 1970년대부터 이미 낙태죄를 폐지했다. 참고로 작가 시몬 베유랑 동명이인인 프랑스 여성 보건장관 시몬 베유의 역할이 컸으며 유럽은 대체로 낙태를 허용하는 편이다. 물론 나라마다 조금씩 다르지만 낙태 허용의 태아를 임신 10주에서 18주 내로 조건을 거는 경우가 많다.

낙태죄에 대한 논의는 이 정도로 하고 4B에 대한 이야기를 해 보자. 먼저 비연애, 비혼, 비섹스, 비출산이 페미니즘과 도대체 무슨 상관인지 모르겠다. 4B를 안 하면 남성 우월에 여전히 종속된다고 생각하는 모양인데 그들은 여성을 위한 페미니스트가 아니라 명확히 휴먼 포비아들이다. 왜냐면 모든 인류의 여성이 4B를 한다면 인간은 결국 단 한 사람도 남지 않게 되기 때문이다. 강간이 아니라면 말이다.

4B를 하고 싶으면 조용히 자신만 실천하면 된다. 그것을 타인에게 표현할 필요도 없고 강요할 필요는 더욱더 없다. 4B가 자발적이기보다는 연애나 출산 등을 하고 싶어도 못 하는 것들이니 아예 그냥 포기하고 "나는 페미니스트다."라는 외침 하나로 정신 승리를 하는 것처럼 보인다. 물론 정신 승리가 늘 잘못된 건 아니며 오히려 행복의 조건이 되기도 한다. 참고로 4B를 실천하려는 기독교인이 있다면 하느님 말씀을 거스르는 일이다. 성경에는 혼자 사는 것은 보기 좋지 않으니 남녀가 함께 살라 하신 하느님 말씀이 있기 때문이다. 어쨌든 이런 페미는 대다수의 여성들에게 적 페미니스트이고 남성 혐

오를 넘어 인류 혐오자들이다. 이들을 앞으로 휴먼 포비아 줄여서 '휴포'라 표현하겠다.

휴포들은 여전히 대립적 여남 구도에 빠져 있고 비뚤어진 평등을 강요하고 있다. 비뚤어진 평등이란 4B를 해야만 남성 우월 문화에서 여성을 해방하는 게 아니라 자신들이 사회나 남자로부터 사랑받지 못하고 피해의식을 가지고 있으니 내가 못하면 다른 여성도 못해야 한다는 것을 의미한다.

이들은 프로이트가 말한 자기방어 기제인 퇴행과 자기 합리화에 빠져 있으며 그 상태에서 4B를 페미니즘에 억지로 쑤셔 넣고 있다. 그러면서 정신상태는 구순적, 항문적 시기에 머문다. 이들을 위해 Beautiful, Basic, Bias, Balance 새로운 4B를 제안한다. 이 제안의 의미는 다음과 같다. 외모라는 겉은 어쩔 수 없지만 내면의 아름다움을 추구하는 노력을 계속해야 하고 기본으로 다시 돌아가 편향된 시각을 고쳐서 페미니즘에 대해 균형감각을 가지도록 하는 데 있다. 조롱의 마음은 하나도 없으며 그들의 잘못이라고만 보지 않기에 오히려 안타까운 현실이라 생각한다. 현대인은 유튜브나 TV 그리고 언론 매체 등으로부터 쉽게 영향을 받는다. 거기에 결정타로 커뮤니티는 올바르지 않은 인지 편향을 확고히 해 준다.

페미니스트가 건전한 정신을 가지기 위해선 이런 외적인 부정적 영향을 걸러 낼 수 있는 지혜가 필요하다. 그러기 위해선 올바른 사회교육과 상식적인 가정교육을 받으며 자라야 한다. 가정에서의 사랑받음은 어쩌면 사회를 올바르게 인식하는 데 가장 중요한 요소일지 모른다.

앞으로는 휴포니즘적인 4B를 강요하고 선택적 페미니스트가 되는 사람들이 온라인에서 선동하지 못하도록 해야 한다. 그 대신 사회 곳곳에 여전히 성폭력으로 고통받는 여성, 미혼모, 기타 부당한 대우를 받는 사회 약자들에 관심을 가지는 페미니즘을 응원해야 한다. 여기서 말한 사회적 약자란 단순히 여성만을 의미하는 것은 아니며 장애인, 을의 위치한 예술인, 비인기 연예인, 부당한 처우에 있는 많은 노동자 등을 의미한다. 장애인 이야기가 나와 한마디 하자면 페미니즘은 장애인과 결을 같이할 수 있는 게 아주 많다. 페미니즘과 장애인은 교육, 성적권리, 자유와 평등, 억압으로부터 해방 등 인권을 위한 목소리에서 서로 공유할 수 있는 게 많기 때문에 반드시 함께 가야 한다. 그러나 우리나라는 오염된 페미니스트가 되어 제 한 몸 제대로 지키지 못하는 상태이다 보니 이런 연계가 제대로 될 리 만무하다. 전략적으로 이 부분도 중요하게 생각하여 바른 페미니즘 운동을 한다면 오염된 페미가 조금씩 정화되는 데 도움이 될 것이다. 그리고 장애인은 계속된 투쟁이 필요하며 헌법을 근거로 국가에 많은 것들을 요구해야 한다. 아쉽게도 현재의 페미니즘은 분리주의 경향이 강해졌다. 그리고 사이버 렉카화되어 선택적 정치 논리와 틀에 박힌 페미니즘 관념에 빠져 이슈 몰이만 하고 있다. 장애인이나 사회적 약자 중 여성이 아닌 사람은 휴포 및 극렬 페미니스트에게 보이지 않는 인간이다.

장애인에게 무관심은 예의 바른 무관심 하나면 충분하다. 인권에 가장 취약한 계층부터 관심을 두지 않으면 그다음은 최종적으로 돈과 권력이 없는 우리 자신인 '나'까지 오게 되어 사회나 국가로부터 소외당하게 된다.

결국 이성적 판단이 아닌 정치 종교 신념 등을 가지고 혐오와 대립, 갈등 속에 살다 보면 어느 순간 보이면서도 보이지 않는 그들의 노예가 되어 있는 우리 자신을 보게 된다. 한편 장애인들의 시위가 시민들의 불편을 초래함을 알면서도 지하철에서 그렇게 행동하는 건 비판받아 마땅하다. 그러나 다른 챕터에서도 말했듯 인간은 누구에게나 불편함과 혐오를 주는 존재다. 장애인의 시위를 어느 정도까지 감수할 수 있는가는 사람마다 인간적 차원의 관용에 달렸다. 누군가는 그런 장애인 시위가 어떤 이유에서든 절대 용납이 안 된다고 말한다. 반면 누군가는 불편함과 동시에 이해함을 동시에 가지고 있다고 말할 수 있다. 참고로 장애인 중 최소 80% 이상은 후천적 장애인이다. 우리는 모두 겸손한 생각을 가져야 한다.

사실 현재 가장 큰 우리의 문제는 관용 없는 개인과 사회다. 경쟁체제 속에 남을 이기고 내가 우위에 있어야 한다. 아주 작은 온라인 동호회, 나아가 어느 작은 단체, 직장 내 위계, 정치인 등 감투 하나만 씌워 주면 권력이라 생각한다. 그 외에는 작은 조직 하나 그 전체가 권력이 돼 버린다. 그러다 보면 주체성과 이성이 사라지고 도덕 불감증에 빠지게 된다.

자의든 타의든 온라인과 오프라인에서 남을 이기려 하고 비교하려고 하다 보니 자존감이 낮아진다. 그리고 실패에도 관용이 없는 사회로 인해 결국은 자살률 1위를 차지하는 대한민국이 된다.

홉스가 말한 대로 자연 상태와 같은 사회는 서로에게 늑대가 되어 계급화된다. 약자가 자신보다 더 약한 자를 물리치고 거기서 승리한 자는 좀 더 강한 자에게 또 물리침을 당하니 결국 소수만이 많은 것을 누리는 사회가 된다. 끝으로 여기서 중요한 자존감 단어가 하나 나왔다. 자존감 수업과 감정 수업은 4B 페미니스트나 인생 낙오자라 생각하는 많은 사람에게 필요한 과목이다. 그러나 열등감 극복은 각자 찾아 보기로 하고 이 주제는 여기서 마무리한다.

# 암컷과 수컷 그리고 동물의 인간

아티큘레이션이라는(articulation) 영어 단어는 우리말로 '절합' 정도로 표현할 수 있는데 음악이 아닌 철학적 의미로는 구성 전체에서 특정 의미를 찾아내려는 미세한 인식 체계를 뜻한다. 현학적이고 싶어서 이 용어를 꺼낸 게 아니라 앞으로 잠시 언급할 내용이 악마의 편집이라는 표현보다 더 정확할 거 같아 쓴 것이다.

"저는 페미니스트입니다."라고 말한 전직 대통령이 있다. 페미니즘에 대해 인식이 안 좋아지고 있고 반페미를 정치적으로 이용하기 좋은 때 하필 그런 표현을 했다.

그 표현 자체는 아무 문제가 없지만 그를 싫어하는 반대편 사람들은 그 한마디를 절대 가만두지 않았다. 또 어떤 정치인들은 '빈곤 포르노'나 '암컷이 설치는' 용어로 비판을 받았다. 특정 정당을 지지하는 사람의 상당수는 그 단어들이 별문제 없다거나 오히려 바른 소리를 했다고 생각한다. 아니면 지지자 중에서도 일부는 "암컷이 설친다."라는 표현은 신중하지 못했다며 자중하자고 한다. 둘 중 어느 입장을 취하든 그 정당을 지지하는 대부분 사람들은 언론이나 그 반대편 지지자들이 전후 맥락은 다 생략하고 교묘히 프레임을 바꿔서 자기네 정치인을 공격한다고 생각한다. 그러면서 저들의 실수는 너무나 많은데 거의 언급하지 않는다며 불만을 표출한다. 반대로 그 정치인과 다른 정당이나 여성계는 그런 발언을 한 정치인에 대해 여성 비하라며 공격을 해 댄다.

누구 말이 더 합리적이든 간에 간과하는 게 하나 있다. 한국인의 종족 특성은 아직도 보수적인 면이 많다는 것이다. 요즘 젊은 세대는 어휘력이나 독해력이 많이 떨어지고 있어서 문제다. 거기다 특정 TV 채널만 보는 사람은 언론이 장난치는 상황에서 나이가 젊든 많든 그런 단어를 제대로 인식하기 어렵다. 대중은 정치인이 말한 그 상황이나 맥락은 어디다 버려 놓고 '포르노' 및 '암컷'이란 단어만 머릿속에 각인한다. 결국 타자가 하는 이야기가 무엇인지 핵심 뉘앙스를 따지지 않고 단어에만 매몰된다. 사실 그 정당을 좋아하지 않는 하이에나 같은 사람들에겐 인지 편향 때문에 그 표현들이 좋은 먹잇감이 된다.

한편 어떤 심리학자는 인간이 이성적 동물이긴 하지만 별생각 없이 살아가기도 하는데 이것을 그는 '인지적 구두쇠'란 용어로 표현했다. 현대인은 깊은 생각을 귀찮아하고 생각하려면 많은 에너지를 필요로 하기에 편안함을 추구하려 한다는 것이다. 한나 아렌트 또한 사유하지 않는 인간을 비판한다. 사유 없는 삶은 오로지 자신만의 문제가 아니다. 사유 없이 살다 보니 타인의 감정을 이해하지 못하고 사회 문제의식과 부조리한 것에 저항이 사라진다.

아무튼 어떤 암컷이 설치는가는 특정되어 있지만 표현 하나가 모든 것을 잡아먹어 버리는 상황이 되었고 자극적 뉴스로 비판받을 만한 충분한 이유도 되었다.

다만 이것을 정치 유불리로 따져 이때다 싶어 특정 여성 단체나 그 말을 한 정치인과 반대편 성향의 사람들이 일제히 일어나 공격하는 것은 가증스러운 일이다. 최근의 페미니즘이 이렇게 흘러간 경우가 많은데 올바른 인권운동은 정치적 좌우나 종교, 사상으로부터 자유로워야 한다. 물론 그런 것들을 연계해서 시너지효과를 얻을 수도 있겠지만 보통은 단점이 훨씬 크다. 방금 말한 이 말은 중요하기에 앞으로의 글에서 비슷한 뉘앙스로 몇 번 더 반복하겠다. 페미니즘이 정치나 종교에 종속되면 태생적 한계를 가질 수밖에 없는데 그런 사람들은 페미니스트라 자처하지 말아야 한다. 페미니즘은 인간 모두가 근원이기에 다른 것들로부터 자유로워야 한다. 여기서 말하는 자유는 페미니즘을 드러내는 사람이 편향적이지 말아야 한다는 의미다. 그 외에 정치인이든 셀럽이든 기업이든 종교든 비인권적 비상식적 행태를 보이면 페미니스트는 그런 것을 비판하면 된다. 일부 작가나 방송인, 정치인 중 교묘하게 종교적 신념으로 페미니즘을 전파하려는 사람이 있는데 그건 안 하느니만 못하다.

  대충만 알 거 같고 정확히 왜인지는 모르겠지만 남성을 수컷이라 표현해도 남자들은 별 감흥이 없는데 여성은 암컷이라고 표현하면 좀 더 민감한 반응을 보인다. 재미 차원에서 남성 아니 수컷이란 종족을 위로해 보고 이 단락의 엉뚱한 결론을 내 보겠다.
  인류 포비아 즉, 휴포 페미들은 한국 남자를 도태남이라 하고 소추남이라 해 대면서 비아냥댄다. 수컷의 상당수가 동물 세계에서 도태당하듯 사실 인간 세계의 일부 남자도 마찬가지다. 그래서 남성은 휴먼 포비아에게 열을 낼 필요가 없으며 극렬 페미의 조롱에 쿨하게 반응하면 된다. 신체는 도태되더라도 적어도 속마음은 그러지 말자. 자존감이 낮으니 사소한 것에 흥분하는 것인데 일부 페미니스트처럼 인셀 남자들도 열등감이나 피해의식, 자격지심을 가지지 말아야 한다.

바다코끼리 수컷은 아무리 넉넉잡아도 일평생 암컷과 교미하는 비율이 반절을 넘지 못한다. 사자와 늑대 기타 무리 생활하는 육식동물의 수컷 세계는 더 처절하며 싸움으로 죽임까지 당한다. 어떤 바다 생물은 자기보다 강한 수컷에 암컷을 빼앗기자 속임수를 써서 자기 정자를 암컷에 교묘히 뿌리기도 한다. 조류부터 파충류까지 정말 많은 동물이 적게는 10% 많으면 90% 정도로, 죽기 전까지 암컷을 가지기 위한 투쟁 속에 결국 교미하지 못하고 죽는다. 원숭이나 침팬지 같은 영장류도 상당수 수컷은 도태당한다.

암컷이 적자생존의 자연 세계에서 강한 정자를 원하는 것은 당연한 일이며 그건 인간 세계에도 마찬가지다. 오히려 인간이 더 치열하다 할 수 있다. 인간 세계는 신체/외모 외에 돈과 권력까지 경쟁해야 하는데 경쟁에 탈락하면 인셀이 되거나 일부는 이방인과 접촉하는 등의 노력을 계속해야 한다. 경제의 빈부격차가 신자유주의 이후 급격히 커졌듯 연애나 결혼의 빈부격차도 현재엔 더욱 커지고 있다. 안타깝게도 알파 메일이 현시대 인간 세계에 더욱더 적용되고 있는 느낌이다. 반대로 알파 암컷의 영향도 더욱 커지고 있고 말이다.

그리고 수컷 인간은 종족 번식의 의지도 가지고 있지만 동시에 본능적 차원의 성적 해결이라는 점도 있어서 여러모로 이중고의 상태다. 불쌍하고 빈곤한 수컷들은 그래서 성인영화나 포르노 같은 음란물이 필요하다. 리얼돌 같은 어른 인형은 잘 모르겠다. 어차피 미래엔 인형이 아니더라도 도태 남자든 성적 판타지가 있는 남자든 AI와 섹스를 하게 될 것이다. 이 말에 죽자고 달려들어서는 안 된다.

리얼돌 이야기가 나와서 한마디 해야겠다. 유튜브에 리얼돌을 검색해 보면 실제 사용 후기가 많이 나와 있다. 거기엔 어린이 청소년이 보기에 적합하지 않은 자극적 콘텐츠가 상당한데 그런 유튜버들은 리얼돌이 정말 필요하고 타인에게 혐오나 피해 주는 거 없이 개인의 취향과 행복을 위해 잘 이용할 사람에게 정말 악의적이다.

왜냐하면 그런 영상을 보고 여성이나 페미니스트는 비판할 것이 정말 많기 때문이다.

왜 이 이야기를 꺼냈을까? 일부 남자가 이렇게 리얼돌 콘텐츠 영상으로 리얼돌에 대한 인식과 남자 이미지를 망쳐 놓았다. 일부 페미니스트가 페미니즘을 망쳐 놓은 것처럼 말이다.

결혼과 저출산

여남 불평등 언어를 뜯어고치자고 하는 사람들은 시집간다는 용어도 탐탁지 않을 것이다. '시집간다'의 가(嫁)의 의미가 그다지 좋지 않기 때문이다. 한자만 붙잡고 있으면 그것만 보인다. 그런데 우리의 역사와 같이 보면 '시집가다'와 '장가들다' 의미는 남녀 불평등이 아니고 그냥 무념무상이다. 필자가 용어 표식 단락에서 그렇게 말을 했으면 이제 용어 강박에 벗어나는 것도 필요하다.

찰리 채플린은 "인생은 가까이서 보면 비극이고 멀리서 보면 희극이다."라고 말했는데 결혼도 인생이니 같은 의미를 부여할 수 있다. 찰리 채플린이 왜 이런 말을 했는지는 감이 오지만 지금은 긍정적인 것만 생각해 볼 것이다.

이슬람 국가나 무슬림이 많이 사는 국가, 일부 개발도상국, 아프리카 등을 빼면 저출산은 이미 몇십 년 전부터 전 세계적인 공통 현상이었다. 일부 유럽 국가는 저출산 정책으로 약간 반등하기도 하지만 여전히 저출산은 세계적 흐름이다. 그런데 우리나라는 저출생이 심각해도 너무 심각한 상황이다. 그래서 이런 급격한 인구변화가 사회 전반에 어떤 영향을 끼치고 그에 따른 대처를 어떻게 해야 하는지조차 지금은 제대로 알 수 없는 상황이다. 한편 인구가 줄어드는 것에 대해 생물학적, 진화론적 시각을 가진 사람은 인구 감소가 꼭 나쁜 것만은 아니라고 생각한다. 무엇이 맞는지는 논하지 않고 계속 본론으로 가 보겠다.

베이비붐 세대의 한해 신생아 출생은 70만에서 100만에 육박했지만 몇 년 전 1년 출생아 수 30만 선이 통계 이래 처음으로 깨졌다. 한 평생 여성이 낳는 신생아 수 1명 선은 진작에 무너졌고 현재는 0.6에

도달하려 하고 있으며 우리나라보다 낮은 신생아 기대 수는 다른 나라에선 거의 찾아 보기 힘들다. 자살률은 1위인데 아이를 낳지 않는 것도 1위이니 안타까운 현실이다. 현재는 결혼 자체를 안 하는 것도 문제지만 결혼하더라도 육아나 경제적 이유로 출산을 꺼리고 있다.

그렇다면 왜 이렇게 결혼을 하지 않고 하더라도 저출산 혹은 비출산이 몇십 년째 이어지다 최근엔 더욱 우려스러워지는가? 전문가부터 개인 방송하는 사람, 학자, 네티즌, 기타 정말로 다양한 사람들이 이유를 들고 원인을 찾는다. 너무 어이없는 이야기 빼고는 저마다 다들 맞는 소리다. 저출산과 비혼에 대한 원인은 다양하기에 사람들은 거의 틀린 이야기를 하지 않는다. 가령 여성의 수준이 높아졌다거나 경제적 이유, 행복의 기준 변화, 심지어 극렬 페미니스트의 영향 등등 그런 소리는 이미 다들 알고 있으니 여기에선 생략하겠다. 필자는 남들이 언급하지 않는 것 한두 가지만 말하려고 한다.

'앵커링 이펙트'라는 심리학적 용어가 있다. 이 뜻은 처음의 기준을 어디에다 둘 것인지에 따라 사람들의 반응이 다르다는 것을 의미한다. 혹은 컴퓨터 프로그램을 시행할 때 디폴트라는 것을 생각해 보자. 완벽한 예시는 아니긴 하지만 이것을 결혼에 비추어 보면 기준점이 과거와 달라진 것을 적용해 볼 수 있다. 과거의 부모 세대는 비교 추가 하향 평준화되어 있었고 지금처럼 정보의 습득이 빠르거나 비교의 세상에 살지 않았다. 과거에는 어렵게 시작하여 이래 저랬으니 현재 사람들은 눈만 높아졌다는 꼰대적 이야기를 하는 게 아니다. 한국인의 결혼은 형식상 평등을 외치지만 여전히 실질적 여남 불평등이 존재할 수밖에 없다. 페미니즘에 남성이 불만을 가지는 부분 중 하나는 바로 이런 선택적 불평등엔 여성들이 침묵한다는 것이다. 지금은 물론 어느 정도 평등하게 접점을 찾아가고 있지만 남자가 결혼하기 위해선 여전히 동물의 세계처럼 수컷의 구애에 매력적인 외부 요소가 존재해야 한다. 결국 한국 남성의 결혼은 성격과 외모 외에 직업과 재산 같은 것이 여성의 결심에 여전히 유효한 무기로 작용한다. 그런 무기 수준은 우리도 의식하지 못한 채로 사회의 구조적 수준 즉, 앵커링 이펙트로 정해져 버린다. 그리고 그것은 남녀 모두에게 사회적, 심리적으로 압박을 가한다. 이렇게 현실과 괴리가 있는 사회적 기준점이 있다 보니 남성은 지레 겁먹고 계산기를 두드려 보다 결국 연애나 결혼을 포기한다. 반면 일부 여성은 주변인이나 온라인 비교 세상에 빠져 더욱 큰 괴리를 만든다. 그리고 과거 세대와 결정적인 차이가 하나 또 있다. 과거엔 학벌이나 직업이 별로여도 열심히 살면 무엇인가 된다는 희망이 있었던 사회였다. 그런데 지금은 그 미래 가능성과 긍정의 사고가 굉장히 줄어들었다. 그런 불안한 생각이 현세대인 나한테도 있는데 그걸 결혼하면서까지 내 자식에게 물려준다고 생각하니 끔찍한 것이다. 더군다나 내 자식은 자신보다 더 비교당하는 세상에 살아갈 거라고 생각하기 때문에 결혼과 출산에 소극적이게 된다.

 동물도 환경에 맞게 적응하고 스트레스를 받으면 개체수를 조절하거나 출산하지 않는데 인간이라고 다를 건 없다. 다만 동물과 다른 점은 인간은 내일이라는 희망을 먹고 산다는 점이다. 그것마저 희미해지다 보니 자연스레 출산과 결혼을 포기하게 된다.

물론 과거 사람들과 비교해 현재 사람들의 삶의 양식과 인생을 바라보는 태도는 많이 달라졌다는 것을 안다. 그래서 그런 것을 모르고 이야기하는 게 아니라 지금의 의미는 사회적 기준점을 누가 정해 준 게 아닌 우리 스스로 강박에 의해 정해 버렸다는 것이다. 정말 핵심적인 것은 사람들 스스로 현시대에 맞는 의식 수준을 가지고 삶의 행복에 대해 주체적 결정을 하고 있다고 착각한다는 점이다. 실제로는 마치 영화 매트릭스나 올더스 헉슬리의 저서『멋진 신세계』처럼 세팅된 틀에서 벗어나지 못하고 그 의식 안에서만 살아가고 있는데 말이다. 쉽게 말해 현재 사람들 의식이 사회구조를 변화시킨 게 아니라 사회구조가 의식을 지배한 상태다. 그래서 앞으로는 무엇이 잘못되었는지를 아는 게 중요하다. 국민이 할 수 있는 것은 결국 정치라는 선택인데 그건 성향이 아닌 상식으로 결정해야 한다. 정치가 실제 내 하루의 삶과는 관계없는 거 같지만 경제, 사회, 문화 우리 삶의 일상과 미래 모두를 지배한다. 정치와 정책은 그래서 중요하다. 주요 선진국은 이런 저출생이 수십 년간 이어져 왔지만 특정 나라의 경우 다른 나라에 비해 상대적으로 완만한 저출생을 보이거나 현상 유지를 하는 나라가 있다.

예를 들면 스웨덴이나 프랑스, 헝가리 등은 다른 나라보다 비교적 높은 출생률을 보인다. 분석해 보면 역시나 경제적 지원이 가장 중요했고 그것은 또 육아정책과 직접적으로 연계된 것들이었다. 한편 이스라엘은 특이하게 출생률이 높은 나라다. 무슬림은 무슬림대로, 음모의 시오니즘은 시오니즘대로 출생률이 높은데 전쟁과 종교 때문인지도 모르겠다. 그렇다면 우리나라도 새로운 종교를 만들면 된다. 북한 본토 여자와 사랑하게 해 주세요! 혹은 통일이 저출생 해결책이다! 이렇게 외치는 '부그로'라는 종교를 만들어 신도를 양성하는 것이다. 이러면 필자는 실체도 없는 낡은 이념인 종북 좌파로 몰릴 게 뻔하다.

우리의 심각한 인구문제를 이야기하다 가볍게 농담 한번 해 보았다. 그런데 불가능은 없다. 꼭 국가적 통일이 아니더라도 남북 남녀의 연애 교류만으로 만족할 수 있다.

하던 이야기를 계속해 보자.

우리나라로 눈을 돌려 지역적으로 보면 출생률이 급격히 떨어지지 않거나 오히려 평균 이상인 곳이 있는데 왜 그런지를 찾아보면 어느 정도 저출산 해결책의 실마리를 찾을 수 있다.

우리나라 인구 대략 5분의 1이 서울에 살고 전체인구의 절반이 수도권과 경기도에 몰려 있다. 대기업의 좋은 일자리 또한 이곳에 몰려 있고 문화, 사회 인프라도 모두가 서울에 집중되어 있다. 그렇지만 집이 없고 좋은 직업이 아닌 다양한 사람들은 그런 것을 제대로 누리지 못하고 서울에서 치열하게 경쟁하며 살아간다. 안 좋은 자연환경에서 살기 위한 치열한 경쟁은 동물과 인간 둘 다 도태되게 만든다. 그 경쟁 스트레스는 짝짓기와 출산을 안 하게 하는 가장 중요한 원인이다. 대부분의 사람은 '서울민국'을 저출생 원인 중 하나로 꼽는다. 그런데 일부 정치인은 그 반대로 가고 있다. 경기도 김포 무슨 어디를 함께하여 서울 메가시티를 만들자고 외친다. 몇몇 부동산 욕망

덩어리들과 이기주의자, 정신 나간 위정자, 썩어 빠진 자본주의 언론과 연합하여 이 지경을 만들어 놨다. 욕망의 인간을 이해하면서도 지방이든 수도권이든 부동산 카페를 가 보면 이게 사람인지 짐승인지 구별이 안 되는데 이런 사람들과 우리는 인간인 척 함께 웃으며 살아간다. 인간이 문제인지 사회가 문제인지 아니면 둘 다 문제인지 가끔 이렇게 사회와 사람에 회의감이 들 때가 있다.

결론은 이렇다.

누가 결혼 안 하고 못 하는 이유는 기본적으로 자기 탓이 가장 크다. 그러나 이 모든 게 사회를 이루는 개개인의 탓만은 아님을 명심해야 한다. 사회구조는 한순간에 변하는 게 아니다. 국민의 수준 향상과 바른 정치의 선택, 그로 인한 경제의 활성화는 톱니바퀴처럼 움직인다. 장기적 관점으로 보면 얼마든지 국민과 좋은 정치가 힘을 합쳐 출생률을 올릴 수 있다. 그렇다면 이런 세상에 개인은 어떻게 살아야 하는가? 짧게 하고 마무리하자. 안타깝지만 『아Q정전』의 아큐처럼 정신 승리할 수밖에 없다.

불교 말씀 중에 "자등명법등명"이라는 말이 있다. 이와 비슷한 의미로 "회광반조"라는 말도 있는데 이 둘을 쉽게 풀어 쓰면 세상의 기준을 타인에 맞추지 말고 나 자신에게 집중하며 살아가라는 뜻이다. 조금 덜 준비되고 덜 안정적이어도 괜찮다. 물론 불안정한 사회에서 결혼 외에 자식을 낳는 건 또 다른 문제임을 안다. 어쨌거나 그런 삶을 살아가는 사람들은 사회 기준점 아래 있더라도 역시나 결혼하며 잘 살고, 어렵지만 끼리끼리 영차영차 하면서 행복하게 살아간다. 결혼을 안 하는 이유 중 하나가 더 자유롭게 사는 것이라면 그 자유 정신도 존중해야 한다. 다만 페미니스트와 반페미니스트 중 일부는 결혼을 못 하는 것이면서 안 하는 거라 정신 승리하는 경우가 있다. 문제는 그런 페미/반페미 여남 정신 승리자들이 사회에 삐뚤어질 때인데 지금이 딱 그런 상황이다. 결혼에는 후회도 있고 안 하는 사람들에겐 없는 행복도 있다. 그건 출산 여부도 마찬가지다. 교육되지 않은 성적 자유로 원치 않은 사생아의 사회문제도 있긴 하겠지만 미혼모와 미혼부 즉, 결혼하지 않더라도 동거하며 자녀를 키우는 것에 대한 시각도 변해야 한다. 이런 사회적 시선의 변화 외에 법적 지원을 위한 입법이나 개정도 필요하다. 마지막으로 결혼을 안 하거나 못 해도 행복한 나라, 결혼해서 아이를 낳아도 행복한 나라를 꿈꾼다.

진보와 보수 껍데기

　내가 옳으니, 네가 틀리니 등의 재미없는 정치 이야기나 어려운 이야기는 하지 않을 테니 걱정하지 말고 두려워 말고 계속 함께 가 보자. 그러나 한마디만 하겠다. 한국의 좌파와 우파가 어떻다는 이야기는 옳지 않다. 왜냐하면 대한민국엔 우파라고 주장하는 곳만 있을 뿐 실제 우파는 존재하지 않기 때문이다. 다른 나라엔 우파가 있는데 적어도 우리나라엔 백범 김구 이후 우파는 없다. 스스로 우파라고 생각하는 세력은 민족정신이 없는 상태에서 지겹도록 반대 세력에 대해 해방 전후로 공산주의자, 용공분자, 빨갱이 좌파거리며 공격을 해댔을 뿐이다. 현재도 그들 사고방식은 변함이 없는데 이건 마치 남성을 적으로 생각하며 극렬 페미니스트가 되어 한쪽을 매도하는 것과 같은 현상이다.

　좌파와 우파 혹은 진보와 보수에 관해서는 책 한 권을 써야 할 정도로 방대한 역사 이야기를 해야 하기 때문에 여기서는 정치의 옳고 그름의 논리가 아니라 실질적인 것만 잠시 살펴보도록 하겠다. 참고로 보수 정치와 관련해서는 『프랑스 혁명에 관한 고찰』의 저자 에드먼드 버크를 빼놓을 수 없는데 『보수의 정신』의 저자 러셀 커크도 버크를 가장 우선순위에 둔다. 그래서 보통 스스로 보수라 생각하는 사람은 에드먼드 버크를 보수의 아버지나 정신적 지주로 생각한다. 그 후 많은 보수 학자나 정치인들이 나와 보수를 이끌었다.

그렇다면 보수란 무엇인가? 정치적인 것을 빼고 보면 보수라는 것을 가장 알아듣기 쉽게 이야기한 사람은 아마도 오크쇼트라는 학자일 것이다. 오크쇼트에게 보수적이란 의미는 신비보다는 현실을, 완벽한 것보다는 편안한 것을, 유토피아적 행복보단 현재의 웃음을, 알려지지 않은 것보다는 친숙한 것을, 확인 안 된 것보다는 확인된 것을 더 선호하는 것을 말한다.

경영학의 아버지 드러커는 좌파에 대해 "이상향을 가지고 뭘 자꾸 고치려 하지만 안 하느니보다 못하다."라며 정치적으로 비판하는데 오크쇼트가 말하는 보수는 정치적인 것보다 현실적으로 설명한 것이어서 그의 말에 더 공감이 간다. 페미니즘을 여기에 빗대면 어떨까? 역사적으로 비추어 좌파와 연계된 운동이 페미니즘이라 생각하지만 오크쇼트의 말을 들어 보면 보수적으로 이용해야 할 것도 있게 된다. 세상을 좌파 우파 이분법으로 보는 사람과 중도라고 생각하는 사람은 깨닫는 바가 있어야 한다. 즉, 극단적인 좌우는 답도 약도 없으며 정치적 격변기에 중도라는 사람은 단테가 말한 것을 이용하면 지옥의 가장 뜨거운 자리에 버려져야 하는 존재다. 그리고 우리나라에서의 정치적 진보의 의미와 정당, 보수의 의미와 정당은 재정립해야 한다. 오크쇼트의 말을 교훈으로 삼으면 페미니스트도 이젠 현실적으로 실천해야 하고 유토피아적 이상향인 것보다는 친숙하고 편안하게 다가와야 한다. 그런데 현재는 그 반대로 가는 상황이다. 가끔은 역발상이나 우연이 세상의 변화를 이끄는데 그런 것이 가장 중요한 일을 할 때가 있다. 반면에 책『넛지』는 사람들이 무엇인가에 대해서 제대로 된 정보를 가지지 못할 때 몇 가지 제안을 통해 그 안에서 선택할 수 있게 해야 한다고 주장한다.

쉽게 말해 정책을 내놓는 정부가 완전한 자유주의와 약간의 간섭을 혼용하여 국민의 선택을 돕게 하자는 것이다. 『넛지』의 저자들은 진보와 보수라는 이분법적인 생각을 버리고 언급도 자제하는 편이다. 넛지 정부는 정책 결정을 할 때 전통적 좌우 개념에 매몰되지 않고 좋은 정책을 여러 개 선별하여 그 안에서 국민이 각자 자유롭게 선택할 수 있도록 도우미 역할을 한다. 넛지의 생각을 우리나라 페미니즘에 적용하면 이런 것이다. 현재 페미니즘은 방향성 자체를 잃었기 때문에 어떤 것을 해야 한다는 넛지가 없다. 설령 있더라도 설정이 잘못되었다.

과거의 페미니즘은 단순 여남평등과 인권적 측면이라는 대의가 있었지만 지금의 페미니즘은 무엇을 의미하고 어떤 것을 해야 할지 모르는 야생의 상태에 있다. 그래서 현재의 페미니스트와 정치병 환자들은 이런 비유를 하면 딱 들어맞는다. 성난 페미니스트나 좌빨거리는 자칭 우파 정치병 환자가 빨간 망토라는 남자 우월의 깃발과 공산주의로 돌진한다. 알고 보니 대상을 잘못 잡은 허상의 공격 대상이었다. 진짜 우릴 선동하는 거짓 투우사 같은 정치인을 공격해야 하는데 계속해서 엉뚱한 데다 뿔을 들이받고 있다. 이런 행태가 얼마나 반지성적이고 미련한지는 세상의 다양한 트럼프 같은 인물이 잠시 각 나라의 수장으로 당선되었다가 사라지는 것으로 알 수 있다. 사실 이런 건 우리나라만의 문제는 아니고 전 세계적으로 2010년 이후 진보와 보수가 극단화되면서 공통적인 현상이 되었다. 심지어 정치와 복지에 선진국이라는 북유럽국가 스웨덴 같은 나라도 예외가 아니다. 전 세계적인 양극단화 현상을 2010년 이후라 했는데 이 시기 전후로 스마트폰이 대중화되었기 때문이다.

그렇게 된 데에는 여러 이유가 있지만 크게 두 가지로 볼 수 있다. 언론의 기능 상실이 첫 번째고 두 번째는 필터버블 형태로 자신이 보고 싶은 것만 보는 개인의 정보 편향 때문이다. 내가 보는 유튜브나 구글이 나의 성향을 알고 안내하는 게 바로 필터버블이다. 그리고 커뮤니티는 또 다른 형태의 필터버블이다. 결국 바보 같은 온라인 전사들은 껍데기만 만지작거리고 껍데기만 가지고 놀다 보니 아무리 똑똑한 척해도 알맹이 없는 싸움만 하게 된다.

생각해 보면 진보와 보수라고 자처하는 사람처럼 페미와 반페미도 현재는 이런 형태로 똑같이 흘러가고 있다는 걸 알 수 있다.

자신이 지지하는 셀럽이나 커뮤니티, 방송인, 정치인, 정당 등은 실질적으로는 아무것도 해 준 게 없다. 오히려 사회의 패악스러운 존재인데도 성향적, 심리적 동질감만으로 무지성 지지하고 있다. 편 가름은 그 어떤 것이든 상처와 억압의 대상이 된다. 이런 것이 수년간 지속되었는데 지금 상황은 어떻게 흘러가고 있는가? 정권에 따라 조용할 땐 조용하고 선택적일 땐 선택적이다가 고개를 쳐들고 또 선동할 때는 여지없이 그들은 나타난다.

계속해서 이 말을 반복하니 그렇게 생각하지 않는 사람들은 필자의 성향이 드러난 편견이나 피해의식이라 생각할지 모르겠다. 그것에 대해 필자가 진심으로 편향적이지 않으며 옳고 그름을 말하는 것이라 주장해도 반대편에서 그런 오해를 하는 건 사실 어쩔 수가 없다. 위대한 성인들은 중용을 이야기하지만 그건 이상적이다. 현실적인 인간은 누구나 심연 속에 마음의 편향이 존재한다. 가령 이런 것이다. 내가 좋아하는 어떤 가수가 나중에 알고 보니 도저히 용납이 안 되는 학폭을 저질렀다. 그런데 팬심이 앞서서 이성적 옳고 그름은 온데간데없고 오로지 자기가 좋아하는 가수에 대해서 보호막만 치려는 그런 마음이 존재한다. 심각한 범죄자가 유튜브나 개인 방송을 하는데 수만 이상의 구독자들이 있다. 자신은 객관적인 척 사실관계를 따지고 열변을 토하겠지만 밖에서 보면 중장년층이든, 청소년이든, 청년이든 다 같이 팬심만 가득 찬 한심한 족속들인 건 변함이 없다. 내가 좋아하는 정당, 내가 좋아하는 연예인, 내가 좋아하는 작가, 방송인, 셀럽 등이 잘못을 했을 때 아닌 것은 아니라고 해야 하는 세상은 되어야 한다. 필자가 도덕주의자라서 그런 것이 아니다. 페미와 반페미도, 진보와 보수도 마찬가지다. 심연 속 어떤 신념에 갇혀 있으면 비판적 사고를 할 능력이 존재하지 않게 되고 오히려 더러운 이들의 먹잇감이 돼 버린다. 물론 그 반대로 남이 잘나가는 게 싫어 샤덴프로이데가 되거나 뭐 하나 잘못하면 하이에나처럼 물어뜯으려는 소인배 같은 사람도 문제다. 어디서나 터치 하나로 세상을 보고 글을 쓸 수 있는 현대인은 세상에 던져진 고깃덩어리를 순식간에 먹어치운다. 방금 말한 건 현대인의 가벼운 생각과 손가락질로 인한 사회적인 현상으로 정치적으론 아래와 같다.

당장 현실이 중요한 사람들이 계급 배반 투표를 하고 어처구니없는 선택을 한다. 계급 배반의 선택을 하는 사람들 외에 또 상당수는 마음의 안정제인 진보와 보수, 페미와 반페미라는 가짜 약을 먹고 극단적으로 변한다.

어느 과학자의 책의 내용에는 이런 말이 쓰여 있었다. 저자는 과학자니까 과학적으로 어떤 현상을 원인과 결과로 탐구하고 분석하며 유의미한 무엇을 도출해야 한다. 그런데 그 과학자가 말하길 인간 세상에서 도저히 이해가 안 가는 비상식의 사람들은 고대 로마 시대부터 ×%는 늘 있었으니 그냥 그런가 보다 하고 넘어가자고 한다. 공감이 되었다. 그러나 과학자로서 설명할 수 없는 그 무엇이 있음에 얼마나 자괴감이 들었을까? 합리와 이해, 상식이 없는 인간들을 실생활에서 생각보다 꽤 많이 접하며 살았던 것은 고대인이나 현대인이나 마찬가지였다. '이해할 수 없는 인간 보존의 법칙'이 일찍이 인간사에 존재해 왔음을 알 수 있다. 진보와 보수 혹은 페미와 반페미라고 생각하는 사람들도 겉은 그런 것으로 포장하지만 어쩌면 자신의 심리적 고장을 가리기 위한 타이틀에 불과할 수 있다. 원래는 그런 것에 매몰되어서는 안 되는 게 인간의 삶이다.

잘 생각해 보자. 좌우를 가리는 기준이 어디서 시작되었나? 역사적, 인문학적 이야기를 하면 이것도 책 한 권의 분량이 필요한데 여기선 길게 이야기하지 않고 짧게 하겠다. 자연철학 시대 이후 철학 방향의 분열과 종교/과학의 대립이 있었을 뿐 적어도 2000년 동안에는 이처럼 정치사상적으로 극렬하지 않았다. 네다섯 개 이상으로 나눠진 신분과 계급 싸움이 더 컸을 뿐이다. 어떤 이는 로마 시대 이후 최초의 보수적 정치인을 키케로라 말하는데 보수적이라는 말을 이때부터 쓸 수는 있겠으나 진짜 좌우가 도래한 것은 계몽시대 이후이고 더 정확히는 프랑스 혁명 시기의 의회에서의 의견 대립이었다.

일루미나틱한 사람들이 기존 성직자 귀족 부르주아 시민 속에서 마치 새로운 종족 형태로 출현했다. 그러다 산업혁명을 거치면서 현재까지 선동의 시대가 도래했다. 로베스피에르 이후 21세기까지 그들에게나 좌우 선동정치가 있었을 뿐이며 그런 정치가들과 선동가들은 오히려 일반 국민에게 극심한 피해만 입혔다. 그래서 오로지 자신의 이기적인 마음으로 투표하는 사람이 아닌 이상 현명한 국민이라면 몇 가지 진보나 보수의 지향점만 가지고 좌우를 선택하지 말아야 하고 실제 그럴 필요도 없다.

그런데 편 가름을 이용하는 언론매체와 정치인, 선동꾼들 때문에 좌우 극단은 이제 피할 수 없는 인간의 필연이 되었다. 그 결과 현대 시대의 정치란 좋은 정책과 아이디어는 사라지고 더러워지기만 하고 있다. 우리 삶에 실질적인 것마저 좌우 놀이로 자유주의냐, 평등주의자냐 하는 등의 답도 없는 옳고 그름을 판단하려는 사람이 계속 존재한다.

한국으로 치면 양당 중 하나가 못하면 좌우 투수 교체하듯 바뀌는 것과 같다. 그들은 정치를 쉽게 하기 위해서 이렇게 국민을 나누기 좋아한다. 나누어짐이 좋은 그런 사람들은 여전히 선동가의 추종자나 노예가 되어 이성적 사고를 잃은 채로 민주주의 투표 속 같은 표 한 장을 던진다. 결국 그들은 현명한 국민마저 다 같은 구렁텅이로 빠지게 한다. 진보적, 보수적이란 것이 일장일단이 있는 것이라 할 때 그걸 참칭하며 잘못 해석하고 잘못 이용하는 권력자나 언론, 정치인이 문제지 국민이 좌우로 나뉘질 필요는 없다.

필자를 진짜 선비나 좌파적 입장으로 보는 사람도 있겠지만 글이란 것이 때론 언행일치 안 되는 것임을 다들 알고 있으리라 생각한다. 한쪽으로 기울어져 있음을 인정한다. 그렇지만 적어도 틀렸다고 생각하진 않는다. 다만 삶과 정치에서 옳고 그름과 생각의 차이를 구별하기란 정말 어렵다.

진보와 보수의 이 주제에서 페미니즘이 아닌 정치만 따로 언급해야 할 게 아주 많이 남아 있다. 기회가 된다면 우리 정치의 사회과학적 글을 나름대로 써 보고 싶지만 다음을 기약하려 한다. 끝으로 이 말 한마디만 하고 이번 단락을 마무리하겠다. 우리나라는 페미와 반페미, 진보나 보수가 좋아서 지지하기보다 상대가 싫어서 지지하는 경향이 있는데 그것이 모든 것을 잡아먹는다.

여성가족부 폐지와 여성도 군대 가라

 현명한 국민이라면 결국 먹고사는 것이 가장 중요한 것임을 알기에 올바른 투표를 한다. 국민 모두가 나라님에게 함포고복을 바라는 건 아니지만 적어도 위기를 잘 극복하고 나라의 존재 이유를 보여 달라는 소박한 기대 정도는 할 수 있다. 일시적 감정이나 욕망 그리고 정치 성향 등으로 미래를 보지 못하고 한두 가지에만 몰입하는 무지성 투표는 어리석은 선택이다. 자기 마음을 채워 주니 비판적, 이성적 사고를 하지 못하는 것은 페미니스트와 정치 그리고 종교가 가지고 있는 가장 큰 단점이다.
 기독교인이 볼 때 필자가 기독교를 은근슬쩍 계속 비판하니까 긍정적인 것도 많은데 왜 이럴까 하고 불편해할 수 있다. 커뮤니티에 대해서도 부정적인 것이 가장 클 때 그 장점은 별로 중요하지 않다고 말했다. 영화「미스트」의 카모디 부인을 보면 한 번에 설명이 가능해진다. 자신의 믿음이나 성향을 강요하는 것이 어떤 처참한 결과를 가져오는지 영화를 보면 알 수 있다. 너무 극단적인 예시라고 반론할 수 있겠으나 종교는 결정적일 때 그런 것이다. 그런 점에서 카모디 부인의 행동은 휴포 여성과 같고 펨베(일베 펨코)와 똑같다. 극렬 페미니스트를 비판하는 모 여성 방송인이자 작가는 합리적이면서 논리적인 비판을 잘하다가도 어떤 것에선 종교와 정치색이 어우러져 가끔 처참한 논리를 펼친다. 이런 것이 종교적, 정치적 신념자의 단점이다.

본론으로 넘어가 보자. 여성가족부 폐지가 옳다, 그르다는 앞으로 논하는 것에 핵심 내용이 아니다.

여성이 주장하는 것에 남성이 반대하면 여성은 백래시다! 혹은 리액턴스라고 치부하면서 논리적이기보단 감정적 벽을 치는 경우가 있다. 남성의 이성적 비판도 여혐으로 치부하는 수준에서 지금 페미니즘은 정작 일부 여혐을 누가 일으키고 있는지 가슴에 손을 얹고 생각해 봐야 한다.

여성가족부 폐지를 정치적으로만 보지 않는다면 남성들은 몇 가지 합리적 생각으로 다음과 같은 폐지 이유를 제시한다. 첫 번째로 국민의 정부 시절에 만들어져 이젠 시대가 변했으니 최소한 이름 변경이라도 해야 한다. 그리고 세금 도둑의 조직을 근본적으로 재개편해야 한다. 참고로 정부 조직 모두는 관료제적 성격이나 조직의 타성, 복지 부동적 자세 등으로 인해 세금 구멍의 가능성을 늘 가지고 있다. 이런 비판은 사실 여가부만의 문제는 아니다.

지금은 양성평등의 시기로 아동 청소년이나 다문화, 미혼모 지원 같은 이런 역할은 보건복지부로 옮기면 되는 일이고 굳이 여가부가 있어서 이중 기능을 할 필요가 이젠 없다. 세 번째로 성 고정관념을 없애는 세상에서 여성가족부는 오히려 여성성에 기대고 있는 것이기 때문에 역설적으로 여가부가 더 이상 존재할 이유가 없다.

상대적으로 젊은 남성들은 한국은 더 이상 여남 불평등의 나라가 아니며 오히려 여가부가 역차별을 만들고 젠더 갈등을 조장한다고 생각한다. 그래서 젊은 남성 세대는 젠더 갈등의 원인 중 하나인 여가부를 폐지하자고 주장하는 게 당연한 일이 되었다. 또한 페미니즘에 반감을 품은 남성은 여가부 여성들이 베이비붐 세대이며 여전히 그 시대의 가부장적 사고방식에 머물러 있어 피해 관념에 빠져 있다고 생각한다. 더군다나 양성평등을 제대로 보지 못하는 이런 구시대적 여성주의자가 책을 내거나 강의하고 TV에 나오며 정치를 하다 보니 젊은 여성은 그대로 따라갈 수밖에 없다. 결국 그런 부모뻘 되는 구시대적 페미니스트 여성과 여가부 사람이, 자식뻘 되는 젊은 극렬 페미니스트와 연계해 우리나라의 페미니즘이 지금 이 모양 이 꼴이 되었다고 남성은 생각한다. 그래서 2030세대는 이런 악습의 유전을 이젠 끊으려고 한다.

비상식적 페미니스트에 화가 난 남성들은 이제 여가부 폐지를 넘어 사회 전체 곳곳을 절대적 평등화하기 시작했다.

여성 전용, 여성 배려 어쩌고가 왜 필요한지 예전엔 나이브하게 봤겠지만 극렬 페미에 화가 난 남성은 이젠 공감을 하지 못한다. 페미니스트는 여성 전용 이런 게 마케팅 같은 것이라고 말한다. 이런 시각은 여전히 여성주의 입장에만 빠져 있어 전혀 현실을 보지 못하고 있다는 걸 보여 준다. 정부와 기업은 다르다. 일부 여성의 마음을 잡겠다고 더 많은 것을 잃을 경영자나 정치인은 이제 없다. 단, 바보 경영자나 페미니즘을 이용하는 정치인이 아닌 이상 말이다. 이런 반동을 잘못된 페미니즘 여성이 만들었기에 자업자득인 셈이다. 계속해서 여성주의 입장을 비판해 보겠다.

상대적으로 예전보다 여성이 유리천장을 깨기 쉬워졌는데도 자신들의 무능력과 사고방식은 변한 게 없다. 여성이 불리할 때만 약자로 인식하고 남성 우월주의 문화 탓으로만 돌리는 걸 남성들은 더 이상 참지 않는다. 입으로는 능력과 평등을 중시하자면서 계속해서 페미니스트는 여성 할당제를 요구한다. 즉, "할 수 있다."가 아니라 "해 줘야 한다."가 여전하다. 남녀 모두가 똑같이 하는 의무는 다하지 않으려고 하면서 권리는 똑같이 요구한다. 이렇게 말하면 북유럽 국가 어디는 여성에게 50%까지 할당을 준다, 어쩐다 이야기를 꺼낸다. 우리나라는 그런 공감대조차 형성하지 못하고 있는데 이런 소리를 하는 게 참 미련해 보인다.

젊은 페미니스트 여성은 한남거리며 가부장적인 것을 싫어하지만 현실은 가부장의 집에 은거하며 산다. 전혀 독립적이지 않고 능력적이거나 미래지향적이지도 않은 게 현재 갈등 지향의 여가부와 우리나라의 페미니즘이다.

이 외에도 뭐 하러 노인과 장애인 그리고 사회적 약자 등의 업무를 보건복지부와 나눠서 하는가? 조직 간소화 차원에서라도 하나로 통폐합할 수 있게 해야 한다. 이런 불만과 볼멘소리는 여가부가 존재하는 한 계속해서 나올 수밖에 없다. 특히나 여가부의 헛발질이 계속될 때에는 더욱 그렇다. 이제 여성가족부만의 문제에서 끝나지 않는다. 성난 황소들은 이제 상대적 평등에서 절대적 평등으로, 극렬 페미뿐만 아니라 전체 페미니즘을 공격한다. 여성이라고 이해해 주고 배려해 줬던 것을 이젠 '차이'로 보지 않고 공정하고 객관적으로 보기 시작했다. 여경이나 소방, 다른 직업군에 대해 남성과 똑같은 기준을 제시하고 힘쓰는 업무도 똑같이 해야 하며 당직 또한 평등하게 해야 한다고 남성은 더욱더 목소리를 높인다. 선택적 페미니즘이 여성을 더 강하게 만드는 것인지 불편하게 만드는 것인지 정상적 사고방식을 가진 여성은 이제 진지하게 생각해 볼 필요가 있다. 방금 이 말에 대해 정말 진지하게 말이다.

남성 우월주의 문화에서 오랫동안 여성은 차별도 심하게 받았지만 역사적으로 전쟁이나 기아 상태에 있을 땐 약자나 종족 보존의 차원에서 남성이 배려하고 먼저 희생하기도 했다. 때론 이런 인간 정신도 남성은 발휘한 것이다. 다만 전쟁은 주로 남성이 일으켰기에 페미니즘이 이런 야만적인 남성성을 공격하는 것에 대해 수컷은 고개를 숙일 수밖에 없다. 어쨌거나 한국 남성은 결국 마지막 결정타를 날렸다. 한국은 휴전 상태이며 앞으로의 인구구조와 군대 상황을 들어 여자도 이젠 군대에 가야 한다고 외치기 시작한 것이다. 여성의 군 입대에 대해 무엇이 합리적이고 옳은 것인지는 여기서 따지지 않을 것이다. 다만 한국의 페미니스트는 참으로 싫지만 딸을 둔 아버지는 이럴 때 난감할 것 같다. 남성은 현재의 페미니즘이 선택적으로 자신들에게 불리한 것만 이야기하고 유리한 것은 애써 모르는 척하거나 비상식적인 논리를 내세운다고 생각한다. 마치 이것은 일부 이기적인 MZ세대가 선택적 유리함만 취하고 불리한 것은 공정과 개인주의를 들먹이는 것과 비슷한 것이다.

  남성이 여가부 폐지에 대한 이런 주장을 하고 여남 평등에 반격하는 것은 극렬 페미들이 주장하는 것처럼 비상식적인 게 아니다. 여가부나 정부 보조금을 받는 여성단체가 어떤 다양하고 좋은 일을 하는지 잘 모른다. 그 대신 극렬 페미 같은 생각으로 자꾸 헛발질하고 다 같은 세금인데 남성 역차별적 행태를 하는 것들이 보이면 남성들은 이젠 하나씩 다 찾아내어 분노해 버린다. 이러다 보니 오히려 남성이 여가부에게 공정하고 평등한 것을 요구하는 코미디 같은 상황까지 벌어진다. 주객이 전도된 것이다.

  결국 여가부 스스로 자정 작용할 능력도 없고 의지도 없으니 남자들은 그냥 폐지하는 게 옳다고 결론을 낸다. 극렬 반페미가 아니고서는 여가부에 이 정도의 생각을 가진 게 보통 남성일 텐데 이 정도면 지극히 정상이라 하겠다. 그렇지만 "여성가족부 폐지"라고 주장한 사람 단 한마디에 투표를 결정한 남성이 있다면 그건 비정상이다. 이건 카모디 아저씨나 카모디 부인 아들 정도의 선택이다. 이게 바로 종교적, 신념적 선택인데 왜 필자가 페미니즘에 종교적 혹은 정치적인 게 들어가면 안 된다고 했는지 이제서야 확실히 이해하였는가? 결정적일 때 바보스러운 선택 1개만 보이는 것이다.

가스라이팅 당한 이대녀와 이대남

계속해서 글의 중간중간 커뮤니티를 조금씩 비판해 왔다. 어떤 이는 온라인의 단점만 봐서는 안 되고 커뮤니티는 현재의 의식과 감정이 흘러 사람들이 모이는 곳이니 뉴스나 정치인이 하지 못했던 역할을 하는 긍정적인 측면을 생각해야 한다고 말할 수 있다. 시대의 흐름을 거스를 수 없기에 당연히 커뮤니티에 긍정적 요소가 있다는 것을 인정한다. 그러나 긍정적이려면 조건이 있다. 그 조건이라는 건 이 글 어딘가에 숨겨져 있다.

커뮤니티는 사회문제를 의식하고 이슈화시키며 자본주의 사회에서 작은 소비 집단이 되고 직접 민주주의 역할을 하기도 한다. 필자는 그것을 아예 무시하는 게 아니다. 방금 말한 문장에서 거의 모든 것을 끄집어낼 수 있다. 세상엔 사회 주류가 있으면 언제나 비주류가 존재한다. 그 사람 중에서도 무엇인가를 알리거나 감정을 표출하고 싶은 다양한 사람들이 역사적으로 존재해 왔다. 계몽시대에는 백과전서파 디드로가 문자적으로 그랬고 현재는 영상과 게임 그림 등의 밈으로 자기의 의견을 좀 더 쉽게 표현하는 것으로 발전했다.

주류에 억압된 사람들은 페미니스트도 그렇고 노동자도 그렇듯 보통 진보적이고 진취적인 경향을 가질 수밖에 없다. 사회를 개선하고 불합리한 것을 고치겠다는 사람들은 거기서 또 극렬주의자와 온건주의자로 나누어지기도 한다. 대표적인 예시로 마르크스 이후 사회주의 운동이 페이비언주의와 생디칼주의로 갈라진 것을 들 수 있다. 이와 관련된 것을 더 설명하려면 길어지기에 각자 찾아보면 좋겠다. 단순하게 요약해서 말하면 역사는 진일보한 생각을 가지고 투쟁으로 무엇인가를 얻었다는 것과 그 생산적 투쟁을 꾸준히 지속해 왔다는 점이다

그런데 현재 우리나라 각종 영상들과 커뮤니티는 일부 극단성을 가지고 과거의 이런 역사적 성격을 가지지 못한 채 사회의 관짝을 만들고 무덤만을 파고 있다. 모더니즘 시대 이후 젊은 세대는 히피들과 인디문화, 보헤미안적이고 서브컬처처럼 반항적이면서도 긍정의 요소를 만들어 냈다. 물론 나치를 찬양하고 68혁명 이후 과격한 백인 우월주의 스킨헤드 같은 못된 젊은이들이 때론 나타나기도 했지만 말이다. 지금으로 치면 일베나 펨코 같은 커뮤니티를 하는 사람이 바로 그런 못된 인간이다. 차이점은 서양과 일본은 극우 세력이 있지만 우리나라는 극우가 없다는 것이다. 그래서 한국에는 그 펨베들이 백해무익하다. 이들 커뮤니티는 자극적인 표현과 콘텐츠, 각종 혐오 영상, 조롱, 극단의 표현만 존재하고 건설적인 건 거의 찾아 볼 수가 없다. 결국 그것을 추종하는 사람들이 모여 사회를 좀먹게 한다. 마치 SM적인 성향을 신체가 아닌 마음으로 커뮤니티에 집단 배변하는 느낌이다. 그들은 사실 몸만 인간이며 생각을 커뮤니티에 묻어 둔 채 행동을 동물처럼 한다.

미국처럼 대안 우파는 자기 이익의 극단화라도 있는데 우리나라

일베나 그 아류는 그 아무것도 없이 그냥 동물의 배설 수준이다. 그러다 보니 그들이 추종하는 정치세력이나 정치인, 언론, 기타 커뮤니티에 매번 당하고도 분노와 남 탓을 그 반대편에 한다. 잘못된 신념이 들어가 있기에 그런 인지 부조화된 바보짓을 일평생 계속 반복한다. 그 배변에서 기생충이 나오고 암세포처럼 무한 증식해서 정신건강을 해롭게 하므로 노약자나 주부 청소년은 출입을 금지해야 한다. 마치 이들은 페미니스트라 자처하지만 극렬 페미는 페미니스트가 아닌 것처럼 그들도 반좌파나 우파라 생각하지만 우파가 아닌 것과 같은 존재들이다. 한마디로 그들도 휴포다. 인간은 감정의 표출이 필요하고 폴리티컬한 동물이란 것을 인정하지만 항상 컬트적인 것은 경계해야 한다. 좌우 정치나 페미니즘 테두리 안에 갇혀 어떤 정치세력이나 방송인, 기타 셀럽 등에 무지성적 추종하는 것은 이분법적 선택을 강요받고 사회의 마이너스 결과를 가져오기 때문이다. 참고로 제대로 된 역사 인식만 가지고 있으면 합리성의 반은 가지고 있는 것이니 올바른 역사교육은 한 국가의 미래라 할 수 있다. 이 이야기를 이쯤 마무리하고 커뮤니티와 연계하여 자유로울 수 없는 이대남으로 방향을 돌려 보자.

일부 이대남은 여가부 폐지를 외친 정당에 투표했을 것이다. 그들은 투표 감정과 사상을 반페미에 올인했다. 그런 이대남은 극렬 페미니스트 이대녀와 똑같은 수준이다. 즉, 상식이 통하지 않는 사람들이고 세대갈등과 세대 조롱밖에 없어서 미래에 대한 해답이 없고 찾지도 않는 존재들이다. 투표권이 있다고 무기력감을 무능으로 무력시위 하는 꼴인데 그들 때문에 세상 곳곳의 정의와 상식이 무너져 간다. 다른 것은 하나도 못하면서 필자가 그대들이 그토록 잘하는 탓! 탓! 탓! 그리고 조롱하니까 이대남과 이대녀의 기분이 어떠한가 묻고 싶다. 나이만 다르지 우리 모두는 떼쓰는 아이와 같은 존재다.

이대남은 자신의 삶에 이로움을 위해서는 그러지 말았어야 했는데 반페미 신념으로 뭉쳐서 오히려 자신과 가족에 칼을 대는 비합리적 선택을 해 버렸다. 그중 상당수는 자기 정치 성향을 여가부 폐지라는 핑계로 합리화하기도 한다. 이런 결과는 마치 영국에 존슨이라는 얼간이가 선동하며 외친 브렉시트와 같은 현상이다. 브렉시트를 통해 EU에 내는 돈 대신 그걸 영국 시민에게 주자는 정말 대책 없는 거짓말과 선동에 속아 영국인의 반이나 찬성했다. 그 투표로 결국 영국은 EU를 탈퇴했다. 미국에는 거짓 선동가 트럼프라는 얼간이가 있는데 자신들을 죽이는 보건정책이나 복지정책은 모르고 몇몇 자유주의와 미국 시민 우선주의에 빠져 그를 대통령으로 뽑아 놓았다. 그러나 연임도 못 하고 4년 만에 물러났다.

그런데 최근엔 바이든 대통령이 너무 못하다 보니 공화당의 트럼프가 또 대안으로 떠오른다. 세상은 정말 요지경이다.

플로베르는 투표권을 모두에게 주지 말자고 했는데 가끔 이런 코미디를 보면 합리적 지능을 가진 사람만 투표하는 게 나을지도 모르겠다는 생각을 한다. (플로베르는 필자처럼 합리적 지능을 가진 사람이 아니라 보수적 입장으로 이런 소리를 했다.) 물론 반헌법적이면서 말도 안 되는 오만한 생각이다.

 아르헨티나에는 또 다른 트럼프가 나왔으며 세계 곳곳에서 얼간이들이 당선되는 진풍경이 자주 일어나고 있다. 스마트폰 시대 이후 전 세계적으로 가끔 이런 미친 판단을 하는 나라가 생기고 있다.

 우리나라로 돌아와 보자. 사회 초년생으로 가장 경제적으로 나약하고 사회적 약자로 시작하는 나이대가 20대. 어느 커뮤니티의 이대남은 자신들과 전혀 다른 나이 40이 된 남자 정치인에 가스라이팅당해 현실을 계속 부정하고 있다. 사실 대부분 20대, 30대 남성은 그 정치인과 태생적으로 다르고 그에 따른 삶도 다르며 세상을 바라보는 눈도 다른데 같다고 억지로 꿰맞추며 추종하고 있다. 앞으로도 영원히 다를 것은 명약관화다.

 일부 이대남은 자기의 성향이나 생각과 다른 '적'이 있다고 믿고 그 정치인이 그 '적'과 같이 싸워 준다고 생각하기에 그와 자신을 동일시한다. 사실 그건 지지나 동일화가 아니라 전형적인 집단 망상이다. 그렇기 때문에 매번 당하고도 다시 돌아온다. 그래서 그들도 극렬 페미니스트처럼 정신적으로는 대부분 항문적 상태에 머물러 있다. 잘 생각해 보면 페미와 반페미, 좌우 갈등을 이용해 그 정치인만 이득을 취했을 뿐 사실 이대남은 아무것도 변한 게 없고 아무것도 혜택받은 게 없다. 오히려 남녀 갈등만 더 깊어졌다. 단언컨대 앞으로도 마찬가지일 것이고 여전히 그 정치인이나 추종자 둘 다 미래에도 입만 산 행태를 계속 보일 것이다. 다만 젊으니까 그중 일부는 나중에 정상으로 돌아올 가능성이 있다. 반드시 알아야 할 건 페미니즘은 정권이나 정당의 문제가 아니라는 점이다. 어떤 정권이나 정당이 되었든 그 뒤에 숨어서 이대남과 이대녀를 이용해 먹는 사람들에게 더 이상 속지 말아야 한다.

일부 이대남을 살펴봤으니 이젠 이대녀 이야기를 해 보자. 온라인 전사는 이대남만 있는 게 아니다. 반복된 이야기인 거 같아 이 부분은 짧게 하겠다. 일부 이대녀도 극렬 페미니스트에 가스라이팅 당한 채로 망상에 빠져 있다. 여성시대에 살지 말고 여성 사랑시대나 남성 사랑시대에 빠져 살면 얼마나 좋은가. 이상한 소리 그만하고 그럼 이대녀와 이대남의 차이점은 무엇인가를 살펴보자.

페미를 바라보는 것과 정치 성향이 정확히 펨베, 디씨 일부 이대남과 반대라는 것 외에는 커뮤니티를 하는 의식 수준은 이대녀나 이대남이나 비슷하다. 물론 일부 분탕을 유발하는 일베 같은 여성의 정치 성향은 펨베와 같을 수 있다. 이런 커뮤니티의 가장 큰 문제점 중 하나는 압도적 군중심리 때문에 애초에 다른 생각을 할 가능성이 없다는 것이다. 설령 비판적 사고를 한다고 하더라도 글로 표현하기가 쉽지 않다. 그러다 보니 의식 있는 소수는 자꾸만 사라져 가고 그 커뮤니티에는 결국 생각이 고인 사람만 남게 된다.

스마트폰 시대 이후 전 세계 어린이는 이미 스무 살 이전부터 온라인의 무분별한 사이트와 영상에 노출된 삶을 산다. 온라인의 영향이 오죽 부정적이었으면 영국에선 최근 16세 이하는 소셜 미디어를 금지하자는 말까지 나오고 있다. 이런 규제의 실효성을 떠나 처음부터 잘못 들어선 온라인 생활이 얼마나 사람들의 의식 수준을 낮아지게 하는지는 전 세계적인 현상을 통해 알 수 있다. 하지만 정작 당사자는 그런 수준이란 걸 인식하지 못하고 자신이 속한 커뮤니티피셜적 반항만 해 댄다. (뇌피셜과 비슷한 신조어를 만들어 봤다.) 영국의 움직임처럼 청소년에게 온라인 사용규제를 하는 게 최선의 해결책은 아니다. 성인지 감수성 같은 것보다 더 올바르게 가정이나 사회에서 교육하는 게 중요하다. 어쨌거나 성인이 되어 이런 극단적인 사람들이 아니더라도 사실 우린 이미 알고 있다. 페미와 반페미, 좌우 커뮤니티를 안 하는 멀쩡한 사람도 여남과 정치 관계로 한정해서 대화해 보면 평소에 내가 아는 여자 남자가 맞나 할 정도의 대화의 벽이 있다. 우리 모두는 평소에도 이렇게 다른데 기본적으로 페미니즘을 장착한 여성이라면 대화할 때 얼마나 가슴이 답답해지겠는가. 이럴 땐 다름을 인정하고 침묵이 평화겠거니 생각해야 한다. 우리가 지금 이 책에서 말하는 여러 주제를 책으로만 읽어야 한다. 특히나 가까운 타인과의 대화는 금지다. 정치와 종교는 친구와 가족의 관계마저 상하게 만들기 때문이다. 알아도 모르는 척하고 말하고 싶어도 침묵해야만 한다. 못 참고 말하고 싶다면 감정을 유지하며 '대지약우'라는 성어를 실천해야 한다. 오죽하면 이런 소리를 할까….

여성 혐오 범죄 및 페미사이드 가중처벌

　데이트 폭력에 대해 필자도 부끄러운 일이 있다. 누구나 실수를 한다고 자신을 위로할 수 있지만 그건 일시적 감정의 잘못됨이 아니라 범죄임을 알고 그런 사람은 평생 자책감으로 살아야 한다. 상대적으로 약한 여성에 대한 남성의 물리적, 심리적 폭행은 정말로 비겁한 짓이다. 여성도 남성을 가해하는 데이트 폭력이 있을 수 있지만 강간 같은 성폭행은 훨씬 드물기에 남성이 가해자라는 측면으로 주로 이야기하겠다.

　음주 운전을 하거나 술에 취해 범죄를 저지르면 심신미약으로 감형할 게 아니라 더 엄하게 처벌해야 한다는 역발상을 잠깐 언급했었다. 여성에 대한 데이트 폭력도 마찬가지이고 미성년자에 대한 범죄도 마찬가지다. 남성과 어른은 동등한 신체적 상태의 여성 혹은 동등한 상태의 지적 판단의 미성년자보다 우위에 있기에 약자를 알면서도 범죄를 저지르는 것은 더욱 나쁜 짓이다. 이번 챕터는 페미사이드지만 장애인에 대한 범죄도 마찬가지로 적용할 수 있다. 인권을 생각하면 페미니즘은 여성이라는 테두리를 넘어선다. 소수긴 하지만 유럽 몇몇 나라는 여성 혐오, 여성 경멸로 인한 페미사이드를 가중처벌하는 규정을 두고 있다. 한국 남성 입장에서는 매우 불쾌하게 받아들일 수밖에 없다. 단어가 사이드로 끝나는 것처럼 단순한 말다툼이나 물리적 싸움이 아니라 지금은 죽임을 이야기하고 있다. 필자는 가중처벌 하는 것에 찬성하는 쪽이다. 단점도 분명 있지만 장점이 더 크리라 생각하기 때문이다. 만약 페미사이드 가중처벌이 합당하다면 사회 다양한 곳에 적용할 수 있다. 장애인이나 어린이 같은 약자를 살해하거나 성폭행한 경우 지금보다 더 엄하게 처벌하여 약자에 대한 범죄 예방 효과를 기대할 수 있다.

잠시 사형제도에 대해 이야기해 보자. 인권을 중요하게 생각하고 종교적인 사람은 사형을 반대하지만 어떤 이는 사형을 부활해야 한다고 생각한다. 우리나라는 사형제도가 있는 나라지만 사형집행은 1997년 이후 이뤄지지 않고 있다. 이 또한 엄청난 찬반 논쟁이 있을 수 있으니 잠깐 두 명의 사상가 의견을 살펴보고 끝내겠다.

칸트는 응보주의 입장에서 사형을 찬성했다. 타인이 누군가를 살해하는 것은 나를 살해할 수 있다는 것이므로 동등성의 원리에 따라 살인자는 그에 맞는 처벌인 사형을 하는 게 옳다고 생각한 것이다. 칸트와는 다르게 베카리아라는 사상가는 사형을 반대했다. 사형이 비인권적라서 반대한 게 아니라 살인자를 사형시키면 범죄의 처벌 강도는 강하겠지만 지속성이 없으니 사형을 해도 범죄율에 영향이 없을 것이라 생각하고 오랫동안 감옥에 있는 게 더 낫다고 본 것이다. 다만 고문은 폐지하자고 주장했다.

어느 것이 맞는지는 사람에 따라 다양할 것이기에 이쯤 하고 계속해서 페미사이드 이야기를 해 보겠다. 페미사이드에 대한 가중처벌은 쉽게 생각하면 맨손으로 싸우는 사람과 벽돌이나 칼을 가지고 싸우는 사람으로 비교할 수 있다. 우리나라의 법은 특수 혹은 가중처벌을 규정하고 있으며 여성보다 더 강한 무기인 힘이 남성한테 있다고 생각하면 쉽게 이해할 수 있다. 다만 정당방위라는 어려움이 있는데 우리나라는 이 범위를 매우 좁게 여기고 있으니 이것도 사회적 논의가 필요하다. 가령 집에 도둑이 들어와 몸싸움을 치열하게 했는데 그 결과 상대방이 사망하거나 장애인이 된 경우(이와 비슷한 예로 무차별적 폭행을 당하는 남성이 죽을 거 같아 벽돌이나 흉기를 들고 타인을 우연히 사망하게 했을 경우)에 우리나라는 정당방위가 매우 좁게 해석된다.

남성이 여성을 무차별적 폭행하여 죽음 직전에 이르게 하였을 때 여성이 방어 공격하여 남성을 사망하게 한 경우도 생각할 수 있다. 정당방위는 이렇게 남녀 인간 모두에게 해당된다. 잠시 이야기가 페미사이드에서 살짝 벗어났다.

연인이나 부부 사이에서의 살인은 서로가 소유하고 있다는 착각에 빠져서 더욱더 쉽게 일어난다. 면식범이 아닌 페미사이드의 경우는 잘못된 여성관 때문에 일어날 가능성이 크다. 일시적 감정의 흥분으로 살인을 저지른 사람과 정신적으로 문제가 있어 살인하는 사람은 조금 다르다. 그런데 페미니즘은 모든 것을 남성이 여성에 행한 혐오 범죄로 낙인찍으려고 한다. 이건 정말 잘못된 것이다. 페미사이드를 찬성한다 해도 페미사이드가 아닌 것마저 억지로 주장하는 건 찬성하지 않는다.

그래서 페미사이드 가중처벌을 반대하는 의견도 많다. 일단 성인지 감수성처럼 무엇이 페미사이드인지 기준이 모호하다. 이 부분이 가장 큰 문제점이다. 또한 살인 피해자가 어린이, 장애인, 노인 등 여성처럼 보통 사회적 약자라고 할 때 살해당한 정도가 페미사이드 규정과 같을 수 있다. 그런데 단순히 혐오 피해자가 여성이라는 이유로 가중처벌을 하는 건 매우 여성주의적 입장으로 말도 안 된다고 남성은 주장할 수 있다. 살인이 살인인 것이지 더 나쁜 살인이란 걸 만들어 처벌하면 살인의 등급화와 성별화를 만드는 것이기에 법에 혼란을 준다. 여기까지는 남성이 충분히 주장할 수 있는 반론이다. 마지막으로 페미사이드를 모든 범죄 분야로 확장하여 문제점만을 드러내는 주장도 할 수 있다. 사실 그러면 환원주의에 빠져 버려서 페미사이드 논의 자체가 무의미해진다.

차라리 여자의 남자 경멸적 살인도 드물긴 해도 분명히 있을 텐데 페미사이드만 따로 가중처벌 하는 것은 남녀평등 하지 않다고 말하는 게 합리적이다. 그래서 논쟁적인 가중처벌을 찬성한다 하더라도 페미사이드 범위나 경계를 명확하게 해야 하는 부분에서는 충분한 사회적 합의가 필요하다. 이번 주제 또한 여성은 약자라는 전제로 이야기를 한 것이고 페미사이드 가중처벌이 만약 제도화된다면 그 약자를 어린이나 장애인 살인 등에도 넓혀야 하는 것까지 염두에 두어야 한다.

독박육아와 한국 남성

　주변에는 가정적인 남자가 대부분이어서 솔직히 이 부분은 온라인 커뮤니티나 영상의 이야기가 와닿지 않는다. 세상에는 정말 다양한 인간의 부류가 살지 않던가. 보통은 끼리끼리 어울리고 끼리끼리 살아간다. 즉, 유유상종은 인간의 이치다. 가끔은 온라인 글을 보고 있으면 세상이 어질어질하고 허무주의에 빠지곤 한다. 물론 훈훈하고 아름다운 사람, 사람 냄새 나는 이야기도 있지만 논쟁적인 이야기보단 상대적으로 적은 편이다. 결혼도 안 해 본 남녀가 자기 생각에 빠져 결혼에 대해 나름 진지한 이야기를 한다. 더 나아가 남녀의 연애는 어떻고 인간으로서 여자 남자는 어떻다는 등 온라인에 글을 쓰면서 서로를 물어뜯는다. 프로이트는 결혼하여 가정을 이루고 그 가정에서의 성공이 사회에서의 성공과 밀접하게 관련 있다고 생각했다. 다만 필자는 여기서 성공을 그냥 행복으로 바꿔 표현하고 싶다.

　왜냐하면 가정에서는 개차반인데 사회에서 성공한 사람이 있는가 하면 사회에서는 어렵게 살아가지만 가정에서는 좋은 남편, 좋은 아내, 좋은 부모일 수 있으니 말이다. 그런 의미에서 독박육아는 안타깝거나 연민이 드는 게 아니라 이해할 수 없는 단어다. 물론 독박육아가 사회 시스템 때문이기도 하지만 이 부분은 여기서 생략할 것이다. 요즘 사람은 온라인이나 영상으로 세상을 많이 접하다 보니 자신도 모르게 나와 우리 가정을 타인과 비교하게 된다. 거기다 실제 친구들의 대화까지 이어지면 특히나 한국 여성은 우리 집과 남편 그리고 시댁을 더욱 마음에 끌어들인다. 비교는 자녀에게 최악의 교육법이자 연인과 가족에 최악의 불행 요소이다. 그건 남편이 아내를 바라볼 때도 마찬가지다.

  타인의 대화와 글, 영상은 때론 전후 맥락 전체를 담지 못하며 다른 한쪽의 의견도 있을 수 있어서 객관적이지 않은 경우가 많은데 우리는 그런 것에 자신도 모르게 무의식적으로 영향을 받고 살아간다. 결혼과 육아에 대한 부정적인 영상과 글은 현실적이긴 하지만 그것만이 전부가 아님을 알아야 한다. 아이가 울고, 아프고, 지치게 하는 것은 많은 시간 힘듦을 주기에 영상으로 표현하기 쉽다. 반면 아이로 인한 행복은 잠시지만 행복의 강도가 크고 표현할 수 없는 그 어떤 위대함을 가지고 있다. 아무튼 사회적인 탓을 생각하지 않는다면 자신이 결혼한 상대가 독박육아를 하게 만든 것인데 그런 한국 남자를 선택해 놓고 하소연만 하니 이해가 가지 않는다.

  단순히 잠시 힘들어서 하소연을 위해 여성들이 있는 공간 혹은 남성들이 있는 공간에 공감과 위로를 받고자 하는 글쯤은 이해가 간다. 그러나 적대적으로 자신의 동반자를 대하는 것은 누워서 침 뱉기다. 요즘은 남녀가 맞벌이를 많이 하다 보니 공동육아를 하고 계산적으로 서로가 시간이나 역할을 분담하여 자녀를 키우는 집이 많다. 예전 베이비붐 세대의 가부장적인 생각을 가진 남자가 여전히 있을 수 있겠으나 젊은 세대는 많이 바뀌고 있다. 한편 요즘은 자녀 한둘만을 키우다 보니 너무 잘 키우고 싶고 제 자식 소중한 마음에 모든 것을 쏟아부으려 한다. 그게 과하면 타인의 자식은 안 보이고 자기 자식만 소중해 보인다.

어쨌거나 자식을 위해 모든 것을 쏟아붓는 게 행복한 사람도 있지만 좋은 엄마 아빠 콤플렉스를 가지는 것도 경계해야 한다. 그러다가 서로 힘들어지면 각자 자신의 밑바닥까지 보여 주기 때문이다. 무엇이 옳은가는 사람 각자마다 인생 가치관이 있는 것이니 정답을 알 수 없다. 딩크족도 좋지만 누군가는 최소한의 육아로 삶의 밸런스를 찾아 자녀도 자신도 행복할 수 있도록 의식 전환을 하기도 한다. 결론적으로 온라인 남녀에 대해 스시녀, 퐁퐁녀, 한남충, 설거지남이라고 비아냥대는 이야기는 웬만해서는 보지 않는 게 좋다. 그런 분탕 글에 감정을 소비하고 댓글을 쓰기에는 인생은 짧고 할 일은 많으며 행복할 것은 많기 때문이다. 우리 삶에 필요하고 진짜 인간적인 글이 아니라면 인터넷에 떠도는 글에 그만 관음증을 가져야 한다. 상당수는 과장되거나 자기중심적이거나 리플리 증후군 같은 망상의 글이 많기 때문이다.

아이를 바르게 키우기 위해서는 온 마을 사람들이 필요하다는데 언제 그런 글을 쓸 시간이 있으며 독박육아로 자기 얼굴에 침 뱉기를 하는지 바쁜 꿀벌은 그럴 낭비의 시간이 없다.

인셀의 한국 남성이여. 누군가 인셀을 비하의 용어로 사용하고 어떤 다른 단어로 남성을 비하한다면 그냥 승화시켜 버려라. 잠시 언급했지만 수컷은 운명적으로 동물이나 인간이나 자연 도태됨에 자유롭지 못하다. 결혼하고 싶고 여성과 연애하며 섹스를 하고 싶지만 하지 못하는 것은 사회적인 이유와 함께 수컷 나 자신의 운명이기도 하다. 짝을 만나는 노력을 패배주의와 함께 포기하라는 것은 아니며 열심히 짝을 찾는 노력을 해야겠지만 너무 연연해 하지도 말라는 것이다. 맹자는 일찍이 '환과고독'이라 해서 의지할 데 없는 사람에 대해 국가가 먼저 살펴야 한다고 했다. 여기서 고독은 우리가 아는 그 고독이 맞다. 고아와 늙어서 자식 없는 사람을 말하고 환과고독 중 '과'는 과부를 말한다.

1인 독거남, 독거녀 시대에 이젠 사회와 국가가 나서야 할 때다. 농담 반 진담 반이다. 참고로 성경의 신명기에도 고아와 과부를 배불리 먹이면 하느님이 복을 주신다고 했다. 몇십 년 후에는 그런 인셀들과 홀아비, 홀어미들이 늙어 공동체 생활을 하는 시대가 지금보다 주변에 더 많이 올 것이다. 그러나 아무리 사랑에 나이가 없다 한들 '섹스'라는 관점과 인생에 '때'라는 관점을 보면 현재가 더 중요하다. 섹스라고 하니 남자의 관점만 보는 거냐고 반론을 제기할 수 있을 거 같아 마릴린 먼로의 말을 한번 전해 보겠다. "섹스는 자연의 일부예요. 저는 자연에 순응할 뿐이죠." 아무튼 우리는 노총각과 노처녀에 대해 국가의 책임을 묻고 대책을 마련하도록 요구해야 한다. 사람은 서로 사랑하고 싶어 한다.

사랑을 하는 것도 중요하지만 신체 건강할 때 자신을 잘 가꾸고 긍정적인 사고방식을 유지하며 사랑받으려는 노력도 함께하는 것이 중요하다. 자신의 과거에도 그랬지만 미래에도 건전한 육체와 정신이 필요하다. 어쩌면 가장 중요할지도 모르는 건전한 재정은 특히나 필수다. 지금까지의 글에서 감이 온 사람도 있겠지만 이제서야 말한다. 필자도 인셀이다. 결혼과 연애를 하고 싶지만 결국 이렇게 도태되었다. 그러나 사람마다 각자의 인생 시간이 따로 있다고 믿는다. 조금 일찍 피는 복사초도 있고 조금 늦게 피는 개망초가 있듯이 꽃이 피는 인생도 각자 다르다. 그래서 도태남들은 긍정적일 필요가 있다. 연애의 성공도, 사업의 성공도, 결혼의 성공도, 인생의 성공도 각자의 인생 시간이 따로 있음을 믿고… 더 좋은 말 할 줄 알았는가? 모태 솔로들은 그만 정신차리자. 정신 승리 그만하고 이런 현실적인 말을 하고 싶다. 기각시의 노망선지! 필자가 지금 딱! 이런 꼴이다. 지금 급하게 밖으로 낚시를 하러 가야 한다. 필자의 이번 생은 글러 먹었기에 양보하겠다. 그리고 자신감 있게 열심히 성실하게 살자. 너나 잘 하세요, 사절!

진화론과 페미니즘

 자연선택과 성 선택의 전통적 진화론에서 최근에는 진화심리학까지 인간의 탐구생활은 계속 이어지고 있다. 페미니스트나 사회 구성주의자들은 남녀에 대한 진화론적 시각이 그다지 반갑지 않을 것이다. 왜냐하면 진화론은 기본적으로 자연과 생물의 세계를 인간에게 적용하는 것이고 페미니즘처럼 인위적 학습이나 문화가 가장 중요한 것이라 생각하지 않기 때문이다. 물론 동물 세계에도 유대와 학습이 이루어지고 인간처럼 질서가 존재한다. 그런데 그것은 수컷과 암컷이 평형 관계를 유지하기 위한 그들만의 규칙으로 인간에게까지 적용하면 진화론 연구가 오히려 페미니즘에 실마리를 줄 수 있는 것들이다.

 그동안의 진화론은 유전자 발현이 후세대에 영향을 주고 동식물이 자연에 적응하는 생물학적 결정론 시각을 가지고 있는 것이어서 페미니즘과 불편할 수밖에 없었다. 페미니즘이 주장하는 지속적인 주장 중 하나는 가부장적 사회나 여성의 성 고정관념이 사회의 학습에 기인한다는 것이었다. 필자는 일부 진화론자나 진화 심리학자들의 여남에 대한 이분법적 시각에 찬성하지 않으며 그런 시각에 여성이 반론을 제시하는 것에 동의한다. 진화론적 시각으로 여성과 남성을 구별하려는 것 그 자체가 페미니즘에 불편한 것이어서는 안 된다. 사실 그동안은 일부 진화 생물학자들의 헛소리와 페미니즘의 선택적 이용 때문에 진화론과 페미니즘이 서로 대척점에 있는 것처럼 보였다.

 여남의 본능적 차이를 인정할 것인가 안 할 것인가에 대한 대전제를 어떻게 보느냐에 따라 진화론은 페미니즘과 양립 가능할 수도 있고 그 반대일 수도 있다. 과거에는 남성성에 대한 반동으로 페미니즘이 무조건적 남녀 간 생물학적 차이를 거부하고 사회문화 차원만 떠들어 댔는데 상식적인 페미니스트라면 이젠 그런 주장만 할 순 없다.
 그런 면에서 진화론을 넘어 동물의 행동을 인간의 생물학적 행동까지 연결한 에드워드 윌슨의 주장은 극렬 페미니스트나 기독교인이 볼 때 불쾌한 것이다. 특히 초창기 윌슨은 동식물과 인간이 모두 자연법칙에 따라 적응하는 것이라 생각했기 때문에 페미니즘이 비집고 들어갈 틈이 별로 없었다. 한편 피터 싱어라는 학자는 동물도 인간처럼 감정이 있다고 말하며 동물과 인간 둘 다 감정이나 문화가 다음 세대에 복제된다고 주장했다. 그리고 인간과 동물의 생명윤리를 넘어 식물도 꺾으면 아파한다고 생각한 사람이었는데 이런 부분만 보면 진화론적 시각이 기독교적으로도 불편하지가 않다. 그래서 여기서는 윤리적 부분을 제외하고 인간과 동물은 본능적 차원을 공유하며 둘 다 환경적 요인에 영향을 받는 존재라는 것만 이야기하려고 한다.

 진화 생물학자들은 동물의 행동에서 번식(출산), 일부다처제, 강간, 적자생존과 같은 것을 인간 영역까지 확대한다. 어떤 것은 유전자 결정론적 시각을 내비치는데 진화론 시각에 반대하는 사람들은 그런 주장에 비판적이다. 그런데 그런 비판은 선택적이라 할 수 있다. 가령 헤겔의 사상이나 플라톤의 글 중 일부를 나치 독일이 우생학적 근거로 사용하고 자유주의자들이 사회주의에 대해서 무조건적으로 비판하는 이런 것은 파편적이며 한쪽으로 치우친 것들이다. 필자도 갑자기 노파심이 드는데 특정 문장이나 단어를 가지고 그 사람의 주장이 마치 그 어떤 시각의 전부인 것처럼 이야기하는 것은 옳지 않다.

그래서 그런지 에드워드 윌슨은 마치 갈릴레오와 다윈처럼 반성적 평형(롤스 개념) 같은 이야기를 하게 되었는데 그게 바로 『통섭』이라는 책이다. 참고로 다윈이나 갈릴레오처럼 기독교인이지만 기독교 사상과 반대되는 과학적 생각을 가진 철학자, 과학자, 수도사, 사상가들은 정말 많았다. 윌슨 또한 개신교 교육을 받았다. 윌슨은 『통섭』이라는 책에서 지식의 통합을 말하고 후성 규칙이라는 핵심적 표현을 썼다. 『통섭』이란 책은 최재천 교수가 번역한 것인데 개인적으로 『통섭』을 읽는 것보다 최재천 교수가 직접 집필한 책을 더 추천한다. 그의 책은 대부분 재밌으니 아무것이나 읽어도 좋다.

윌슨은 적자생존의 이기적 유전자만 있는 게 아니고 인간은 이타적인 면도 있으며 그런 것들마저 후생적으로 유전자가 발현된다고 생각했다. 피터 싱어 또한 이런 비슷한 시각을 가졌다. 그동안 우리가 알고 있던 기존의 생물학적 유전은 바다거북이 알을 깨자마자 물이 있는 바닷가로 가게 되는 것, 새는 나는 법을 누구도 알려 주지 않았는데 날 수 있는 것, 새끼가 태어나자마자 어미가 그루밍하는 것 등의 본능적인 것들이었다. 인간도 그런 후성 유전자를 당연히 가지고 있는데 다만 일부 동물은 사람과 다르게 포식자 때문에 생존율이 낮다는 차이점이 있다. 이렇게 태생적으로 동물과 인간은 무엇인가 타고난 유전자를 가지고 있고 그것은 후대까지 이어지게 된다.

 정리해 보자면 인간과 동물은 리처드 도킨스의 생물학적인 이기적 유전자 밈과 윌슨의 문화적 유전자 밈을 동시에 가지고 있는 것이다. 동물도 자라면서 인간의 협동 생활이나 조직 생활처럼 무리 생활, 위계 활동을 하는 걸 보면 동물과 인간을 완전히 별개로 생각하는 것은 어려운 일이다. 『통섭』이라는 책도 마찬가지지만 융합의 학문 시대에 여남이 극렬히 싸울 땐 인간 두 개의 성도 상호 보완적 즉, 상보적으로 생각해야 한다. 어쨌든 비교 심리학도 이런 연구를 한다는 측면에서 동물적 행동을 인간으로 대입시켜 해석하는 것은 앞으로도 계속될 수밖에 없다. 물론 매슬로나 로저스의 심리학이 볼 땐 인간과 동물은 다르다고 하겠지만 지금은 인간주의, 인본주의 심리학만 이야기하는 게 아니다. 아무튼 인간과 동물은 살아가는 데에 사회적 영향과 생물학적 영향을 동시에 받는다.

 여기서 무엇을 이끌어 낼 수 있는가? 진화론이 환경에 따라 적응하는 것이라면 페미니즘이 말하는 것처럼 여자 남자의 성역할도 사람들의 기본 인식처럼 보편적인 것이 아니게 된다. 참고로 『총 균 쇠』란 책도 인간의 내적 차이보단 외부 환경이 인류 문화에 어떤 영향을 주고 어떤 차이가 생기게 하는지 여러 지역을 비교하며 설명한다. 결론적으로 일부 남성 학자들의 잘못된 주장 때문에 진화론이 페미니즘의 적이 된 듯하지만 진화론은 페미니즘의 적이 아니라 오히려 여성학 연구에 도움이 될 학문이다. 진화론적 시각을 가지고 페미니즘을 한번 긍정적으로 평가해 보자. 주디스 버틀러는 사회적으로 정한 성 정체성 혹은 여성만의 주체성을 거부하는데 섹스(생물학적 성)라는 차원에서 동물을 연구해 보면 인간의 해석을 위한 단서 제공이나 버틀러의 주장에 합리성을 제공할지 모른다. 동물의 성적 행위도 마치 인간의 LGBTQ처럼 다양한 행태를 보이곤 하니깐 말이다.

 최근엔 암컷의 성 능동성이 주목받고 있는데 이것을 진화 생물학 관점에서 페미니즘으로 확대 해석하면 여성의 성주체성을 이끌어 낼 수도 있다. 그 외에 범고래는 암컷이 무리의 우두머리가 된다. 한편 인간 세계에는 심리적, 동물적 차원의 친부 살인, 친모 살인이 있고 동물계에는 동물적 차원의 자기희생이 있으며 인간과 동물 모두에는 부계 불확실성이 존재한다. 여기서는 인간과 동물의 공통점뿐만 아니라 차이점도 있음을 알 수 있다.

 인간은 이성과 정신이 존재하기에 인간이 곧 동물이고 동물이 곧 인간은 아닌 것은 누구나 다 아는 사실이다. 그렇지만 앞으로도 인간의 연구에서 진화 생물학이든 심리학이든 유전학이든 간에 동물의 연구를 (특히나 영장류) 인간과 비교하지 않을 수가 없다. 결론은 이렇다.

 그동안의 페미니즘은 이원적 사고를 하고 진화론을 비판적으로만 대했는데 앞으로는 진화론을 무조건 종교적, 페미니즘적 이유로 적대시하지 말고 오히려 페미니즘이 진화론을 역이용하는 게 필요하다.

 정상과 비정상 그리고 한국 여성

비건이나 채식주의자는 정상이다. 그러나 비건과 채식을 강요하는 것은 비정상이다. 캣맘도 한마디 하고 싶은데 하지 않겠다. 그 대신 캣맘에 관한 생각은 필자가 생각하는 한국의 페미니즘 인식과 똑같다. 페미니스트로 한번 돌아와 보자. 페미니즘의 좋은 취지에 영감을 받아 페미니스트가 되는 건 정상이지만 남성을 적으로 생각하는 것은 비정상이다. 종교인이나 어떤 ××주의자도 정상이다. 그러나 자기 생각과 다르고 무엇을 믿지 않는다고 하여 상대방에게 신념을 강요하는 것은 비정상이다. 칼 융은 "확신은 모르는 것에 대한 심리적 보상이다."라고 했다. 어떤 사람은 나이가 들수록 고집과 아집이 더 세진다. 반면 어떤 사람은 고 이어령 장관이 말한 것처럼 세상을 알고 겸손해지면 '이것이다. 저것이다.' 확신하기가 힘들어진다. 이 글을 쓰고 있지만 필자도 회색분자다. 정상과 비정상은 겉으로 보기엔 한 끗 차이 같지만 그 결과는 엄청난 차이를 보여 준다. 지금의 페미니즘에 반대하는 게 곧 반페미나 여성 비하가 되는 게 아닌데 사람들은 쉽게 규정짓기를 좋아한다. 문제는 그렇게 쉽게 규정하기 좋아하는 사람은 자신도 쉽게 무엇이 되어 버린다는 것이다.

종교를 혐오해서 필자가 계속해서 종교를 비판하는 게 아닌 것처럼 여성 혐오를 해서 페미니스트에 적대적인 게 아니다. 필자의 지인 중 한 명은 무신론자인데 독실한 크리스찬 아내와 결혼했고 현재는 자식들을 낳으며 잘 살고 있다. 무신론자가 늘 그렇듯 특히 성경에 대해 오류를 지적하는데 그 지인도 그런 사람 중 한 명이었다. 그래서 종교 때문에 연애는 몰라도 결혼을 조금 고민하기도 했다. 사랑하기에 그들은 결국 두 가지를 합의 보고 결혼을 했다. 아내 될 사람이 한 달에 내는 십일조가 꽤나 됐었는데 결혼하면 상당 수준 줄이자고 한 남자의 제안을 여자가 받아들인 것이다. 집을 마련해야 하고 자식을 낳고 키우는데 그 종교적 믿음이 현실적 삶에 앞설 수는 없다. 두 번째는 교회를 같이 갈 순 있지만 자신이나 자식에게 장인, 장모 그리고 배우자가 절대 강요해서는 안 된다는 거였다. 그렇게 결혼한 지 10년이 다 되었는데 종교로 인한 트러블은 아직 없다고 한다. 이렇게 이성적이고 현실적인 제안을 상대방이 받아들이고 또 그 상대방의 상대방은 배려를 해 주는 게 정상이지만 그 어떤 믿음이 이성이나 상식을 앞지를 때는 대화 자체가 되지 않는다.

  위 예시로 든 다양한 것들이 강요가 되면 비정상의 정상화 요구가 되어 결국 서로는 큰 장벽을 가지게 된다. 그래서 사람은 웬만해서는 유유상종해야 하는 것이다. 한국 여성과 한국 남자는 각 나라의 문화처럼 어떤 특징을 가지고 있다. 여성과 남성이라는 특성과 한국 남자라는 것은 앞서 살펴봤기에 한국 여성에 대해서만 잠시 언급하겠다.

  특별히 이쁘거나 잘생겼거나 스펙이 좋은 사람이 아니라면 보통의 여자와 남자는 그냥 평균적인 사람을 연애 상대로(배우자) 찾고자 할 것이다. 이왕이면 다홍치마라고 돈과 명예, 권력까지 있는 사람이라면 더 좋겠지만 말이다.

그런데 『평균의 종말』이라는 책도 있듯이 평균에는 함정이 존재한다. 물론 그런 평균 이상의 남자라는 게 전국적으로 보면 많이 있긴 하겠지만 자신의 주변에서는 찾기가 생각처럼 쉽지 않다. 여자들은 한국 남자에게 뭘 그렇게 많이 바라지 않는다고 말하는데 그건 한국 남성도 마찬가지다. 여성은 남자의 외모 자체가 아니라 자신을 관리하는 남성인지를 보고 현재의 재산이 아니라 미래의 가능성을 본다고 말한다. 말이야 쉽지 그런 올바른 방식으로만 이성을 선택하는 건 현실적으로 어렵다. 물론 남녀 모두 동반자를 선택할 때 성격이나 인성을 최우선으로 생각하는 사람들도 많다는 것을 안다. 그러나 보통은 한국 여자에게 남자의 재산 상태는 여전히 외모만큼이나 중요하다. 이땐 페미니즘이 존재하지 않는다. 반면 한국 남자는 한국 여성의 성격이든 외모든 경제적이든 크게 모나지 않거나 자신의 취향에 비슷한 정도라면 처음엔 웬만해서는 다 좋다고 할 것이다. 솔직히 치마만 입으면 다 좋다는 남자들의 우스갯소리는 거의 진실이다. 거의 진실이라고 말한 건 요즘 남자도 결혼의 현실을 알고 계산적으로 보는 사람이 많기 때문이다. 여성은 남성의 배려를 말하지만 연애 고수인 남자 빼곤 보통의 남자는 한국 여성이 바라는 그런 배려를 잘 모른다. 마치 한국 여성이 왜 화가 났는지 잘 모르는 것처럼 말이다. 남자는 단순하다. 남자가 점심을 샀으면 실제로 계산하진 않더라도 여성이 커피라도 한잔 사겠다는 제스처 정도면 된다. 여남평등을 말하는데 왜 더치페이를 하자고 할 때는 작아지는 페미니스트냐고 물으면 그건 수컷이 더 좋아하니까 아쉬운 사람이 더 내는 거라고 여성은 말한다. 그렇다. 이렇게 남자 여자는 다르다. 남녀에게는 똑같거나 평등하게 바라보는 것만 있는 게 아니다. 여기서도 동물의 암컷과 수컷처럼 남녀가 다르니까 차이가 나는 것이 아닌가.

남자는 여자의 구두 소리만 나도 설레지만 여자는 남자의 구두 소리보다 소위 전문직 '사짜' 소리나 잘생긴 외모에 웃음 짓는다.

다시 본론으로 오겠다. 남녀 성별을 떠나 인간이란 게 원래 그렇지만 상대적으로 한국 여성은 특히나 친구들과 비교를 통해 자아 형성을 하는 사람이 많다. 그래서 기준점이 객관적인 나의 현재 상태가 아니라 타인이거나 사회적인 평균이 된다. 자신의 수준은 생각하지 않고 남자의 높은 수준만을 원해서 사회적 평균을 맞추려는 여성도 존재한다. 인간은 욕망의 덩어리니 물론 이 자체가 나쁜 것은 아니다. 문제는 이런 사람들이 영상이나 온라인에서 가식을 떨고 현실과 동떨어진 환상을 커뮤니티에 남길 때이다. 『김미경의 마흔 수업』이라는 책에는 이런 공감되는 말이 있다.

"자기 스스로 비교하는 것과 비교를 당해서 상처받는 것은 다른 이야기다. 우리가 보는 것은 타인의 꼭대기만이지 밑바닥이 아니다." 이런 뉘앙스의 글이었던 것으로 기억한다.

이번엔 일부 여성이라고 말하지 않겠다. 상당수 많은 한국 여성이 그렇다.

남성도 인스타그램을 많이 하고 '오마카허세'나 자동차, 몸, 명품 등을 자랑하긴 하지만 여성만큼은 아니다. 온라인 남초 커뮤니티에서는 오죽하면 특정 커뮤니티나 인스타 하는 여자, 명품에 열광한 여자만 아니어도 요즘 여자 선택하는 데 반은 성공했다고 말할 정도다. 웃긴 건 남자인 자기들도 하면서 말이다. 실제로는 별로지만 나 정도면 괜찮다고 평생 착각하는 남성은 그렇게 늙어 가고 피해의식이나 범죄 없이 도태되면 상관이 없다. 그러나 자신의 객관화가 되지 않은 많은 한국 여성은 자기의 도태됨을 남녀 불평등과 사회 탓으로 돌리곤 한다. 그 반대로 괜찮은 외모 하나만 믿고 남자를 유혹하는 여성도 있는데 그래 봤자 인성은 곧 드러나기 마련이다.

번외로 이런 미모의 여성과 4B를 실천하는 페미니스트가 토론을 한다면 정말 볼만할 것이다. 아무튼 그동안 한국 남자는 정치 탓을 하고 한국 여자는 남성 탓을 했었다. 요즘은 하도 한국 여성에 욕을 먹는 한국 남성이다 보니 여성에 적대적이지 않은 40대 이상 남자들은 괜스레 스윗남이니 스윗 도태남이니 하면서 같은 수컷 2030 동족에게까지 비아냥 받는다. 잘 생각해 보면 그들은 사실 아무 죄가 없다. 2030세대처럼 그들은 남혐 세상이나 남녀 적대적인 젊은 인생을 보낸 적이 없으며 본능에 충실할 뿐 고래 싸움에 끼어들고 싶지 않은 것뿐이다. 특히나 그 세대 이상은 남녀 차별에 혜택을 받아 온 원죄가 있기 때문에 양심상 스윗할 수밖에 없다. 다만 최근엔 40대 이상 남자도 요즘 일부 커뮤니티 여성의 정신 나간 생각과 행태에 대해서는 분노하는 편이다.

물론 한국 여성 전부나 모든 페미니스트가 그렇다는 게 아니다. 오해 없길 바란다. 다만 전부가 아니라 한국 여성 상당수가 그렇다는 것이다.

오해가 없더라도 이 단락에서 여성의 마음에 불을 지펴 놨으니 필자는 이만 성난 군중으로부터 멀리 도망가야겠다.

롤스의 『정의론』과 여남평등

　자유주의자들이나 좌파가 싫은 보수주의자들은 평등하지 않은 인간을 왜 억지로 평등하게 만들려고 하는지 좌파에 불만을 가지고 있다. 자신은 열심히 살았고 능력이 있어 부를 획득한 것이라고 생각하기 때문에 자유주의자들은 그 평등하게 하고자 한 것이 내 것을 빼앗긴다고 생각한다. 로마 시대 유대인이든 아니든 간에 가장 미움을 받았던 사람은 '세리'들이다. 현시대에도 좌파든 우파든 인간은 세금 내기를 싫어한다. 서로 욕할 거 없으며 어떤 면에선 인간은 다 똑같다.

　정확히 기억나지 않지만 어떤 심리 실험을 읽은 적이 있다.
　나는 엘리트이며 상위 n퍼센트에 속한다. 그 사람들만 어떤 경쟁을 붙이면 그 엘리트들 사이에서도 낙오자가 생긴다. 낙오자들 빼고 다시 상위 그룹끼리 경쟁을 시킨다. 역시나 극소수 상위 엘리트만 경쟁에서 이긴다. 그런데 계속 이겼어도 행복하지 않다는 걸 느낀다. 또 경쟁해야 하기 때문이다. 이렇듯 인간의 경쟁도 어느 정도 적당할 때나 행복한 것이다. 부의 소유도 마찬가지다. 어느 정도 부가 넘어가면 그 이상의 부를 얻어도 행복감을 더 이상 못 느낀다고 한다. 이런 것을 종합적으로 볼 때 나보다 아래층에 있는 사람들 때문에 당신이 있다는 겸손한 생각을 가져야 한다.
　인간을 경쟁시키고 적대화하면 얼마나 서로 처참해지는지는 어린 나이 때의 운동경기 실험이나 책 『파리 대왕』을 보면 알 수 있다. 그래서 인간은 짐승처럼 되지 않기 위해 사회화가 필요하고 인간다운 가정교육이 필요하다. 적어도 사회가 글래디에이터화되지는 말아야 하니까 말이다. 자유 지상주의자나 인류애가 없는 사람 그리고 정치 사상에 따라 이분법적인 생각을 가진 사람은 꽉 막힌 페미니스트처럼 평등을 제대로 이해하지 못한다. 한쪽은 평등이 싫어서, 또 한쪽은 평등에 매몰되어 그 반대의 사람들과 평행선을 달린다. 특히나 평등이 남의 것을 빼앗아 나눠 준다고 생각하는 사람은 4B 여성과 같은 수준이다.

지금까지 이야기는 롤스의 『정의론』에 나오는 내용이 아니다. 롤스가 아무리 논리적으로 설득을 하려고 해도 사상이나 성향이 이미 정해져 있으면 그 내용은 의미가 없게 된다. 전제부터 평등의 인식이 다르기 때문이다. 이 얘긴 그만하고 진짜 롤스 이야기로 들어가 보자. 15년 전 그 방대한 양의 『정의론』을 읽고 지금까지 기억나는 건 솔직히 거의 없다. 그래서 머릿속에 각인된 것만 페미니즘에 연계해서 살펴보겠다.

우리나라에서 신자유주의를 꺼내며 남녀 불평등과 페미니즘을 전개하는 것은 너무 나간 이야기라고 잠깐 언급했었다. 평등 지상주의 혹은 자유 지상주의같이 극단적인 생각이 아니라면 자유주의를 말하면서 평등은 좌파, 자유경쟁은 우파 하는 것은 그걸 이용한 사람들의 이념적 논쟁이나 현학적인 얘기일 뿐 페미니즘엔 실질적이지도 않고 필요하지도 않다. 분명 서두에 말했듯 인권적 측면이 페미니즘이라고 말했다. 평등을 기계적이거나 정치적으로 보면 페미니즘도 반쪽이 된다. 성향은 보수인데 페미니스트라면 평등의 개념과 관념을 더욱더 정치적으로 볼 필요가 없다. 남녀로만 한정하는 협소한 시각도 피하기 위해선 정치사상을 페미니즘에 연계하지 않는 것도 중요하다. 역설적으로 남녀평등과 정치는 떼려야 뗄 수 없지만 지금은 '성향'이 '관점'을 뒤틀리게 하기 때문에 신자유주의나 정치를 분리하고자 한다

"남녀가 자유롭게 경쟁하며 사는 세상이 여남평등이다." 이런 슬로건 자체는 그 무엇도 틀리지 않는다. 우리가 지금 이야기하는 건 사회가 완전하고 완성된 여남평등이 아니라 여성의 관점에서 아직 불평등의 상태에 놓여 있는 것을 가정하고 말하는 것이다. 물론 혹자는 이런 가정마저 불편해할 수 있다. 현재 우리 사회는 구조적인 측면이든 사회적 인식이든 남녀 불평등하지 않으며 실질적으로 여성은 더 이상 약자가 아니라고 생각할 수 있기 때문이다. 이 챕터에서 말하고자 하는 것은 그런 게 핵심이 아니기 때문에 무엇이 맞는지 옳고 그름을 따지진 않겠다. 지금은 인권적 측면에서 페미니즘이 여성뿐만 아니라 사회적 약자 관점에서 모든 것을 다룰 수 있어야 한다는 관점으로 바라보려고 한다. 이분법적으로 보면 평등을 주장하는 진보에 대해 보수는 평등이란 단어만 봐도 경기를 일으킨다. 그래서 이 부분을 롤스의 『정의론』으로 짧게 논해 보려는 것이다.

참고로 몽테스키외의 『법의 정신』에서는 평등을 지나치게 주장하

면 문제가 생긴다고 언급한다. 당연한 말이다. 이건 좌우 정치나 남녀를 떠나 무슨 말인지 이해해야 하고 인정해야 한다. 필자가 굳이 설명하지 않더라도 몽테스키외의 말을 모두 알아들었으리라 믿는다. 특히 페미니스트는 더욱 새겨들어야 한다.

 자연권이 있다고 하여 모두가 같은 권리와 평등 속에 사는 게 아니다. 오히려 인간은 태어나자마자 실제로 불평등한 삶을 살기 시작한다. 여기서부터 정치적으로 보는 시각이 달라지는데 롤스는 이념적으로 보는 대신 사회 구성원들 모두가 이익이 되는 것을 가정하며 호혜적 인간을 전제로 정의론을 논한다. 단순히 공리주의적 관점이 아니다. 롤스의 주장에 따르면 사회는 원초적 입장과 무지의 베일 속에 어떤 합의를 거쳐 만들어져야 하고 그것은 모두가 평등한 상태에서 자유롭게 결정한 것이어야 한다. 그렇게 사회적 제도가 존재하게 되고 공정한 합의를 바탕으로 정의로운 분배가 이루어져야 한다는 게 롤스의 생각이었다. 참고로 무지의 베일과 원초적 입장을 비판하는 시각도 존재하니 각자 찾아보면 좋겠다. 기존에는 업적과 능력에 따라 분배되었던 것을 롤스는 합의된 절차적 기준으로 분배를 제시하였다. 모두가 기본적으로 평등한 자유를 누리는데 그 자유가 만약 모두에게 공정하게 보장되지 않을 때 사회는 기회균등을 위해 불평등한 조정이 필요하다. 그렇게 함으로써 최소 수혜자의 이득이 가장 큰 방향으로 가도록 차등을 두어야 한다고 주장한 게 우리가 알고 있는 수준의 롤스의 『정의론』이다. 페미니즘에 대해 롤스의 『정의론』을 이용하여 굉장히 심오하게 다룰 수 있다고 생각하는데 의외로 그런 전개의 책은 거의 보지 못한 거 같다. 여남은 그저 여성 할당제에 대한 역차별, 찬성 반대 등으로만 갈등을 유발하는데 사회평등은 남녀만의 문제는 아니다. 롤스의 『정의론』이 비판의 여지가 있든 아니든 간에 그의 이론은 사회 전 분야로 적용해 볼 수 있다. 가령 어떤 시험을 본다고 했을 때 남녀 관계없이 모든 사람을 일차적으로 평등하고 자유롭게 경쟁시킨다. 그런데 그 시험에는 장애인이 있을 수 있고 접근성이 떨어진 사람도 있을 수 있다. 그 외에 여성 혹은 남성에게 좀 더 특화된 시험일 수 있고 성별이 아닌 나이(세대)에 따라 차별이 생길 수 있다. 롤스의 『정의론』은 지역 할당제나 장애인 할당제, 경제적 배분, 복지의 혜택, 여성이나 남성채용 할당제, 경력단절 채용 할당제 외에 페미니즘이 기본적으로 가져야 할 불평등 완화 능력을 내재하고 있다.

다만 정의론엔 이런 구절이 나온다. "자연적 능력에 기초한다고 해서 그것이 평등주의적 입장에 합치할 수 없는 것은 아니다." 롤스는 평등한 정의를 말하면서도 냉정하게 그 범위와 조건을 정하여 그에 맞는 사람들에게 정의를 분배하고자 했다. 그 뜻은 어떤 약자나 소수에 대한 고려도 최소한의 조건이 있다는 것인데 이걸 페미니즘에 적용해 볼 수 있다. 여성 할당제만 놓고 보면 남성이 가끔 역정을 내는 이유 중 하나가 합리적 조건 없이 여성에게 기계적 배려만 하기 때문이다. 그래서 남성은 역차별이라고 생각한다. 마지막으로 롤스도 인정하듯 인간은 우리를 사랑하고 우리의 선을 증진하고자 하는 분명한 의도를 가진 사람들을 사랑하게 된다는 심리 법칙을 따른다고 말한다.

　물론 인생이 셀피시인 사람들은 동의하지 않겠지만 말이다. 우리 주변의 친구, 가족, 친인척, 지인 중에는 경제적, 사회적 여건이 다른 다양한 사람들이 공존한다. 그들 삶엔 남녀보다 더 중요한 인간다운 삶이 있다. 그래서 『정의론』을 통해 정의로운 페미니즘 사회는 무엇인가를 공부해 보는 것도 괜찮을 것이다. 오죽하면 페미니즘에 필자가 정의로움을 붙였을까….

기성세대와 MZ세대

　기원전 20세기 바빌론 시대에도 자라나는 어린이와 청소년은 숙제를 해야 했고 역사적으로 세대마다 요즘 애들은 항상 버릇이 없었다. 지나고 보면 새 세대는 늘 구세대가 되었고 현세대는 전 세대를 비판하며 사상과 문화를 다양성 차원으로 끌어올렸다. 그런데 지금 우리나라의 MZ세대는 어떤가. (일단 필자는 이 세대에서 80년대 초중반생은 좀 빼고 싶다. 차라리 2030세대라고 말하는 게 적절하다. 그러나 세대의 범위를 어떻게 규정하든 글의 내용에는 별 영향이 없다.) 거창한 시대정신 같은 소리는 그들에게 어울리지 않는다. MZ세대의 가장 큰 문제는 어떤 에피스테마가 없어서 긍정적 지향점을 못 만들고 있다는 사실이다. 그러다 보니 비난과 맹목적 부정, 타인 지향적인 이야기만 하게 된다. 고작해야 선택적 분노만 하는 공정과 상식을 들먹거릴 뿐 오히려 자신들은 더 이기적으로 행동한다. 그들이 말하는 개인주의는 긍정의 의미가 아니라 자신들의 편안함만을 의미한다. 삶의 주체성을 회복하고 자신들의 세대 고민이나 미래지향적 이야기를 해야 하는데 그러기는커녕 세대 편 가르기, 남녀 편 가르기, 정치 편 가르기, 타인들 이야기만 주를 이룬다. 현재의 페미니즘이 남자라는 타인만 목표로 하고 남성이 없으면 존재할 이유가 없는 것처럼 행동하듯이 MZ세대 또한 배설할 타인이 필수며 방향성과 주체성 없이 행동한다.

더군다나 전 세계적으로 알파 세대와 20대는 이해력이 달리고 난독이 심해지고 있으며 분별력 없는 상태에 놓여 있다. 그래서 후세대는 전 세대보다 항상 똑똑했다는 유시민 작가의 말은 틀렸다. 지능적으로는 그럴 수 있을지 모르겠지만 정치 사회적으로는 가장 어리석은 세대가 지금의 MZ세대다. 그래서 올바른 방향으로 안내해 줄 어른과 책, 건전한 정신이 함께 필요하다. 그렇지 않으면 미래에는 각자도생하기는커녕 '각자사망'이 될 것이다. 하워드 가드너는 인간의 지능을 여러 개로 나누었다. 그의 다중 지능이론 중 인간친화력 즉, 공감 능력과 자기성찰 지능으로 보면 지금의 MZ세대는 이 부분에서 역대 최악의 세대다. 경쟁적 한국 사회에서 좋은 학벌과 좋은 직업을 가져 제 잘난 맛에 자존감이 높다고 생각하는 사람이 많을 것이다. 그러나 자존감은 자기 잘난 맛만이 아니라 자신의 단점까지 아는 겸손한 사람이라는 것을 모르는 사람이 많다. 자기 객관화가 떨어지는 것은 일부 페미니스트뿐만 아니라 지금 젊은 세대도 마찬가지다. 거기다 사회 객관화마저 떨어지니 더욱 심각한 상황인데 패션을 한번 예로 들어 보겠다. 우리는 유행에 민감하고 비교하는 세상에 빠져 있어서 남들이 무엇을 하면 우르르 따라가는 경향이 있다. 트렌치코트와 롱/숏패딩이 유행하면 청소년부터 어른까지 대유행한다. 청소년기는 친구들과 직접적 비교를 당하고 소외당할까 봐 이해라도 하지만 성인들도 똑같다.

온라인에서는 현란한 입 그리고 키보드나 터치로 "나는 똑똑하고 특별해. 나는 냉소적이고 비판적이야. 우리 세대의 생각과 공감은 위 세대와 달라."를 외치지만 자세히 보면 자기 생각이 없고 남들이 싸 놓은 똥만 멋있게 포장하려 한다. 또 현실에선 눈치 보는 문화와 집단주의 민족성으로 인해 다양성이 부족하고 오히려 개성이 떨어지는 삶을 산다. 물론 한국인의 민족성 어디 안 가기에 늘 그전 세대도 그래 왔다. 하지만 지금의 2030세대처럼 대놓고 이중적이지 않았으며 시대 지향점이 조롱적이지도 않았다.

누군 코인으로 돈을 번다고 하고 누구는 영끌을 한다고 하니 현실을 지각하지 못한 채 뒤처질까 불안해 뱁새가 황새를 따라간다. 그것조차 못하는 사람은 분노의 표출밖에 없다. 분별력이 떨어진 상태에서 온라인 영향까지 있다 보니 MZ세대는 기레기 뉴스나 쓰레기 수준의 방송 이야기만 커뮤니티에서 가공 재생산한다. 그것만 가지고 놀다 보니 다람쥐 쳇바퀴 생각에 빠져 산다. 깨어 있는 생각을 가지고 있어야 하는 세대인데 오히려 외골수가 되어 일부 MZ세대 남자는 좌파의 이중성이라며 패션 좌파거리거나 노조를 적으로 규정한다. 대한민국의 대기업은 2%도 일반 직장인을 직접 고용하지 못한다. 공기업, 전문직, 일부 공무원 등 소위 좋은 직장을 아무리 많이 잡아도 20%가 안 된다고 할 때 자영업자나 특수 근로 형태의 직업 빼고는 모두가 그냥 그다지 좋지 않은 직업에 종사하는 노동자일 뿐이다. 물론 직업에 귀천은 없다. 다만 인간의 생각엔 귀천이 있다. 생산 노동자와 화이트칼라의 노동은 다르다며 정신 승리하지만 잘못된 정치 선택으로 억압받는 것은 둘 다 똑같은 노동자일 뿐인데 비교 우위에 서 있으려고 한다. 그러다 보니 극히 일부 사례를 들어 노동조합에 적대적이다. 노동조합이 있으므로 자신들이 덜 노예가 된다는 것을 모르고 있다.

사람들은 한국 특유의 집단 문화와 학연, 지연 사회로 계급화되고자 한다. 굳이 따진다면 정확하게는 계급화가 아니라 서열화다. 이미 일부 MZ세대는 정치 성향이 정해진 상태에서 세상을 바라보며 썩은 내 나거나 암 덩어리 같은 이슈만 가지고 논다. 진짜 '갑'이 이런 행태를 보이면 기득권이니 그러느니 하겠지만 '을' 주제에 논리적이고 이성적인 것은 별로 없이 조롱과 내로남불에만 빠지고 정치 분탕글에 별생각 없이 따라가기만 한다. 니체는 주인의 도덕이 있고 노예의 도덕이 있다고 말했는데 MZ세대는 후자에 속하는 완벽한 특성을 가지고 있다. 지금 이 단락의 MZ세대 비판이 바로 그것들이다. 그래서 2030세대는 답답하고 답이 없으니 그만 알아보고 싶다. 아니 계속 알아보자. 역사적으로 전 세대는 항상 후세대가 못마땅했고 걱정 한가득이었다.

가령 이런 것이다. 카페가 처음 등장한 유럽 중세 후기 때 어른들은 젊은것들이 카페나 들락날락하며 웃고 떠드는 데만 집중할까 봐 걱정했다. 그런데 오히려 카페는 젊은 세대에 긍정의 효과를 주었다. 아무튼 계속해서 2030세대에게 꼰대 소리를 좀 더 해 보겠다.

사회 부조리가 무엇인지를 좌우로 보지 말고 냉철하게 봐야 하는

데 그렇지도 못하다. 인생을 열심히 치열하게 싸울 생각은 하지 않고 SNS나 TV 유튜브 등으로 삶을 배우고 자신이 이렇게 된 이유를 결국 자기 탓보다 사회 탓으로 돌린다. 혹은 특정 정당이나 정권 탓으로 마무리하는 패턴을 반복한다. 그렇게 내일이 밝아 온다. 한탕주의와 황금 물질주의에 빠져 스마트폰을 체크하지만 삶은 어제와 대동소이하다. 오늘도 여전히 세뇌당할 준비는 아주 잘 되어 있는 상태에서 우리의 커뮤니티 동지들이 많다는 것을 느끼며 위로를 받는다. 물론 지금까지의 신랄한 비판은 일부 MZ세대를 말하는 것이니 오해 없기를 바란다. 정말 열심히 사는데 기존의 사회체제에 절망하고 사다리조차 만들 수 없는 젊은 당신들이 있음을 안다. 그건 여성, 남성이라서 오는 삶의 풍파가 아니라 현시대를 반영한 합리적 인간 모두의 고민이다. MZ세대는 기성세대가 올바른 소리를 하면 꼰대라 치부하기에 바쁘다.

우리 세대는 다르다며 커뮤니티에 지배당한 뇌를 장착시켜 논리적인 척 이야기하지만 정작 위로가 되었던 자신의 커뮤니티에도 공감을 받지 못한다. 그 꼰대라는 사람에 대해 객관화되지 않은 진짜 나쁜 인간 이미지 정도는 심어 줘야 꼰대에게 당했다고 위로받는다. 세대 차이와 세대 불화는 늘 있었지만 이렇게 전례 없이 극단화된 것은 이번이 처음이다. 원인은 결국 '을'들의 권력 나눔과 정치 사회적 헤게모니 때문이다. 피라미드 맨 위층은 공고화되었고 소수가 다수의 사회적 자본을 가진 상태가 더 커지고 있으며 나머지 아래층들이 그 한정된 것을 가지고 싸우는 모습이 더 치열해졌다. 못난 정치 외에 이것을 더 가속화하는 것은 커뮤니티와 방송들이다. MZ세대 일부는 단순히 즐기기뿐인 개인 방송이나 보면서 인생을 낭비하는데 그것은 미래의 자신에게 갚아야 할 만큼의 시간과 빚이 되어 돌아온다. 문제는 커뮤니티처럼 개인 방송에도 그들이 하는 말에 별생각 없이 동화되어 간다는 것이다. 그러고 보니 일부 MZ세대와 휴포 페미니스트들이 비슷하지 않은가? 지능, 학벌, 외모, 금수저 등은 이미 정해져 있는 상태다. 그런 무기의 자본이 자신에게 없는 사람이라면 그걸 얻을 수 있도록 노력을 먼저 해야 하는데 불만이 먼저인 '을'들이 있다. 진짜 적은 위 세대가 아닌 자기 자신과 정치인데도 캄캄한 커뮤니티 속 생각의 감옥에 갇혀 보이지 않는다. 페미니즘처럼 사회적 파이를 자기들 스스로 줄여 놓고 결국 처참한 의식 수준에 빠진다. 건전한 비판을 해야 하는데 일부 여성은 남성 혐오를, 일부 MZ 남자는 정치 혐오만을 부추기고 있다. 그러면서 고작해야 몇십만인 온라인 커뮤니티를 하고 또 그중에서도 입만 살아 있는 사람의 몇몇 선동에 놀아난다. 그런 것이 사회 담론이 되어서는 안 되는데도 그것만 붙잡고 있다. 자신들 세대의 담론이 사회에 긍정적 영향을 주려면 좀 더 큰 사고를 할 수 있는 지식을 얻고 다양한 경험을 해야 하는데 그러기는커녕 커뮤니티의 인스턴트 지식에만 파묻혀 산다.

온라인에서 손가락과 입이 바쁜 사람은 높은 확률로 입만 살아 있는 슬랙티비즘 인간일 가능성이 크다. 결국 MZ세대는 잘못된 방향을 뒤따르고 정치는 아무도 책임지지 않는 '각자사망' 속에 모두의 공범이 된다. 절망적인 건 근본적 변화 없이는 앞으로도 이런 패턴이 반복될 거라는 점이다. 일부 60대 이상은 좌빨과 연고주의에 사로잡혀 평생을 세뇌당한 채로 살고 MZ세대는 페미와 반페미 그리고 커뮤주의에 사로잡혀 평생 그렇게 살아간다고 생각하니 인류 역사는 반복되는 게 맞는 거 같아 마음이 아프다.

상처의 연고는 이 책의 대중화다. 미안하다. 이 단락 마무리하겠다.

(여기서 커뮤주의는 각자 좌우 성향이나 여남에 맞는 커뮤니티 사람들의 극단화를 뜻한다. 지역주의 혹은 연고주의 대체 표현 차원에서 커뮤주의라는 신조어로 필자가 표현해 본 것이다. 지역감정과 똑같은 행태를 보이기에 정말 우려된다.)

온라인의 열정적 활동도 결국 자기 인생에 한때지만 영향받았던 그 신념은 거의 평생 간다.

한국과 세계의 페미니즘

　현시대 들어와 한국 특유만의 페미니즘이 있고 아닌 것도 있는데 우리나라의 페미니즘이 어떻게 전개됐고 다른 나라와 무엇이 다른지 이것도 잠깐 살펴보면 좋을 것 같다. 일단 우리나라는 우리보다 페미가 먼저 의식화된 다른 나라와 다르게 페미니즘이 단계적인 과정을 거치지 않았다는 점에서 큰 차이가 있다.

　19세기 중후반부터 여성에게 평등의 주요한 목표는 참정권이었다. 미국이나 일부 유럽 국가는 투표권을 쟁취하는 과정에서 생물의 공진화처럼 사회의식 수준이 높아져 갔고 점차 다층적인 관점을 제시하면서 현시대까지 이어져 왔다. 참고로 여성들은 여성의 투표권이 남성보다 보통 반세기 정도 늦었다고 주장한다. 뉴질랜드나 극히 일부 나라 빼면 말이다. 하지만 대부분 나라에서 여남 모두가 평등하고 보통의 투표권을 실질적으로 행사한 건 20세기 초중반 늦으면 2차대전 후의 일이었다. 19세기 중후반 노예 해방이 이뤄지고 농노, 노동자, 흑인, 기타 룸펜 프롤레타리아 등 모든 남성에게까지 투표권을 줬더라도 극소수 몇몇 나라 빼곤 이들은 19세기까지 실질적으로 투표 참여가 거의 불가능했다. 여성들이 현재는 탈코르셋을 외치지만 처음엔 코르셋마저도 입지 못하는 여성들이 많았던 것과 같은 것이다.

　우리나라는 보통의 식민지 해방국가들처럼 해방 후 투표권을 얻게 된다. 다른 나라처럼 여남평등의 치열한 투쟁을 거쳐 참정권을 쟁취한 것이 아닌 세계사적 흐름에 맞춰 자연스럽게 투표권을 가지게 된 것이다.

우리나라는 1970년대 이후 페미니즘 제3의 물결을 받아들이는데 다른 챕터에서 언급했듯이 이때부터 페미니즘은 급진적 요소들을 수용하고 좌파적 성격을 띠게 된다. 그것까지는 괜찮지만 2000년대부터 현재에 이른 한국 페미니즘은 남성 혐오도 별문제 없다는 인식을 가진 일부 휴포 작가나 교수, 정치인, 기타 여성단체들이 페미니즘 자영업자가 되어 페미를 이리 틀고 저리 틀며 엉망으로 만들어 버렸다. 한편 거의 모두가 신자유주의를 한국 페미니즘에 연계하여 언급한다. 필자는 다른 나라처럼 그런 신자유주의가 우리나라에 실질적으로 어떤 긍정과 부정의 영향을 줬다는 건지 이해할 수 없다. 설령 우리나라의 페미니즘이 신자유주의 영향을 받았다 치더라도 그것은 불완전한 것이다. 마치 그건 자기계발서로 성공담을 말하는 사람이 결과적 성공을 자신의 성공 이유에 억지로 끼워 맞추는 것과 같다.

그럼에도 불구하고 신자유주의 특징인 개인과 능력을 페미니즘에 계속 들먹이는 사람은 정치적 목적이 있거나 입만 살아서 그렇게 말할 가능성이 크다. 아니면 겉은 능력제를 표방하지만 을의 착취를 원하고자 하는 갑의 분열과 장난질일지 모른다. 표면적으로는 페미니즘이 그래야 하지만 우리나라 페미니즘의 역사를 볼 때 그것은 아직 시기상조다. 왜냐하면 우리나라 페미니즘은 태초부터 자립성이나 주체성이 거의 없었기 때문이다. 페미니즘은 능력주의를 말하기에 앞서 국가와 남자로부터의 독립, 약자 입장 자체의 독립이 먼저 필요하다.

　우리나라는 다른 선진국처럼 봉건제도를 거치지 않고 근현대사로 넘어왔다고 말하는데 우리의 페미니즘 또한 어느 하나를 빼먹고 넘어온 것으로 볼 수 있다. 연계된 뿌리와 역사가 없다 보니 페미니즘 의식 수준이 퇴화하고 불완전하며 불합리하다. 겉으로는 강하고 독립적 여성을 말하지만 결국은 앵무새처럼 선택적 여성의 약자화, 여성의 희생자화, 여성의 여성화만으로 남성 적대적 페미니즘만을 주장한다.

　한편 유럽 국가 중 덴마크 스웨덴 등 노르딕 국가의 복지 형태나 페미니즘을 노르딕 모델이라 하는데 그 나라들은 페미가 전 사회적이고 복지적이다. 스웨덴 좌파정당 사민당은 여성에만 한정하지 않고 1900년대 초 노동시간을 하루 8시간으로 줄이는 데 성공했다. 그 후 독일이나 전 세계로 퍼져 수십 년 전부터 현재까지 노동시간을 하루 8시간보다 줄이기 위해 거의 모든 나라가 노력하고 있다. 현재는 여성과 장애인 할당제적 사고보다 진일보하여 근본적인 채용과 복지정책을 내놓고 있는데 우리도 배워야 할 점이 있다. 이렇게 말하면 상투적으로 나오는 반론이 하나 있는데 그들 나라와 우리나라 산업 현실은 다르다고 하는 것이다. 그러면 우리는 언제까지 좌우 논리나 고용인 피고용인 논리에만 빠져 노예 상태로 행복을 위한 투쟁은 안 할 것인지 묻고 싶다. 참고로 우리나라와 다르게 스웨덴은 민주당이 보수로 통하고 녹색당이나 기타 정당이 진보로 통한다. 물론 그들 국가에도 우리나라처럼 극렬 페미니스트나 극렬 정치 성향을 가진 다양한 사람들이 존재한다. 그러나 사회 주류는 아니다. 또한 그들의 여성 평등 정책도 완전한 건 아니기에 우리 현실에 맞는 것은 취하고 아닌 것은 취하지 않는 올바른 취사선택이 필요하다.

현재 우리나라의 페미니즘과 이들 나라 사이의 차이점은 무엇일까?

우리나라는 그들 나라에 비해 여성 한정적이고 정치적 이슈나 특정 사건들에 매몰되어 편향적이며 편협함에 빠져 있다. 그러면서 남녀 불평등 사회가 거의 변화가 없는 것처럼 이야기한다. 변화를 이야기하고 전향적인 시각을 그나마 드러낸 외국 도서엔 『페미니즘: 주변에서 중심으로』와 『여성성의 신화』라는 책이 있다. 물론 여전히 인간 모두 즉, 남성을 위한 글은 아니다. 한국은 알다시피 정 모 교수를 필두로 낡은 페미니즘을 사골처럼 우려먹는 게 여전해서 한심하기 그지없다. 차라리 그런 사람의 책을 안 보는 게 도움이 될 정도다. 『여성성의 신화』 작가 베티 프리단은 책 출판 이후 이십 년이 지난 시점에 다시 내용을 덧붙였다. 사회는 수십 년 전보다 긍정적으로 변했고 여전히 남녀평등은 부족하긴 하지만 더 이상 남성을 낡은 이분법적 시각으로 보지 말자고 말한다. 그러면서 미래 지향적 이야기를 꺼낸다. 이처럼 우리나라 페미니즘은 지금 살아 있다면 백 살이 넘었을 베티 프리단 한 명의 의식 수준보다 못하다. 우리나라 여성 작가들도 이 책을 많이 읽었을 텐데 안타깝게도 그들이 보고 싶은 것만 본다. 그러다 보니 불평등의 신화에 기대어 여전히 페미 걸레를 쥐어짜려고만 하는 행태가 변하지 않는다. 최근 들어서 그나마 '말'만은 전통적 시각을 버리고 이분법적 사고를 하지 말자고 하는데 핵심적 사고는 여전히 그대로 낡아 있다. 우리나라 페미니즘은 보통 유럽보다 미국의 영향이 크다고 말한다. 미국도 변하여 또 다른 물결을 말하고자 하는데 우리는 지금 어디로 가고 있는지 진지한 반성이 필요하다. 아쉬운 것은 한국엔 균형 잡힌 시각과 자유로운 사상 및 통찰력을 가진 페미니즘의 큰 어른이 부재하다는 것이다. 그래서 이 글을 쓰고 있다. 지금 시대가 페미니즘에 부정적이고 합리적이지 않다고 여기기에 필자가 감히 그런 생각을 가진 많은 사람을 대신하여 그들의 생각을 전하고 있다고 믿고 있다.

이 챕터에서는 여성의 남녀평등 투쟁을 부정적으로만 이야기했는데 긍정적인 것도 물론 찾아 볼 수 있다. 2008년 호주제 폐지는 합리적 생각을 가진 남성이라면 크게 불만이 없을 것이다. 시대의 당연한 흐름이라 여기는 게 자연스럽다.

다만 여기서 더 나아가 부부의 성씨 중 여성의 성을 물려주고 어쩌고 하는 신념이 강한 여성은 부자연스럽다. 그런 것은 진보나 깨어 있는 여성이 아니다.

그다음에 또 무엇이 있을까? 생각해 보니 가정폭력 방지나 성폭력 처벌에 관한 법, 남녀고용평등법은 여남을 떠나 우리 모두를 위한 법이다. 그래서 이런 진일보한 법 제정에 일조한 상식적 차원의 여성주의 운동은 칭찬할 만하다.

　남녀고용평등법 이후 사회에 대한 투쟁으로 여성의 육아휴직 확대를 관철한 것도 잘한 일이다. 그것은 여성뿐만 아니라 남성과 우리 가족 모두를 위한 행복 지향점이었다. 물론 다른 선진국에 비하면 우리나라의 육아휴직 제도는 여전히 부족하고 앞으로도 갈 길이 멀다. 이렇게 역사적으로 이어져 온 젠더 불평등에 대한 여성의 투쟁은 사회 곳곳에 결국 열매를 맺었다. 긍정적이고 미래지향적 측면만 보면 이것으로 우리는 무슨 교훈을 얻을 수 있을까? 그렇다. 현시대에 맞게 새로운 젠더 관계의 정립이 필요하다. 여성 피해 관념, 여성 우월이나 여성 정체성으로만 주류 싸움을 할 게 아니라 이제 페미니즘도 남성과의 동반자적 관계, 가족, 사회복지 차원의 투쟁 동지로 인식해야 한다. 이런 열린 생각으로 행복 연합을 만들어 사회를 불평등하게 만드는 진짜 적과 싸워야 한다. 그런데 요즘 페미니즘을 보고 있으면 관계 회복이나 젠더 융합은커녕 그 반대로 가고 있으니 왠지 공상적 희망일 것만 같다.

　여성권 신장의 결실은 필자가 언급한 거 외에도 한국 사회에 긍정적 정책을 이끌어 내며 법 제도에 영향을 끼친 게 더 많이 있을 것이다. 다만 필자의 무식함으로 더 나열할 수가 없음을 안타깝게 생각한다. 어쨌든 여남 평등을 위해 열심히 노력한 과거의 한국 여성에게는 진심으로 박수를 보낸다. 다만 아닌 건 아니라고 말할 것도 있다. 바로 아래처럼 말이다.

성매매 방지 특별법 제정과 남자의 군대 가산점 제도를 폐지한 것은 옳다, 그르다, 잘했다, 잘못했다로 첨예하게 대립한다. 여성에게는 남녀평등이나 약자 보호겠지만 대부분 남성한테는 불평등이나 손해로 인식하기 때문이다. 그래서 이것들마저 여성권 신장의 결실이라고 생각하지 않는다.

이제 화제를 약간 다른 곳으로 돌려 보자. 극단의 남녀 사이버 전사들 빼고는 시대가 변하고 있다. 평범한 남성의 남녀평등에 대한 의식 수준이 가정에서나 사회에서나 전체적으로 과거 세대보다 향상되었다고 믿는다. 분명 MZ세대 남성은 적어도 부모 세대가 바라봤던 가부장적 남녀관계나 과거 사회의식 수준에 머물러 있지 않다. 만약 그렇다면 페미니즘의 긍정적 영향이니 여성은 자부심을 가져도 좋다. 물론 한남충거리는 사람들은 인정하지 않겠지만 말이다. 반대로 젊은 여성의 의식 수준도 향상되었을까?

서두에 필자는 역사적으로 지금까지 이어져 온 통계를 가지고 여성이 불평등을 증명하는 것에 대해 대체로 인정한다고 말했다. 그러나 최근에는 통계의 함정이 있을 수 있으니 다양한 측면에서 봐야 할 것들이 있다. 세계 어디에서 발표한 것을 가지고 한국은 여전히 불평등 지수가 높다거나 무슨 남자 의식수준이 어떻다거나 하는 것은 반론할 게 많다고 생각한다. 그런 것을 근거로 페미니스트라 자처하면 왜 총을 만들어 여성을 죽이는지 정말 총이란 남자는 태초부터 잘못되었고 현재도 잘못되었다는 의식 수준에 머물게 된다. 결국 그들은 어떻게 하고 싶어 하는가? 총 그 자체 즉, 남자를 없애 버리려 할 것이다. 매슬로가 말하기를 "망치를 들고 있으면 모든 게 못으로 보인다."라고 했는데 머릿속에 든 것이 그런 것밖에 없을 때 극렬 페미와 반페미가 보는 시각이 딱 이런 꼴이 된다. 다시 한번 말하지만 페미니즘이 그동안 우리나라에 끼친 긍정적 영향과 변화는 분명 크다. 그러나 요즘 시대에도 남성이 계속 변해야 한다고 주장하는 것은 핵심을 잘못 짚은 것이다. 그런 주장을 하는 페미니스트는 구시대적이기에 이젠 변해야 한다. 지금은 남녀 불평등보다 인간 불평등, 인간의 불안과 소외를 이야기할 때다. 과거의 페미니즘을 다 버리라는 게 아니다. 버릴 건 버리고 남길 건 남기면서 현재까지 해결되지 않고 미래에도 계속될 의제를 남녀가 통합적으로 고민하고 건설적 대화를 하자는 것이다.

그 과제의 실질적 담당자는 이다음 세대의 주류이자 현시대 가장 여남 극렬적이며 고민이 많은 MZ세대다. 기존 세대가 못하면 새 세대가 바르게 반동해야 한다. 현재는 그 반동이 하염없이 잘못된 길로 가고 있어 바르게 잡을 의식의 향연이 다방면으로 필요하다. 책 같은 글이든, 아니면 영상이든, 커뮤니티의 아고라적 대화든, 정책적 차원이든 전방위적으로 올바른 교육을 통해 전통적 페미니즘이 탈각할 수 있게 해야 한다. 이 단락의 또 엉뚱한 결론이 나왔다. 우리나라 페미니즘은 게처럼 탈각하라!

필자가 무지성 MZ세대를 신랄하게 비판했지만 그들은 우리나라의 미래이다. 비교와 무한경쟁 속에 불안을 가진 이들은 어쩌면 살려 달라고 하는 마음을 삐뚤어지게 표출하고 있는 것인지도 모른다.

분노의 길을 가는 그들에게 희망의 길을 안내하는 꽃 같은 정치가 필요하다. 분명 꽃이어야 한다. 그들은 우리에게 꽃이기 때문이다. 쌍기역 대신 지금처럼 지읒이 오면 안 된다. 그리고 희망사망, 시대사망 속에 사는 MZ세대에게 그들보다 인생을 조금 더 산 누나, 형, 삼촌, 오빠, 이모, 기타 직장 선배들이 더 이끌어 줘야 한다… 라고 말하고 싶지만 요즘 애들은 다섯 가지가 없어서 그럴 마음이 안 생긴다.

참고로 필자도 굳이 따지면 MZ세대에 걸쳐 있다. 잘나가다 MZ세대 생각하니 순간 혀를 차게 된다. 농담이다.

MZ세대를 사랑한다. 사실 40대 이상은 그 이상대로 고민이 있고 힘들며, 젊은 세대는 또 그 세대대로 막연함이 있다. 그래서 우리 모두는 피로사회에 살고 있고 각자 자신의 소비에 지쳐 있다. 힘을 내자.

또 엉뚱한 결론으로 이 단락을 마무리하겠다. 과거에 머물거나 특수성에 과몰입하지 말고 우리 모두 페미와 반페미에서 탈출해서 무지막지하게 서로 사랑하자. 그리고 아기를 낳자. 원래 에로스와 하모니는 불화 속에서 태어난 존재다. 더 알고 싶다면 그리스 로마 신화를 찾아보길 바란다.

여성을 위한다는 정당과 신문

　국가 보조금을 받는 수백 수천 개의 여성단체나 기타 조직이 어떤 비합리적 페미니즘 활동을 하는지 필자가 거의 모르기에 이 부분은 빼놓고 이야기하려고 한다. 국가나 사회에 도움이 되는 일도 분명 많이 할 텐데 그런 것보다 이젠 페미의 반동으로 (남성) 네티즌들은 눈에 불을 켜고 여성단체나 페미의 허튼짓을 기가 막히게 찾아낸다. 그래서 필자가 굳이 안 써도 될 것이다. 그 대신 타노스 같은 빌런들의 이야기로 넘어가 보자. 여기엔 노동자와 여성을 위한다는 가면을 쓴 정당과 여성을 위한 언론 비스름한 것이 있다. 능력이 한참 떨어지는 망나니 세력이 여성 파괴, 약자 파괴를 넘어 정당을 파괴해 버렸다. 또 다른 하나는 언론 같지 않은 언론으로 여성을 위한답시고 교묘하게 정치색을 드러내고 자본주의 노예가 되어 여성 그 자체를 이용한 페미코인 신문사다.

　둘의 공통점은 극렬 페미니스트처럼 세상의 파이를 매우 좁혀 놨다는 점이다. 이들은 이성보다는 감정을, 냉철함보다는 감성을 가지고 어떤 사건이 터지면 오로지 여성주의 입장으로 세상을 편향적으로 바라본다.

　건강한 사회는 페미니즘이라는 페르소나를 쓰고 사회 곳곳에서 선동하는 자들의 가증스러움을 벗겨 낼 수 있어야 한다. 사람이란 인격체는 사실 가면을 쓴 존재들이긴 하다. 실제로 그리스 가면극에 쓰는

가면을 페르소나라 했는데 그것이 person의 어원이 되어 지금의 뜻이 되었다. 겉은 인간의 탈을 썼지만 온갖 패악질하는 사람, 전혀 도덕감각이 없는 사람, 무엇에 빠진 사람, 무능력한 사람이 세상의 곳곳에 존재한다.

  사회문제를 해결할 능력이 없는 사람들은 꼭 편을 나누며 트러블을 일으키고 잘못된 이슈만을 선점하려고 한다. 우리나라 보수라고 자처하는 집단이 대표적이다. 이런 가짜 페미니즘 또한 예외일 수 없다. 여성에 대한 어떤 사회적 사건이 터지면 일단 공중파 뉴스에 나온다. 이때 극렬 페미와 정치인, 여성단체들은 기다렸다는 듯 이것을 1차 트러블 발화 지점으로 삼는다. 2차는 커뮤니티나 영상 등으로 확산시키고 3차는 각 성향에 맞게 페미와 반페미로 가공되어 논란이 된다. 4차 마지막에서는 서로의 갈등으로 이어지고 양극단으로 나누어져 생각이 더욱 공고화된다. 이런 몹쓸 과정을 지금 수년째 반복하고 있다. 남녀는 평등하고 그 어떤 성 고정관념이 없다면서 페미니즘은 어떤 개인의 일탈 같은 범죄가 터지면 그걸 전체 남성화시켜 버린다. 그러면서 페미니스트들은 그럴 때만 '여성'이라는 제2의 성으로 회귀해 버리는 모순적인 행태를 반복적으로 취한다. 물리적 힘의 우위에 있는 남성이 경멸적으로 페미사이드 하는 것은 가중처벌 하는 것이 맞으며 그런 여성의 생각엔 공감한다고 말했다. 그런데 여남을 떠나 개인의 정신적 문제나 순간의 개인적 일탈의 여성 범죄를 가지고 이 모든 것을 제도 탓, 남자 탓이라고 하면서 정치질하는 것은 공감하지 못한다. 냉철하게 보고 판단해야 하는데 그렇지 못한 사람이 많다.

 반면 훨씬 많은 사람은 정상적인 사고방식으로 페미니즘에 별 관심 없이 살아간다. 그런 사람은 스스로 적을 만든 적이 없는데 어느 순간 사방에 적이 생긴 세상에 놓인 게 당황스럽다.

 그리고 아래와 같은 사람들이 이런 당황스러움을 더 부추긴다.

 한쪽에서는 '정의'라는 노란 가면을 쓰고 약자를 위한 척하며 페미니즘 쇼를 하는 정치인이 있고 또 다른 한쪽에서는 겉은 페미를 싫어하지만 여자는 무료로 좋아하는 입만 산 정치인이 있다. 언행일치가 안 되고 무능력한 사람에게 더 이상 속지 말아야 한다. 그들을 좋아하는 사람은 좋겠지만 일반 국민은 참으로 스트레스다. 거기에 가십거리나 가짜뉴스, 앵무새 같은 기계적 중립의 방송, 편향된 신문 등은 왜 한국이 세계에서 언론 신뢰도가 가장 낮은 국가 중 하나인지 여전히 여실하게 보여 주고 있다. 무법한 자에겐 복종하는 순한 강아지가 되고 법치주의자에겐 물어뜯는 미친개가 되는 게 지금의 언론이다. 미안하다, 개들아…. 이 챕터를 마무리하겠다. 페미니즘 정치를 해 보겠다며 짧은 머리 여성의 진보정당이 새롭게 나오고 있고 짧은 머리 페미니스트 방송인이 출연하는 속에서 이것저것도 싫다 하는 사람은 그냥 루소처럼 자연으로 돌아가면 된다. "사회의 암에 걸리지 말고 고결한 야만인이 되자!"라고 외쳐 보지만 심심할 땐 십 분도 안 돼 스마트폰 못 잊어! 못 잊어! 중독된 그런 당신임을 안다. 뼈를 때렸다면 미안하지만 사실 우리 모두가 중독된 사랑에 빠져 있다.

 잘못된 페미니즘과 스마트하지 못한 스마트폰 세상에 생각을 조종당하지 말자.

언어와 관계의 중요성

　1인 가구가 늘어나고 있고 아무리 혼자 사는 세상이라지만 어쩔 수 없이 우리는 인간관계를 하며 살아간다. 홀로 지내는 것보다 인간관계를 하며 삶의 여생을 보내는 사람은 그렇지 않은 사람에 비해 정신이 더 건강했고 평균수명이 더 길었다. 이것은 여러 실험에서 공통적으로 언급할 정도로 과학적 결과가 분명하다. 국내 도서 『행복의 기원』에서는 사람과 점심을 같이 먹고 관계를 형성하는 것을 행복의 가장 중요한 요소로 본다. 그래서 사람은 살아가는 데 계속 좋을 수도 없지만 계속 불편해서도 안 된다.

　우리에게는 싫어도 마주쳐야 하는 사람이 있다. 직장이든 동호회든 인간관계가 있는 곳이라면 어디든 그렇다.

　감정의 표출은 나 자신의 정신건강을 위해 매우 중요한 일이지만 꼭 타인의 감정까지 건드릴 필요는 없다. 어차피 우리 모두는 서로에게 싫고 좋음의 대상이 되며 한 공간에 살아가기에 더 불편하게 만들 이유는 없다.

　대부분 직장인은 업무 자체보다 인간관계로 힘들어한다.

　그런 의미에서 『82년생 김지영』처럼 페미니즘 신념을 실제로 투철하게 표현하며 직장 생활을 한다는 건 진짜 대단한 일이다. 사실 책 속의 인물이니까 가능한 거지 그런 식으로 자기 신념을 표현하면 결국 같은 여성에게까지 손절당하거나 스스로 직장을 그만둘 수밖에 없다. 가치의 지향성은 틀리지 않지만 방법이 잘못된 걸 김지영이나 김지영을 공감하는 사람은 평생 모른다.

한편 "아 다르고 어 다르다."라는 말은 한국만의 문제는 아니다. 각 나라의 제스처와 언어도 마찬가지다. 언어의 중요성을 커뮤니티에 연계하여 잠시 언급했지만 사실 언어라는 것은 인류 역사에 전방위적이다. 노암 촘스키나 소쉬르 같은 언어학자뿐만 아니라 마르쿠제나 비트겐슈타인 같은 철학자, 심지어 하이젠베르크같은 과학자도 소통과 정신적 측면에서 언어의 중요성을 이야기했다.
수많은 학자가 언어에 대한 철학적, 현실적 탐구를 했었고 지금도 그렇다.
우리의 현재 실생활로 돌아와 보자.
언어는 상황과 때에 맞아야 하며 상호 주관적일 수 있기에 칼이 되어서는 안 된다. 언어의 온도 조절은커녕 자신의 신념과 생각을 망나니처럼 표현하는 것은 올바른 관계 지향적 행태가 아니다. 언어는 자기 자신이고 더 나아가면 부르디외가 말하는 아비투스다. 사회에 해가 되는 존재들은 일반적으로 쓰는 언어부터가 다르다. 그런 부류들은 가장 저질스러운 언어를 쓰고 마르쿠제가 말하듯 "폐쇄된 언어"를 쓴다. 파편화된 신념이 만들어 낸 혐오의 언어는 나치 시대에 그랬고 필자가 계속 언급한 현재의 커뮤니티에서도 쉽게 접할 수 있다. 그들은 인식하지 못하겠지만 사회의 가장 밑바닥이다. 오히려 그들은 사상적으로 비교 우위에 있다며 근거 없는 신념을 가지고 있다. 어린이,

청소년, 청년의 다양한 디깅 문화와 그 속에서 파생된 언어는 일부 긍정의 요소도 가진다. 그러나 문화가 아닌 신념 주의자들은 사회의 불안 요소만 가지고 있다. 우리 모두 관계 친화적이거나 상식적 언어를 사용해야 한다. 전 세대에 걸쳐 광범위하게 쓰는 부정의 단어나 쓸모없는 밈에서 온 것들은 과감히 버려야 한다. 특히 각각의 언어가 정치 사상적으로 상징적 동일화를 가져올 때는 더욱더 부정적이기에 부모와 사회는 자라나는 어린이에게 제대로 된 교육을 해야 한다. 시대마다 가지는 특정한 언어의 생성과 소멸은 젊은 세대에 늘 있어 왔지만 이렇게 냉소적이며 부정적 감정의 밈은 그전에는 겪어 보지 못했다.

다 큰 어른은 이제 어쩔 수가 없다. 스스로 갱생하지 않는 이상 아비투스화되어 그 층에 맞는 사고방식과 수준에 머문 상태로 평생을 살아야 한다. 안타까운 일이다.

관계는 온라인 지향적이기보다 오프라인 지향적인 것이 본인에게 더 좋다. 물론 사람에 이리 치이고 저리 치여 마음이 힘든 상태여서 타인을 직접적으로 피하고 싶은 때가 있다. 그럴 땐 익명을 이용하여 쉽게 공감하며 타인을 미워할 수 있는 글을 온라인으로 쓰고 싶어진다. 쉽게 상처받으니 쉽게 위로받고 싶은 마음이다. 그러나 그것도 적당히 해야 한다. 상처는 이제 여남을 떠나 우리 모두의 것이 되었다. 사람이 싫어 자연으로 돌아가는 사람도 있지만 거기에서도 사람이 그립다. 사람과의 관계가 있든 없든 그리움과 외로움은 인간의 숙명이다. 그냥 잘 지내고 싶은 마음뿐인데 인간관계 속 정치질이나 배신감에 사람들은 에너지를 소비하고 불행해한다.

정치질을 잘하지 못하는 사람은 남을 쉽게 비난하지 않고 꼼수도 부리지 않지만 정치질을 잘하는 사람은 남을 쉽게 비난하고 강약약강의 행동을 잘 취한다. 페미니즘은 전통적으로 여성이 직장 내에서 남자처럼 정치질을 잘하지 못한다고 주장한다. 과거 남성 위주 문화에서는 잔 다르크 같은 걸 크러시가 아니라면 당연히 유리천장 깨기가 어려웠을 테고 관계의 형성 자체도 힘들었을 것이다. 그러나 요즘은 여성이 정치질을 더 잘하는 경우도 있다. 인간관계에 나약한 남성과 아부 같은 것을 떨지 못하고 수평적 관계를 지향하는 남성은 이제 외톨이가 된다.

더 이상 남자만 직장 내에서 정치질을 하는 시대가 아니다. 사기업, 공기업, 일반 공무원 등의 정치질은 이제 여성도 광범위하게 함께한다. 그곳에서 전통적 남녀의 관계는 붕괴한다. 여남을 떠나 관계가 있는 곳이라면 인간의 본성이 발현되면서 이젠 모두가 생존경쟁을 한다. 마르쿠제는 이 생존경쟁 때문에 노예 상태를 자각하지 못하고 사람들이 1차원적 생각에 머문다고 한다. 생각해 보면 정치인은 국민이 못살고 갈등이 깊어져야 정치하기가 쉽다. 정치와 페미니즘, 직장, 가족 어디서 우리는 위로와 행복을 얻는가?

자유와 사랑, 사람과의 관계는 자꾸 멀어져 가고 서로가 서로를 소외시키는 삶에 사람들은 점점 지쳐 간다.

그래서 현시대엔 더욱더 따뜻한 마음과 언어가 필요하다. 적대적이고 낯선 이방인 같은 표정과 마음으로 타인을 대하지 말고 마음의 여유를 가져야 한다. 편안한 얼굴에 약간의 미소는 그럴 때 나온다. 이건 전혀 유토피아적인 게 아니다.

페미와 반페미 그리고 정치적 좌우의 현재 언어는 합리적인 게 아니라 의식이 신념화된 편향성 언어다. 직장뿐만 아니라 어느 조직이든 지배성을 가지고 수직적 인간관계를 가지려는 사람이 있다. 그들의 언어는 보통 타인에게 코르티솔적이다. 실제로 사람과 사회에 암적 존재인데 그들이 쓰는 언어는 숙주이자 전달자가 된다.

안타까운 건 그렇게 사는 사람은 쉽게 변하지 않을 것이란 점이다. 그런 패턴에서 또 다른 암적 분열의 사람이 새롭게 나타난다. 숙주가 있는 한 영원하기에 인류는 이것을 끝낼 순 없다. 아직은 더 이상 확산되지 않기 위한 항암 요법밖에 없다. 그 요법은 아래와 같다.

책을 읽고 타인을 접하고 공감의 언어를 쓰려는 우리라도 주변에 긍정의 씨앗을 뿌려야 한다. 물질이든 인간이든 대립이 늘 있어야만 새 질서가 형성된다는 것을 믿고 지금의 극단 또한 절망으로만 보지 말자.

다 잘될 것이다.

페미의 미래

페미와 안티페미가 돈이 되어서는 안 된다. 진보나 자칭 보수가 서로 나뉘어 지지자로부터 서로 옳소! 옳소! 하며 코인을 받게 되면 그들처럼 답이 없기 때문이다.

한국의 자칭 보수와 페미니즘은 자신들이 잘할 생각은 안 하고 끊임없이 반대편 잘못만을 끄집어낸다. 그렇게 해서 언제 해결이 되고 좋은 결론이 난 적이 있는가?

그런데 안타깝게도 이미 페미와 반페미는 코인화가 되어 TV나 언론 기타 온라인은 말릴 수 없는 지경까지 이르렀다. 더군다나 페미와 반페미는 정치 영역까지 들어와 온갖 분탕질을 하고 있다. 필자처럼 말하면 양극단을 추종하는 퇴행 환자들에겐 지지를 받지 못하기에 돈이 되지 않는다. 적을 만들고 분란을 일으키는 트러블 메이커가 돼야 돈이 되는 세상이다. 그래도 올바름을 전한다는 사명감에 글과 말로써 계속 노력은 할 생각이다. 한편 언어의 중요성을 말하면서 자꾸 정신병거리는 게 마음에 걸리지만 사실 이 단어 외에는 완벽히 들어맞는 게 없다. 최대한 자제해서 환자나 심리적 감옥에 갇힌 사람 등으로 대체하겠다. 솔직히 말하면 필자도 환자다. 그러니까 환자 눈에 환자가 보이는 것이다. 환자는 약을 먹어야 하는데 우리는 파란 약 빨간 약 대신 하얀 책을 먹자.

현실의 개인은 고요한데 온라인의 군중은 양자도약처럼 어렵고 혼란스럽다 보니 잠시 이야기가 헛나왔다. 본론으로 돌아와 보자.

　역사적으로 이어져 온 페미니즘은 남성성, 여성성을 나누지 말자고 하는데 지금의 가짜 페미니즘은 오히려 그들이 모든 걸 젠더화시키고 있다. 다른 표현으로 한 번 더 반복하겠다. 우리나라의 페미니즘은 겉으론 이원론적 남성 시각을 부정하면서 정작 자신들은 이원론적 생각과 행동에 머물러 있다.
　그것밖에 할 줄을 몰라서이고 그게 돈이 되고 관심의 미끼가 되기 때문이다. 그래서 우리나라 페미니즘은 죽었다. 그렇지만 위기가 기회인 만큼 때를 놓치지 말고 르네상스처럼 여성 부흥을 넘어 인간 행복 부흥을 위해 새로운 길을 가야 한다. 그러기 위해선 먼저 사회 전반에 침투해 있는 일베 같은 부류와 휴포 페미들을 사회 무관용으로 대처해야 한다. 개인 사상의 자유는 어쩔 수 없으나 직장 내에서의 명백히 의도한 실수는 법적 책임을 반드시 물어야 한다. 또한 온라인에서 특정된 타인의 혐오는 지금보다 더 엄하게 처벌해야 한다. 사망한 사람의 이름 가지고 조롱 혐오하는 게 페미니즘이나 정치 좌우랑 대체 무슨 상관이란 말인가. 한편 국가 인권 위원회나 한국의 판사에 대해 국민은 점점 불만이 쌓여 간다. 한쪽은 스윗하게 인권을 중시한다지만 풍선효과를 만들어 내고 있고 한쪽은 오래된 관행과 판례에서 벗어나지 못하는 모습 때문이다. 사회적으로 아닌 것은 과감하게 처단하고 법도 그것에 맞게 냉정해야 한다. 일부 페미들의 연합으로 어떤 여성의 명백한 범죄를 젠더화해 보호하려 할 때 굴복하지 않고 법과 원칙에 때라 합리적으로 처리해야 한다. 현실적으로 이것이 최선이다.

페미니즘이 나아가야 할 방향에 대해 이 글 곳곳에서 조금씩 언급했다. 정치의 논리는 승패나 게임으로 봐서는 안 되는데 어느 순간 그런 경향이 심해지고 있다. 선거를 통해 승패는 결국 갈라지긴 하지만 정치를 한다는 사람이 승패의 생각을 가지면 안 된다. 그래서 통합을 얘기하는 게 아닌 세대와 남녀 갈등, 좌우 분열 등을 더 고착화하는 언행을 하는 것은 바람직하지 않다. 어떤 이는 정치의 치(治) 자를 바르게 잡고 다스리는 게 아니라 '다 살린다'는 의미로 해석한다. 최대한 다 살리려고 하는 것의 뜻이라면 후자가 좀 더 마음에 와닿는다.

페미니즘도 무엇에 대한 승리인지는 모르겠지만 모두의 승리가 되었으면 좋겠다. 페미니즘이 남자에 대한 승리 같은 것이라고 생각하는 휴포들이나 젠더 갈등적 생각에 머물러 있는 페미니스트라면 과감히 버려야 한다. 왜냐하면 이들의 페미니즘은 또 다른 차별을 만드는 숙주이기 때문이다. 그래서 이런 방사능 페미니즘이 사회에 발을 못 붙이게 해야 한다. 다 살리는 것은 사실 유토피아적이고 정치란 모두를 만족시킬 수 없으며 모두의 승리일 수도 없는 노릇이다. 민주주의의 꽃이라는 선거를 예로 들어 보자.

단순히 산수적으로만 보면 선거의 승리는 49대51 즉, 1표 싸움이다. 이것을 확대 해석해서 미래의 페미니즘 전략을 생각해 볼 수 있다. 정치든 페미니즘이든 모두를 만족하거나 모두의 동의를 얻을 수 없는 것이라면 대중의 공감을 한 사람이라도 더 하게 만드는 것이다. 지금의 자폐 페미니즘과 단절하고 불합리한 것과 부조리한 것을 타파하는 디케이즘이 되어야 한다. 보편타당한 인권 중심의 행동을 하는 페미니즘은 매우 당연한 일이다.

세상의 억압과 부조리는 여자 남자의 관계에서만 존재하지 않으며 오히려 여남 관계보다 무수히 많은 약자들과 관계하고 있다. 가령 데이트 폭력이나 스토킹, 어떤 여성과 남자의 죽음을 젠더 관계로만 보고 서로의 혐오를 선택적으로 이용하는 것은 올바르지 않다. 산수적 수치만 보면 여성을 괴롭히는 남성이 절대적으로 많겠지만 분명 여성도 그런 경우는 존재한다. 만약 법이 정해져 있다면 그것에 맞게 합리적으로 공정하게 처벌하면 된다. 단지 여성이니까 여성만의 공감을 얻으려는 감정 페미니즘을 오히려 깨어 있는 디케 여성들이 거부해야 한다. 그런 페미니즘은 강제적 PC와 다를 게 전혀 없다. 대전환이랄 것도 없이 조심해야 할 자칭 페미니스트를 먼저 인식하는 게 중요하다.

범죄 심리에 대해 자칭 전문가로 알려진 어느 여교수는 페미나 정치 영역에만 들어오면 매우 편향적이고 인지 부조화된 이야기를 한다. 이런 코미디를 보지 않기 위해서 필자는 반복하여 페미니즘이 종교, 정치, 여성 편향 등에 빠지면 안 된다고 주장했다. 평소에 정상적인 사람도 남녀나 정치, 종교로 들어가서 얘기해 보면 고개가 절레절레 한숨이 나오는 경우가 많다. 국민은 아무런 해결책도 없으면서 페미니즘을 떠들어 대며 갈등을 조장하는 정치인, 방송인, 페미 책, 뉴스 등의 선동에 놀아나지 말아야 한다. 그들은 갈등을 먹고 살기에 설령 해결책이 있다고 한들 공허한 주장만 하게 된다. 또한 인권 위주가 아닌 여성 위주의 역차별적 주장을 하는 사람은 겉으론 여성권 신장을 위하는 척하지만 페미를 도구 삼아 개인적 이득을 취하려고만 하는 못된 사람이다. 계속해서 말하지만 페미니즘을 이용하여 정치적 갈등과 분란을 조장해 특정 정권이나 정당을 교묘하게 엮는 비열한 인간을 멀리해야 한다. 세상의 반은 여자고 어느 정당이든 어느 조직이든 여성이 포진해 있다. 그들은 정권에 따라 고개를 선택적으로 크게 쳐드는 때를 기다릴 것이다. 그런 선택적 페미나 반페미는 일베와 다를 것이 전혀 없는 사회적 암적 존재다.

젠더나 좌우 문제로 보지 말고 미래지향적인 얘기를 하는 페미니스트가 돼야 하는데 로크가 말한 백지상태의 그런 인간이란 현실적으로 쉽지 않다.

맨더빌의 『꿀벌의 우화』에서는 이런 말이 나온다. "세상이 균형을 이루도록 하는 것은 선이 아니라 오히려 악이다." 역사적으로 사악한 짓을 하는 사람들과 그 추종자들은 늘 있었다. 악에 반대하는 합리적이고 상식적인 사람들은 그 악에 희생당함으로써 악한 것을 그나마 선과 악의 중간으로 만들어 냈다.

이 글도 그 악으로부터의 저항일 뿐 모두를 설득할 수는 없다. 한국의 페미는 페미니스트 같지 않은 자칭 페미 때문에 대중들에게 이미 오염되어 버린 단어가 되었다. 정책 제안이나 발언 등이 그다지 기울어진 것이 아닌데도 페미니스트라는 이유로 이젠 선입견을 가지고 바라보게 된다. 그래서 페미니즘이나 페미니스트라는 용어는 역사 속으로 남겨 둔 채 새로운 용어를 써 보는 것도 고려해 볼 만하다. 인권주의자, 평등주의자는 상투적이니 배제하고 정의의 여신 디케를 끌어와 신조어 디케이즘이나 디케이스트로 만들면 좋겠다. 실제 로마에서는 저스티스의 기원이 되는 신이기도 하고 성별이 여성이라는 점에서 여성도 만족할 것이며 남자도 크게 불만이 없을 것이다. 한쪽 손에는 저울을 들고 평등하며 공정하게 판단하는 디케와 또 다른 한쪽 손에는 검을 들고 정의롭지 않은 것은 즉시 칼로 베어 버리는 단호함이 페미니즘 이상으로 현시대 우리에게 필요하다.

또 하나 전략이 나왔다. 페미니스트인 척하지만 페미가 아닌 휴포들에 대해 진짜 페미니스트들은 그들을 과감히 베어 내어 결별해야 한다. 앞으로 합리적 페미니즘이나 페미니스트를 디케이즘 혹은 디케이스트라 칭하자. 참고로 그리스 로마 신화를 빗대어 페미니즘을 도출하려는 사람이 있다. 선택적으로 보면 방대한 신화의 내용 중 남성 우월주의적 시각도 꽤나 있을 것이다. 그러나 남녀를 평등하게 바라보는 신도 존재한다. 제우스나 남성성을 가진 신들에 대해 여신들은 모두 수동적이지만은 않고 전투적이며 주체적인 행동을 하는 경우도 많다. 그래서 그리스 로마 신화의 페미니즘적 해석은 너무 나간 것이다. 아마조네스 같은 신화나 레스보스섬의 사포 이야기는 페미니즘이 좋아할 만한 이야기지 않은가. 참고로 레스보스(사포) 신화 이야기에서 레즈비언이라는 용어가 나왔다. 아무튼 일베 같은 페미들과 결별은 선택이 아니라 필수다. 그런데 그게 쉽지 않은 이유는 여성이라는 틀에서 공감하고 연대하며 서로를 이용하는 것이 조직화하는 데 힘이 되기 때문이다. 합리적이고 의식 있는 어른 디케이스트들이 먼저 정신을 차리고 디케이즘으로 전환해야 한다. 극렬 휴포 여성과 일베 남자는 사회 곳곳에 포진하여 사회를 좀먹고 있다.

일베는 합리적인 비판이 아니라 오로지 고인 조롱이나 반대편 생각에 비아냥밖에 없고 휴포 여성은 여남평등 교육을 한답시고 매우 편협하고 거부감 드는 행동을 취한다. 사회와 학부모 그리고 학교는 균형적 시각을 가지고 잘못된 페미니즘에 대해 재교육을 실시해야 한다. 법적으로 규제할 수 있는 것이 있다면 제정하거나 공론화해야 한다. 자유로운 토론이나 사실관계를 다투는 것들이 아니라 인간의 도리가 아닌 것을 넘어 범죄가 될 만한 것들이 난무할 때 국가와 사회는 그것을 막을 수 있는 최소한의 것을 해야 한다. 이런 규제는 사상 검증이나 검열이 아니라 사회에 해로운 쓰레기들을 처리하는 일이다. 현재 반지성주의 20대, 30대 초중반 나이의 디씨, 펨코를 하는 남성과 일베 같은 휴포 여성은 2010년 전후로 잘못된 사상을 온라인으로 배웠다. 거기엔 커뮤니티나 유튜브 영상 그리고 밈 문화가 큰 부분을 차지한다. 올바른 여남평등 더 나아가 사회를 건설적으로 보는 눈을 키울 수 있도록 규제와 처벌 그리고 사회교육이 필요하다. 사실 그 부모에 그 자식이 나올 확률이 높고 사람은 쉽게 고쳐지지도 않으니 어렸을 때부터 올바른 가정교육이 가장 현실적이고 중요하다. 그리고 인성이 먼저다!

지금은 개인이 언론이고 개인이 빠르게 정치적일 수 있고 개인이 사회문제가 되는 시대다. 현시대 사람들은 피드백이 빠른 만큼 숙고는 적게 하는 삶을 산다. 건전한 담론이 아니라 어설프고 대립적인 온라인 글을 많이 접하다 보니 사람들 마음이 안정적이지 않고 화가 나 있다. 그런 허접쓰레기 글이나 영상이 이슈의 중심이 되지 않도록 대중은 깨어 있어야 한다. 앞으로도 사이비 페미와 반페미 자영업자들은 계속해서 우리 앞에 나타날 것이다. 자작극을 만들어서라도 갈등을 만들고 사회의 이슈가 되려고 하거나 특정 정권이나 정당에서 벌어진 일만 선택적으로 분노하는 악마들도 계속 생길 것이다. 좀 더 겸손한 자세로 세상을 배워 가야 한다.

마지막으로 상투적인 말 하나만 하고 끝내겠다. 우리 민족의 위대함을 알기에 언제나 그랬듯 우리는 해결책을 찾을 것이다. 광활한 우주 중 창백한 푸른 점에 사는 인간은 먼지 하나만큼도 안 되는 존재이자 먼지 같은 짧은 인생을 산다. 그런데 왜 이렇게 남녀가 싸우는 것인가. Love is peace. Love wins.

남자가 없으면 페미니즘도 없고 완성도 없다

　서로 인정할 것은 인정해야 한다. 아무리 편향된 마음이 없다고 항변해도 이 글을 쓰는 필자조차 타인에게 판단의 존재가 된다.
　결국 성별이나 정치사상 그리고 세상의 가치관이 이미 자신의 몸에 지배된 상태이기에 솔로몬의 현명함으로 글을 읽는 사람도 쓰는 사람도 없다. 이제 이 글을 서서히 마무리할 때가 되었다. 돌이켜 보면 장난기 없이 보통의 책처럼 엄중한 마음으로 글을 좀 더 기계적으로 쓸 수도 있었다. 만약 그랬다면 『페미니즘에서 디케이즘으로』라는 도서는 나오지 않았을 것이다. 양쪽 의견만 전달하며 이런저런 논란이 있다 정도를 소개하는 건 의미가 없으며 그런 도서들은 이미 여럿 존재한다. 언론의 기계적 중립처럼 아무런 사유를 주지 못하고 사람을 바보로 만드는 이야기는 하고 싶지 않았다. 남자가 잘해야 한다. 균형 잡힌 생각을 가진 남자가 여성의 페미니즘을 완성할 수 있다. 수많은 페미니즘 도서 중 판에 박힌 내용이 아니어서 마음에 와닿았던 책이 하나 있다. 역시나 국내 도서는 아니다. 벨 훅스의 저서 『페미니즘: 주변에서 중심으로』라는 책의 내용 중 남자의 임무에 대해 이야기한 것이 있다. 쉽게 말해 여성 해방운동을 남성이 완성할 수 있다는 것이다. 이 책의 작가는 물론 여성이다.
　남성 적대적인 레디컬 페미니스트나 여성 적대적인 반페미니스트는 벨 훅스의 말을 이해할 수 없을지 모른다. 필자는 이미 젠더 융합이라는 단어를 만들어 표현한 바 있다.

 깨어 있는 남성은 이제 안다. 우리는 남성이니까 남성적 입장에서 세상을 바라봤고 여성을 이해하지 못했다.

 반면 여성도 여성만의 시각과 페미니즘 몇몇 지배적인 사상이 여전히 존재함으로 인해 남성을 이해하지 못했다. 인간으로서도 젠더로서도 우리는 서로를 이해하기 힘들어했다. 남성이라는 나 자신, 그러니까 개인인 나는 어쩌면 여성을 사랑하고 차별이 없는 사람일 수도 있다. 그런 남자가 훨씬 더 많을 것이다. 거대한 역사의 흐름 속에 평범한 개인이 할 수 있는 건 거의 없다. 이제는 우리가 남성 모두의 탓이라고 여기며 남녀 차별에 역사성을 끄집어낼 수밖에 없는 페미니즘을 이해해야 한다. 남성이여 부정만 하지 말자. 그동안 필자가 일부 페미니즘 주장을 신랄하게 비판한 것과 지금 말하는 것은 모순이 아니다. 지금은 페미니즘 필요성을 거시적 차원에서 이해한다는 것이지 미시적 비판들과는 구별할 줄 알아야 한다. 다만 그런 마음을 가지고 페미니즘을 이해하는 세대는 MZ세대의 끝자락에 있는 나이로 충분하다. 앞으로의 젊은 페미니스트 여성도 이것을 인정하고 새 과제를 가지고 와야 한다. 그것은 매우 중요한 일이며 지금의 꼴통 페미니즘의 수준에서 계속 놀고 있으면 더 이상 희망이 없게 된다.

 그동안 남성은 꼭 남녀 차별이 아니어도 기존의 남자 중심 사회 시스템 속에 편하게 무임승차한 시대를 살았다. 특히나 MZ세대 이전 세대라면 더욱 그렇다. 이것이 완전히 사라진 것은 아니기에 이젠 우리가 바른 생각을 가진 페미니스트에게 동조해 줘야 한다. 우리 어머니 세대는 우리 자식 잘되라는 것밖에 몰라 세상의 부조리를 인식하지 못했다. 그 어머니의 어머니도 자기 딸에게 차별적이었다. 이건 수컷 문화가 만들어 놓은 과거 여성의 비극적 삶이다. 사회가 그렇게 만들어 놓지 않았다면 「아들과 딸」 같은 드라마는 공감을 얻지 못했을 것이다. 후남이는 냉대하고 귀남이만 이뻐하는 귀남이 어머니도 어떻게 보면 미워해야만 하는 인물이 아니라 오랜 여남 차별 사회가 만든 피해자라고 생각해야 한다. 이게 남녀 모두의 공감이다. 드라마 하니까 또 하나가 생각난 게 있다. 그 당시에는 인식하지 못했지만 진짜 여성의 주체성을 가진 드라마가 있었다.

2030세대는 이 드라마를 잘 모를 수도 있다. 그것은 협소한 페미니즘 시각이나 신경질적인 게 아닌 능력으로 자기 자신을 증명한 드라마 「카이스트」다. 대학 내의 조직에서도 여성 차별적 상황이 존재한 가운데 강성연인지 추자현인지는 정확히 기억나지 않지만 어디에 기대지 않고 당당히 남성과 능력을 겨룬다. 나는 페미니스트라며 입만 살아 있거나 남성 적대적인 여성과는 질적으로 다르다. 물론 여성 모두가 이렇게 똑똑하고 자립적일 순 없다. 그건 남자도 마찬가지다. 그래서 정의롭지 않은 사회나 계급화된 사회로 인해 도움이 필요한 사람에게 사다리를 놓아 주는 세상이 필요하다. 왼쪽에는 남자가 오른쪽엔 여자가 그 사다리를 잡아 주어 안전하게 사람들을 위로 보내야 한다. 좌우는 대립이 아니라 협력일 때만 의미가 있다. 그 사다리를 불안하지 않게 서로 웃으며 꽉 잡아 주는 게 디케이즘의 최종적 목표다.

  다만 결코 타협의 대상이 되지 않는 건 휴포 종족이나 페미니즘 망상에 사로잡힌 자칭 페미니스트이다. 한국 남성이 비판하는 페미니즘을 여전히 여성 편의적 입장으로만 반박하는 건 페미니즘 증후군이다. 그들은 아무리 이성적 이야기를 해도 무엇이든 하느님으로 승화시키는 답답한 존재가 된 일부 기독교 신자와 같다. 즉, 합리적인 비판도 오로지 페미니즘 신에 의지하여 반론한다.

  수십 년 그래 왔고 현재도 그렇기에 대화가 되지 않는다. 남성을 이해하려 하기보다 오로지 여성의 입장만을 먼저 생각한다. 그러다 보니 타협은 사라지고 결국 또 싸움만 일어난다. 결론적으로 그들은 디케이스트가 될 가능성이 거의 없다. 대화 없는 부부나, 서로 사이가 안 좋아 싸우기만 하는 부부가 지금 우리나라의 젠더 상황이다. 이대로 두면 페미와 반페미는 더욱더 사이가 안 좋게 된다. 부부로 치면 이혼 직전인데 4주간의 조정이 필요하고 그사이 서로가 디케이즘을 완독해야만 한다. 그래도 안 되면 이혼해야 한다. 그들을 과감히 배제하고 남성들은 대화가 통하는 뉴 페미니스트 즉, 디케이스트 여성과 함께해야 한다. 그러나 쉽지 않을 것이다. 왜냐하면 오래전부터 전통적 페미니즘 백신을 맞은 여성들이 많기 때문이다. 이젠 디케이즘 백신이 필요한데 지금의 이 글이 바로 새 페미니즘 백신이다. 새 백신이다 보니 아나필락시스 같은 부작용도 있을 거라고 생각한다. 디케이즘인 이 글에 경기를 일으킬 정도면 안타깝지만 기존 백신으로 평생 살아야 한다. 필자의 디케이즘 백신뿐만 아니라 다양한 디케이이즘 백신이 또 나왔으면 좋겠다. 그래서 선택권이 넓어지고 접종도 많은 사람들이 하길 바란다. 기존의 면역체계 외에 새로운 면역 반응으로 더욱 건강한 페미니즘이 되도록 말이다.

역시나 글을 너무 무겁지 않게 쓰려고 하다 보니 이 단락의 마무리도 엉뚱하게 백신에 빗대어 장난스럽게 하고 말았다. 그런데 지금까지 그런 가벼움을 아무 의미 없이 쓴 게 아니다. 전부 다 언중유골이다. 그 곳곳엔 숨은 의미가 있다.

토론 그런 거 하지 마

　이성이 있더라도 인간의 삶에 대화가 없다면 동물과 크게 다르지 않을 것이다. 토론에서 중요한 건 경청과 논리적인 사고인데 그 두 가지를 진짜 가진 사람은 별로 많지 않다.
　이해라는 건 타인을 존중함으로 시작하고 거기엔 감정뿐만 아니라 합리성도 같이 있어야 한다.

　페미니즘에 대해 남녀가 서로 평행선을 달리는 이야기만 하는 건 서로 이해와 존중이 없기 때문이다. 합리적 근거와 논리 없이 계속 감정적이라면 앞으로도 남녀는 소통이 되지 않을 것이다. 그런 사람들이 토론하면 꼬투리만 잡다가 결국 고드윈의 법칙에 빠진다. 고드윈 법칙이란 서로 논쟁하다가 결국 마무리는 감정적이 되어 "야, 이 히틀러 같은 놈아." 혹은 쌍욕을 날리는 걸 의미한다. 백 분 토론을 넘어 천 분 토론을 해도 서로 얼굴만 붉힐 뿐 해결되는 건 없다. 공중파뿐만이 아니다. 각자 페미 신념과 반페미 신념으로 개인 방송에서 떠들어 대는 사람이 있는데 보통의 사람보다 배우지도 못하고 아는 것도 없는 사람들이다. 그저 기레기 기사 하나 가지고 편집 재가공하며 분탕질하거나 반대쪽 영상에 반박하는 그런 짓만 한다. 그것이 여태껏 그들이 살아가는 방식이었고 앞으로도 그럴 것이다. 그들은 대부분 저질스러운 언어와 표현들로 그 어떤 긍정의 것도 주지 못한다. 그렇게 떠들어 대는 사람이나 영상을 보는 사람 둘 다 책은 보기 싫어한다. 그들은 쉽게 영상을 보며 서로 '잘한다! 잘한다'고 하면서 어느 신념자로 편승한다. 그 수준에서 무슨 해결책이 나오겠는가. 공중파에 나와서 토론하는 페미와 반페미든, 개인 방송에서 토론을 하든 간에 그런 수준은 그저 양극단의 좋은 먹잇감일 뿐이다. 결국 선동하는 자들에게 투사(投射)되어 진짜 투사(鬪死)가 되는데 현실에서 그렇게 살면 극렬 페미뿐만 아니라 반페미도 정신병이 된다.

극렬 페미가 여성에게 적이듯 반페미 연대도 남성의 적이다. 남성 연대로 모든 남성 더럽히지 말고 명칭을 일베연대 혹은 펨고연대로 바꾸길 바란다. 이름을 이렇게 바꾸니 완벽히 어울린다. 필자도 바꿨다. 투사의 한자를 선비 대신 죽을 사(死)로 말이다. 온전한 정신의 사람은 생각하게 하는 것을 봐야 한다. 비판할 수 있는 시간이 내게 주어지고 차분한 상태의 마음에서 스마트폰 전자파보다는 종이와 마주해야 한다. 이런 말을 아무리 해도 공염불이란 걸 안다. 과거엔 호환이나 마마가 무서웠지만 현시대엔 신념을 가진 자들이 가장 무섭다. 뇌 단속이 진짜 필요한 시대다.

개똥철학

 철학은 옳고 그름이 아니라 사유의 논증과 비판이다. 페미니즘이 곧 철학이라고 할 순 없지만 철학의 의미인 필로와 소피를 생각하면 페미에 철학적인 면이 있다는 게 꼭 틀린 건 아니다. 그런데 우리나라 페미니즘은 철학이 거의 없는 상태에서 매우 현실 속으로 다가왔기에 즉흥적이다. 진짜 문제는 그렇게 즉흥적인 데다가 옳고 그름까지 찾으려고 하니 아무것도 되지 않는다는 점이다. 결국 거기엔 철학과 현명함이라는 게 있을 리 만무하다.

 고대 그리스에서는 잘 모를 땐 '에우불리아' 했다. 에우불리아는 숙고라는 뜻이다. 그리스 사람들은 생각하고 생각하면 소피의 세계로 갈 거라고 생각한 모양이다. 철학은 또 감정이 최대한 배제되어 있고 이성적이며 논리적이다. 우리나라의 페미니즘은 감정이 한가득이다. 그리고 자본주의를 미워하지만 자본주의도 한가득하다.

 한국의 페미니즘이나 페미니스트에게는 역설적으로 자본주의가 그들의 자본이다.

 남자 페미니스트를 자처하지 않는다면 남성에겐 그 자본이 존재하지 않는다. 페미와 반페미라는 자본이 있기에 자유 시장경제에서 마음껏 그것을 팔아먹을 수 있다. 그것이 좋은 물건이든 아니든 상관이 없다. 오로지 팔아먹으면 된다. 정당부터 정치인, 개인 방송을 하는 사람 등 그 자본을 마음껏 누리고 있다. 문제는 그걸 소비하는 사람이다. 상품의 가치는 둘째치고 잘못된 물건인지를 모를 때는 평생 1984년 사고방식에 머물게 되어 더욱더 나쁜 물건들을 구매한다. 좋은 물건을 구별할 줄 알고 소비자가 현명해져야 기업이 변하듯이 페미 상품 또한 그렇다. 역사적으로 늘 사기꾼들은 있어 왔고 사람들은 당할 수밖에 없었다. 그러나 한 번 당하면 사기꾼이 나쁜 것이지만 두 번 당하면 나의 잘못됨도 돌아봐야 한다.

시대는 변했는데 페미 상품은 변한 게 없이 겉 디자인만 변한 시대에 우리는 살고 있다. 그것도 구버전보다 못한 신버전을 소비하면서 말이다.

페미와 반페미 제품을 실제 써 보지도 않은 사람이 온라인에서는 써 본 척한다. 사실 현실에서는 그런 제품을 써 볼 기회가 잘 없다. 이제 그 페미니즘 제품은 소비자가 반품해야 하고 생산자는 공장문을 닫아야 한다. 자본주의의 공산품이 아니라 페미와 반페미주의의 '공상품'이기 때문이다. 공상에서 나오면 현실이 보인다. 이것은 마치 마르크스 이전의 공상적 사회주의 사상과 비슷하다. 공상적 사회주의란 프랑스 혁명 전후 모렐리, 푸리에, 생시몽 등에 주창된 사상으로 현실을 무시하는 유토피아 사회주의를 말한다. 그래서 마르크스 사상을 이들과 구별하기 위해서 과학적 사회주의라고 표현한다. 불평등에 처하고 기득권에 억눌려 평등하게 살아가지 못하는 사람에게 사상과 철학은 희망을 준다. 그러나 이상향과 현실은 늘 대립에 놓여있다. 이상향이 인간 모두에게 좋은 것이면 젠더 갈등은 존재하지 않는다. 여성에게 좋으면 그건 좋은 일이지만 여성에게만 좋으면 그건 좋지 않은 일이다. 갈수록 페미니즘은 전자를 잃어버리고 후자를 택하는 쪽으로 흘러가고 있다. 더 이상 점조직 형태의 여러 수의 집단이 외계인화되지 말고 인간 세계에 들어와서 인간의 사고를 해야 한다. 인간의 조건은 사상이나 신념이 아니라 공동체 정신이다. 그 공감 정신은 바른 언어 사용으로 소통하며 이성으로 이해하고 마음으로 받아들이는 것이다.

여성이란 종족은 있었지만 여성의 삶이 없는 시대의 과거라면 모를까 현재는 여성이 곧 우리인데 왜 여성은 여성으로 회귀하여 적을 만드는지 페미니즘은 이제 진지하게 성찰해야 한다. 그들 스스로 성찰을 못 하니 필자라도 해 봐야겠다.

여성을 이해하는 마음으로 잠시 여성이 되어 보겠다. 아마도 여성이 볼 땐 여장 남자처럼 어설프겠지만 개똥이는 무엇이든 될 수 있다. 왜 이렇게 페미니즘 동맹에서 여성은 벗어나지 못하는가? 그건 페미니즘 이전에 동성으로서의 의무감 때문이다. 의무감이 설령 아니어도 차마 동성을 외면할 수 없는 마음이 있다. 남성이 볼 때 여성이 왜 우는지 가끔 이해가 가지 않을 때가 있는데 그럴 때는 "나는 가끔 눈물을 흘린다."라는 전설의 싸이월드 글을 받아들이면 된다. 여성과 세상 모두를 이해하려고 하면 더욱 힘들다. 어떨 때는 그냥 듣고만 있어 줘도 괜찮으며 "당신이 옳다."라고 별말 없이 공감해 주는 것만으로도 도움이 될 때가 있다. 그러면 페미니즘에 별생각이 없는 여성이더라도 왜 동조하는지 감이 조금 온다. 자식은 부모가 되기 전까지는 그 부모님을 이해할 수 없다는데 그래도 철이 들면 완전히는 아니어도 조금은 알 수 있다. 남자도 페미니즘 눈물에 공감 못 하는 건 아니다. 때론 악어의 눈물일지라도 사랑스럽게 보이는 게 남자의 마음이다. 그런데 어떤 선을 넘어 버리면 여성이 아니라 인간 자체로서 미울 때가 있다. 그건 연인이나 부부의 문제를 넘어 사람 대 사람의 관계에 모두 적용된다. 페미니즘은 하물며 남자의 애인이 아닌데 자꾸 유아의 가짜 울음처럼 떼를 쓰고 악을 쓰며 운다. 그럴 때 남성은 부모나 연인이 마음으로 바라보지 않고 그 페미 울음을 이상한 취급하는데 이건 지극히 정상적인 반응이다. 적당히 해야 이쁘다. 자주 그러면 사랑스럽지 않다. 페미니즘도 그렇다. 왠지 어느 시인의 시그니처 표현을 따라 한 거 같다. 바로 이런 비슷한 느낌 때문에 페미니즘을 여성이 더욱더 자신과 비슷하게 생각하고 심하면 투영까지 하는 것이다. 여자의 마음은 단풍이나 천연색소 같아서 물들어 가는 것이 기본이다. 다만 물들어 가는 속도는 여성마다 디폴트값이 조금 다를 뿐이다. 그러나 여성의 여성 동지화도 안 될 때가 있는데 그건 여성이 여성 억압적일 때이다. 우리나라에서는 개인이 현재의 페미니즘에 의구심을 가지기는 해도 여성이 조직적으로 거부하지는 않는다. 외국 일부 여성은 조직적으로 현재 페미니즘을 거부한다. 그녀들은 인간의 본능을 인정하며 자신들이 남성의 엉큼한 시선의 대상/존재가 되는 것도 기꺼이 받아들인다.

오히려 자기 몸이 남성에 사랑받는다는 것이 좋다고 주장하며 시위하기도 한다.

일부 여성과 남성에게는 인간의 거부할 수 없는 착함을 가지고 있기에 동성의 편이 되어 같이 싸워 줄 마음이 있다. 그래서 착하긴 하지만 이런 마음 때문에 이성의 반론이 통하지 않을 때가 있다. 한편 여성을 너무 여성화하거나 순한 강아지 취급하는 거 아니냐고 반론할 수도 있다. 그러는 게 서로 마음이 편하다. 실제로 페미니즘을 논리로만 남성과 대립하려고 하면 약점이 많다. 왜냐하면 현재 페미니즘의 생각이 오랫동안 굳어져 새 생각을 전혀 담지 못하고 있기 때문이다. 과거만을 끌어들이면 현재나 미래의 대화를 할 수가 없다. 여성은 아직도 우리 사회의 완전한 자유인이 아니기에 여전히 슬프고 불안하다. 이런 여성의 말을 사회가 들어 주는구나 하는 남자의 동반자 마음도 페미니즘은 생각해 줘야 한다. 앞으로도 페미니즘의 외침을 들어 주려는 남자와 사회의 자세는 필요하다. 그 공감대가 쌓이면 서서히 무엇인가 변하는 게 인류 역사였다. 강한 충돌의 시대가 필요할 때가 있고 아닐 때도 있는데 지금은 후자의 시대다. 그런데 현재의 일부 페미니스트들이 이런 분위기를 망쳐 놔서 들어 줄 수도 없는 지경까지 만들어 놨다. 여성의 '여성' 이해를 남성이 이해한다고 해도 페미니즘의 수단과 방법까지 이해하는 것은 아니다. 이 부분을 알아들어야 극렬한 대립이 이뤄지지 않고 젠더가 편을 먹지 않는다. 그리고 거부할 수 없는 착함에서 거북한 페미니즘을 인식해야 한다.

분열과 대립을 통해 무엇인가를 도출하고자 하면 약간의 사회 혼란이 있어도 일부 긍정을 가져다준다. 그런데 지금의 페미주의와 반페미주의는 정반합이 아니라 거의 의미 없는 에너지 낭비만 하고 있으며 사회에 도움이 전혀 되지 않고 있다. 오히려 서로 혐오만을 부추기고 있어 말을 꺼내면 꺼낼수록 갈등만 깊어진다. 왜 우리는 서로 대화가 되지 않을까? 복잡할 거 같지만 사실은 그렇지 않다. 보통의 연인이나 부부가 싸울 때를 한번 생각해 보자. 특정 A라는 문제로 서로 싸우고 있는데 한쪽에서 과거를 들먹거린다.

그렇게 되면 이제 A라는 싸움의 원인은 사라지고 주체와 주체가 싸우게 된다. 그 주체 사이에는 이성만 있는 게 아니라 감정이 섞이게 된다. 특히 과거 죄가 많은 한쪽의 성(性)이 있다면 대화는 치명적일 수 있다. 왜냐하면 한쪽은 염치없이 과거를 애써 묻으려고 하니 화가 나고 반대쪽은 더욱더 과거를 들추어내서 화가 나기 때문이다. 사실 모두가 과거의 잘못됨을 다 가지고 있는데 잘못의 경중마저 따지니 싸움이 더 심각해진다. 부부나 연인으로 한정했지만 이건 친구나 가족을 넘어 인간 모두의 문제이다. 모두 다 알겠지만 싸울 때에도 어느 정도 한계와 지킬 선이라는 것이 있다.

과거 남성의 성(性)은 여성에게 원죄가 있는 게 맞다. 선대의 원죄를 남성은 알긴 알지만, 문제는 죄를 짓지 않았는데도 연좌제같이 그 죄가 아주 오래 지난 후세대의 나에게까지 (특히 요즘은 2030 남성에게) 오니까 거부감이 드는 것이다. 방금 했던 이 소리가 과거를 아예 들먹이지 말라는 얘기가 아닌데 또 오해하는 여성이 있다. 무슨 말을 하려고 하는지 이해를 해야 하지 꼬투리만 잡아서는 대화가 통하지 않는다. 그런데 일부 페미니스트는 꼭 이런 경향을 보인다. 남녀가 그러니까 싸우게 된다는 아주 평범한 사실을 방금 한 말로 지금

보여 주고 있다. 싸움이 없을 수 없지만 덜 싸우려면 페미니즘은 지금 현시대 남자와 여자를 바라봐야 한다.

　페미니즘이 한때는 진보일 수밖에 없었지만 지금은 오히려 보수가 되었다. 급진 페미니스트 혹은 자신이 새로운 ××페미니스트라고 자처하는 사람들을 잘 생각해 보자. 말은 급진이지만 전통적 관점에 더해서 지금의 페미니즘은 기득권을 사회가 허용하는 그 이상으로 가지려고 한다. 이렇게 보면 보수의 정의와 거의 비슷하다. 남자와 평등을 바라보는 시선도 마찬가지다. 보수의 시각에서 평등이란 자기 손해라는 인식이 강한데 현재 페미니즘도 남성이 평등을 요구하는 역설의 상황에 오히려 반감을 드러낸다. 결정적으로 남자를 보는 시각은 100년 전이나 지금이나 거의 비슷하다.

　외형은 진보의 탈을 썼지만 실제는 보수적 자세를 취하고 있다. 물론 두 가지 속성을 함께 가지고 있으면 좋기도 하다. 그런데 그게 카멜레온처럼 선택적 자기 변화로 모순에 빠지기 때문에 문제다. 이처럼 진퇴양난의 페미니즘은 진짜 보수도 아닌데 보수가 되려고 하니 자기 덫에 걸리게 되고 진보를 자처하려고 해도 능력이 없어 많은 장애물에 걸리고 만다. 그래서 "에라 모르겠다! 우리는 여성이자 오랫동안 차별받은 약자입니다."로 끝나는 행태를 보인다. 사실 페미니즘이나 종교, 정치 그 무엇도 진보나 보수가 아니다. 그건 인간이 쉽게 구별하고자 만든 감옥 같은 구분이다. 감옥에서 탈출하면 페미니즘이 자유롭고 인간이 자유롭다. 바스티유 감옥을 습격한 프랑스 혁명처럼 페미니즘 감옥에 갇힌 여성을 석방하고 탈출시키는 혁명도 필요하다. 진짜 자유를 주고 싶은 디케이즘 혁명이 여기 있다. 그런 여성이 필요하다.

페미니즘과 인간의 이중성

요즘 세상은 대놓고 뻔뻔한 사람이나 위선자는 피하게 되고 부끄러움이 조금이라도 있는 사람은 타인의 먹잇감이 된다. 사회의 동행이 필요한 사람은 우리나라에도 많은데 아프리카의 빈곤한 아이는 더 마음이 아프게 다가온다. 빈곤 포르노는 여기에도 존재한다. 스탈린은 이렇게 말했다. "한 사람의 죽음은 슬픔이지만 대규모 희생자는 단순히 통계일 뿐이다." 이런 비슷한 관점을 비판한 수잔 손택의 저서 『타인의 고통』도 있다. 더 비참하게 사진이 찍히고 슬픔을 전해야만 사람은 관심을 가진다. 이걸 정치 영역으로 확대하면 수십 수천억 비리는 잠시 대중이 관심을 가지다 휘발되고 몇십만 원은 계속 회자된다. 요즘은 페미니즘도 정치도 셀럽도 세상 사람을 그런 시선으로 바라본다. 예수님을 표면적으로 죽인 건 유다와 본디오 빌라도지만 실제로 죽인 건 예수가 그토록 미웠던 유대인 대중이다. 원래 문제가 많은 거대한 위선자의 작은 잘못에는 사람들이 별 반응을 하지 않는다. 그러나 그렇지 않은 사람이 작은 잘못을 하면 대중은 가만두지 않는다. 일부는 죽어야 끝나는 사람이 있다. 진짜 사회의 적보다 인간 모두가 가지는 작은 위선이 더 나쁘다고 말하는 사람은 끝까지

가는 그런 사람 중 한 사람이다. 대중은 인간이고 인간은 페미니즘을 만들며 페미니즘은 정치를 이용해서 좌우와 남녀를 가른다. 결국 여기에는 세 가지가 함께한다. 그건 바로 추종자 생산과 시기(질투)의 시작, 신념의 공고화다.

자크 라캉은 "시선이 부여하는 가장 큰 힘은 부러움"이라고 했는데 그 원초적 이면에는 무엇이라도 잘못하면 나의 부러움이 하이에나가 될 것임을 전제로 하고 있다. 참고로 라캉은 시선과 응시를 구별해서 보는데 우리 현대인은 이 두 가지 관점에서 서로가 시선과 응시를 주고받으며 살아가는 존재다. 그래서 피곤하다, 피곤해!

내가 좋아하는 연예인이 페미니즘에 엮이면 남성은 손절을 하기 시작한다. 반대로 내가 좋아하는 연예인이 조금만 여성 비판적이거나 페미니스트에 반감을 비추면 여성은 손절을 시작한다. 페미니즘뿐만 아니라 정치와 종교 또한 마찬가지다. 이것은 인간이 무엇을 '좋아하는 것'보다 신념에 훨씬 더 강력하게 반응한다는 것을 보여 준다. 남자에 의한 여성 한 명의 죽음은 단순한 죽음이 아니라 페미니즘 순교와 같다. 반면 대규모 참사와 약자의 몸부림은 페미니즘이 참여하지 않고 정치 좌우만 참여한다. 남자의 죄는 사회 제도에 의해 처벌할 수 있지만 대규모 참사와 약자의 시위는 제도와 함께 인식, 시스템까지 변해야 한다. 후자가 변하면 전자는 페미니즘이 그렇게 소쩍새처럼 울지 않아도 저절로 따라온다. 인간 세계에 정치 종교에만 위선자가 있는 게 아니다. 예수의 제자 반석의 베드로는 거짓과 위선 그리고 모든 중상을 버리라고 했는데 우리 사회 곳곳엔 신념 주의자와 망상의 음모론자들이 갈수록 늘어나고 있다. 그물을 치는 사람은 기뻐하며 꽃게를 잡지만 인간에게 잡힌 꽃게는 자기의 집게발로 동료를 공격한다. 그게 정치인과 정치 선동꾼 그리고 페미니즘 가면을 쓴 사람들의 궁극적 목표다. 페미니즘이 무엇인가 문제를 제기하고 의제를 던졌을 때 사람의 반응은 두 가지로 나뉜다. 소수는 의제 자체의 정당성과 그 근원을 따지는 사람이고 나머지 다수는 여남 시각에 따른 옳고 그름만을 따지는 사람이다. 정상적인 사고방식을 가진 사람이라면 약자에게 측은한 마음을 가지고 부조리한 것은 같이 분노하는 게 일반적이다. 그러나 인간은 500만 년 전 야생의 사고를 그대로 가진 것 때문인지는 몰라도 사람의 약점을 집요하게 파고드는 습성이 있다. 페미니즘 눈으로 볼 땐 남성을 지속적으로 불평등 근원의 물상화만 시키고 있다. 정치의 눈으로 볼 때는 진보의 위선을 지속적으로 끄집어내려고 하는 것과 같은 습성이다. 그래서 자신의 큰 헛발질과 더러움은 보지 못하고 오로지 타인 공격적 행태만 취한다. 이런 특성 때문에 '무엇 주의자'들은 기나긴 세월 동안 생명력을 유지했고 후세까지 이어져 왔다. 인간의 생존 욕구는 신념의 욕구와 함께 눈과 귀, 양팔과 두 다리처럼 두 개가 함께 있어야 한다. 그런 의미에서 위선과 진실한 마음도 마찬가지다. 그리스 로마 신화의 가장 큰 특징은 인간의 양면성을 드러내는 것이다. 삶과 죽음, 본능과 이성, 윤리와 범죄, 질투와 선망, 정치와 현실, 인간과 신, 가족과 사회, 위선과 자만, 욕망과 억제, 정신과 육체 등 모든 인간사가 거기에 들어 있다. 우리 몸에 눈과 귀, 팔과 다리가 있지만 균형이 없으면 불편할 게 뻔하듯 인간의 본성을 이해하고 인정하며 균형을 찾아가야 한다. 균형을 찾지 않으려고 하니 페미니즘이 여성에게 불편하고 남성에겐 불만인 것이다. 사유(思惟)는 인간에게 힘을 준다. 지금은 페미니즘이 사유하는 게 아니라 사망하고 있다. 서로가 변하지 않으면 우리는 더 나쁜 대가를 치를 것이다. 철학이 발전한 이유는 A라는 사유가 있으면 B라는 관점으로 A를 논증하고 또 C라는 사유로 B의 관점을 비판 논증해 왔기 때문이다. 이런 순환은 지난 2천 년 이상 계속되었다. 페미니즘의 지난 2백 년을 보자. 페미니즘 관련 책 중 고작해야 워마드 수준의 극렬 페미니스트 비판하는 거 외엔 모든 책이 비슷하다. A라는 책은 페미니즘을 말하고 B라는 책은 A를 서포트하며 C라는 책은 두 책을 정리하는 수준에 머문다. D라는 변종이 있지만 그 사유가 결국엔 여자만을 위한 페미니즘이다. 결국 최종으로 나온 F라는 책도 낙제점이다.

  사유하지 않으면 그 틀에서만 세상을 바라보게 된다. 가령 의사가 의사 증원에 아무리 합리적으로 이야기를 한다고 해도 그 심연 속엔 자신의 노력과 특별함 즉, 기득권이 자리 잡고 있기 때문에 천사의 말만 할 수가 없다. 결코 그 반대편의 비판을 이해하지 못한다. 반면 의사나 의사 가족이 아닌 사람은 그 사람대로 세상을 인식하는 게 다르다. 인간은 영원히 그렇다. 그렇기 때문에 양쪽 의견을 수렴하여 현실적인 대안을 내놓는 게 가장 현명하다. 이와 똑같이 페미니즘도 현실성을 가져야 한다.

  그러나 한쪽이 양보하지 않고 한쪽이 받아들이지 않으면 오로지 합법적 권력이자 합법적 폭력인 국가만이 조정할 수 있다.

인식의 문제 중 최상에 있는 것은 지능의 높음이나 합리적 논리가 아니라 바라보는 관점에 있다. 그 관점은 이성이 좌우하기보다 자신이 보고 배운 것, 소속, 직업, 신념, 사회적 위치, 기득권의 여부, 성별, 세대, 환경 등 같은 것이 결정한다. 그래서 무엇이 맞고 틀릴지 정답이 없다.

만약 다양한 집단이 정답을 굳이 찾으려고 할 때는 격렬한 투쟁과 반감이 시작된다. 페미니즘이 결국 우리 모두의 문제가 된 것도 바로 이 때문이다.

인간은 누구나 편파적이고 이기적인 마음이 존재하는데 그게 젠더의 영역에 들어오면 남녀 대립이 되고 정치 영역으로 들오면 좌우 대립이 된다. 거기까지는 괜찮은데 인간성 상실의 사람들이 정치를 하고 페미니즘을 들먹거리며 대중을 유린할 땐 사회가 후퇴하게 된다. 더군다나 여기에 휩쓸리는 대중 때문에 바르게 말하고자 하는 의견이 묻히고 만다. 에리히 프롬은 "복종할 줄만 알고 반항할 줄 모르는 인간은 노예다."라고 했다. 반항을 설령 하더라도 나와 신념이 다른 사람이나 집단에 대한 공격일 뿐 특별한 합리성이 없다. 여기서 반항의 뜻을 비판으로 대체해도 된다. 그렇게 역사는 신민 복종과 시민 불복종의 투쟁으로 지금까지 이어져 왔다. 타자에 의한 비판을 수용하는 것과 자아비판으로 변하는 것 둘 다 어렵지만 후자일 때는 더욱 발전한 모습을 보일 수 있다. 페미니즘도 외부에서 남성이 반항할 때보다 내부에서 여성이 반항할 때 더욱 큰 의미를 가져온다. 아주 보석 같은 가르침이 나왔다. 여성이여 잘못된 페미니즘에 반항하라! 반역자가 되라는 게 아니라 반항하라는 것이다.

잡동사니 디케이즘

　사람들은 현시대를 혐오와 분노의 사회로 표현한다. 아니다. 정확히 지금은 반지성주의 시대다. 역사는 반복된다는 상투적인 이야기는 미래에도 진실이 될 것이다. 여기에는 두 가지 의미가 있다. 이 용어를 창안한 시대의 의미처럼 지성을 반대하는 이념 시대를 비판한 의미 하나와 '반지성주의' 저자 모리모토 안리의 주장처럼 지성인처럼 살지 못하는 현시대 사회를 뜻한다. 빈 수레가 요란하듯 온라인 전사들만 온라인에서 그렇게 살 뿐이다. 그게 과하면 간혹 일부 커뮤니티 출신이 오프라인에 나와서 여혐 미친 짓을 한다. 그 반대로 페미니즘에 과몰입된 환자도 범죄를 저지른다. 자신과 신념이 비슷한 사람이 온라인에 많으니 자신감을 얻고 오프라인에서도 그 행태를 취한다.

　그런 생각은 온라인에서만 많아 보일 뿐 현실에서는 극소수란 것을 모른다. 그러나 갈수록 비정상이 정상의 자리에 있으려고 한다. 두드리면 문이 열리는 것처럼 계속 누군가 시끄럽게 떠들기 때문이다. 페미니즘도 그 반대도 그것을 노리며 세상을 선동한다.

　결국 조용한 진보는 쓸데없이 시끄러운 이웃에게 주도권을 내준다. 마찬가지로 조용한 남자도 시끄러운 여성의 목소리를 회피한다.

결국 시끄러운 사람들이 세상의 주도권을 갖는다. 과거에는 남녀 불평등뿐만 아니라 온갖 사회 부조리와 억압이 존재하다 보니 그 시끄러움이 긍정적인 게 많았다. 많이 양보해서 현재는 시끄러움 그 자체 거기까지 괜찮은데 그다음이 없다. 과거 민주 세력이 민주화를 쟁취한 후 현실에 안주하고 다음 페이지를 아무렇게나 쓴 것처럼 현재 페미니즘도 새로운 페이지를 여는 데 실패했다. 1차 과제 달성 후 그다음 뚜렷한 목표가 없기 때문이다. 그러다 보니 각자가 각자의 소속으로 이익 집단화되었다. 지금 페미니즘은 여성의 행복 지향성이 아니라 이기적 집단으로 변해서 마치 핌피(PIMFY=Please In My FeminismYard)를 외치는 것과 같다. 핌피 현상은 도덕적으로 지탄받을지언정 범죄가 아니지만 페미니즘 핌피는 범죄다. 왜냐하면 페미니즘을 순수하게 믿는 개미 주주들에게 피해를 주고 책과 영상, 영화, 음악, 예술 등을 팔아먹으면서 배임 횡령하고 있기 때문이다. 여성은 같은 여성을 동경한다. 어린 여성이 여자 아이돌을 쫓아가는 건 대규모지만 남성이 남자 아이돌을 쫓아다니는 건 상대적으로 드문 일이다. 오프라인 전통 시장도 마찬가지지만 어디든 북적대고 시끄럽게 해야 장사가 잘된다. 페미니즘 장사를 하려고 시끄럽게 떠드는 야바위꾼과 페미니즘 유통꾼들은 문제가 있다. 출판사부터 작가뿐만 아니라 시끄러움을 이용하는 방송이나 언론, 여러 사기업, 기타 단체들도 공범이다. 올바른 페미니즘을 전하려는 사람은 땀 한 방울 정직하게 농사짓는 농부와 같다. 공생 관계일 때는 좋지만 유통업자가 장난질을 쳐 놓으면 올바른 농부는 착취만 당한다. 그 피해는 결국 소비자에게 돌아온다. 즉, 페미니즘 피해자는 소비자 곧 대중이다. 필자가 잘못 생각하거나 오만할 수 있지만 디케이즘 책처럼 쓰인 글이 정상이 아닌가? 그런데 페미니즘은 꼭 어느 편을 먹고 기울어진 것처럼 보인다. 아무리 아닌 척해도 정치적 평론가처럼 어느 쪽인지 완전히 판단이 서 버린다. 독자가 볼 때 필자의 글에서 정치적 색깔은 판단의 대상이 된다고 할지라도 적어도 페미니즘은 아니다. 그래서 자신 있게 디케이즘이라는 용어를 만들었다. 페미니즘과 반페미니즘 어디에 마음을 더 둘지는 필자에게 정말 하나도 중요하지 않으며 의미도 없다. 물론 정치도 그렇게 말하고 싶지만 반대쪽에서는 편파적이라고 볼 테니 차치하더라도 분명 필자 같은 생각을 하는 사람도 많을 것이다. 페미와 반페미에 대해 사람들 말을 들어 보니 그냥 이건 이렇고 저건 저런 게 맞아 보인다, 이 정도가 사실 정상적인 반응이다. 감성을 이용하여 민감함을 청소년이나 젊은 여성에게 심어 주지 말아야 하고 사소한 걸 부풀려서도 안 된다. 이렇게 하지 않고 꼭 각자의 성향이나 성별을 이입하려고 하니 판단이 이상하게 나오는 것이다. 거기서 더 나아가면 망치로 상대를 때려잡으려고 한다. 마녀의 망치는 자존감 낮은 못난 남자가 삐뚤어질 때 휘두르고 매슬로의 망치는 페미와 반페미 남녀 모두가 삐뚤어질 때 휘두른다. 부정의 단어가 만연한 일부 커뮤니티는 그 언어가 망치다. 자신이 행복하고 긍정적이고 싶으면 그나마 긍정의 언어가 쓰인 곳을 찾아야 한다.

  혐오와 조롱은 신념, 열등감, 자존감 부족 이 세 가지를 근원으로 한다. 마녀사냥은 종교적(기독교적) 신념에서 시작했고 마녀 망치는 소유욕이 지나친, 열등감 있는 남성이 만들었으며 마녀재판은 자존감 채움의 잘못된 방식이었다. 현시대는 변종된 마녀와 마남의 시대다. 여남 서로가 각자의 커뮤니티에서 이런저런 여성은 어떻고 이런저런 남자는 어떻고 하면서 화형식을 치른다. 여자라서 당했던 여성은 이제 당하지만 않는다. 여성은 특히나 불사조가 된다. 왜냐하면 온라인에서 모두가 잔 다르크가 되어 남성과 맞서 싸우고 죽을 위기에 처하면 무적의 페미니즘 방패 뒤로 숨어 버리면 되기 때문이다. 남성도 이젠 방패가 하나 생겼다. 바로 디케이즘이다. 우린 여성 혐오를 하지 않으며 그저 디케이즘을 실천하려고 할 뿐이다. 이렇게 외치면 된다. 하나의 새로운 단어 생성과 의미 부여는 모두를 집어삼켜 먹어 버리는 힘이 있다. 그게 바로 언어가 가지는 큰 힘이다. 다시 한번 말한다. 조롱과 혐오 그리고 비아냥은 아무런 긍정도 주지 못한다. 그것을 풍자와 해학이라고 오해하지 말아야 한다.

성공하면 페미니즘 실패하면 정신병

　이성의 부재를 광기로 보는 시대가 있었다고 미셸 푸코는 말한다. 20세기 전까지는 정신병을 미신적으로 봤기 때문에 정신병 환자는 가족이나 사회에서 분리되었다. 그들의 삶은 처참했다. 집단 광기는 개개인이나 타인이 아니라 오히려 무지의 사회였다. 방금 말한 건 푸코가 말한 게 아니며 필자의 주장이다. 집단 광기의 대표적인 사례는 중세 시대의 마녀사냥이다. 객관적인 증거 없이 미신적이고 믿음 하나로 수많은 여성을 죽였다. 이것도 여성 차별이다. 참고로 마녀사냥의 희생은 여성이 압도적이었지만 남성도 있었다. 요즘엔 빗자루를 타고 하늘을 나는 모습의 마녀 만화가 나오지 않지만 예전에는 자주 볼 수 있었다. 그 속의 의미는 사실 슬프다. 가령 몸무게가 45kg이 안 되면 하늘을 날 수 있다고 믿고 그런 여성을 마녀라 여겨 화형시켰다. 그 누구도 언급하진 않았지만 페미사이드 원조는 바로 마녀사냥이다. (외국인 작가가 쓴 『페미사이드』라는 책에는 마녀사냥 이야기가 잠깐 나오긴 한다.) 집단의 광기는 기원전부터 예수시대 그리고 십자군 원정과 중세 시대를 거쳐 현시대에도 없어지지 않고 계속되었다. 당연히 미래에도 계속될 것이다. 필자가 계속 비판한 커뮤주의도 그런 것 중 하나며 극렬 페미니즘도 마찬가지다.

　N번방 사건은 인간이라면 남녀를 떠나 모두 분개할 만한 패륜 범죄다. 그런 인간들을 처벌하는 데는 법과 상식이 우선되어야 한다. 사

회적 이슈가 큰 만큼 처벌도 엄하게 이루어져야 하고 재발 방지를 위한 법적 제도적 절차가 뒤따라오는 것도 중요하다. 이것을 젠더화하고 페미니즘이 나서서 성과를 내보겠다고 달려드는 것은 페미 자본주의의 하나에 지나지 않는다. 범죄를 잡는 의무와 책임을 국가가 다 하지 못했을 때 혹은 미심쩍은 마음이 들 때 국민이 나서는 것은 당연한 거지만 마음이 콩밭에 가 있는 사람들은 이런 추악한 범죄마저 역시나 정치적으로 이용한다. 이럴 때 또 남성은 몇몇 여성 때문에 전체화된다. 비단 페미니스트 여성에 의한 남성뿐만 아니라 세대와 성별을 떠나 온라인의 거의 모든 글이 성급하게 일반화된다.

성도착증 환자가 아니라면 이런 범죄에 그 어떤 남성도 공감하지 않으며 인간이라면 모두가 분노할 만한 사건이다. 그런데 일부 페미니스트는 젠더화하지 못해 안달이 나 있다. 특정한 어떤 것엔 여성 자신들이 젠더화되는 것을 그렇게 싫어하면서도 왜 이런 범죄는 범죄로 안 보고 선택적 젠더화하는지 의문이다. 이것은 N번방 추적단이 사회가 하지 못한 것을 해냄으로 인해 긍정적인 것을 이루었다는 것과는 별개로 봐야 한다. N번방 사건이 아니더라도 성범죄만 나오면 젠더화하려는 선택적 페미니스트들을 이야기하는 것이기 때문이다. 특히나 그들은 성범죄에만 침을 질질 흘리기 때문에 한마디 해야만 했다. 세상이 아는 만큼 보인다. 보고 배운 게 내가 가진 성(性)과 남(男)이 가진 성(性)뿐이니 그럴 만도 하다.

항상 채찍을 들었으면 당근도 주는 이야기를 하려고 하기에 다음은 여성에게 칭찬을 할 차례다. 사람들이 직접 경험하지 못할 수도 있지만 우리 사회에 정말 선한 영향을 주는 여성 단체나 페미니즘이 존재함을 인정한다. 거기엔 다문화 가족, 외국인 노동자, 새터민, 미혼모, 성폭력 피해자, 장애인 등을 위해 활동을 하는 사람이 있다. 이런 기층민 덕분에 사회는 올바르게 나아간다. 정치라는 것도 돈 많고 전문직의 사람들만 하는 것보단 이런 기층민과 적절한 조화를 이룰 때 더 좋은 결과를 가져온다. 눈에 잘 띄진 않지만 사회 곳곳엔 이런 든든한 기층민이 존재하기에 우리 삶이 덜 각박해진다. 그런데 눈에 확실히 잘 띄는 한국 페미니즘은 이런 여성들마저 오염시켜 놨으니 그 죄가 크다 할 수 있다. 그래서 한국의 잘못된 페미니즘은 가중처벌이 필요하다. 자신들은 페미니스트를 외치지만 실제로는 하나하나의 삽질이 쌓여 가고 그 삽질은 자신들의 무덤을 파는 것이라는 것을 그들은 알지 못한다. 그들은 페미니즘을 성공시켜 보겠다고 나서지만 계속된 헛발질로 모두가 정신병 소리를 듣게 만든 장본인들이다. 페미니즘 내에서도 이젠 여성들끼리 올바른 투쟁이 필요하다. 다만 메갈에서 갈라져 나온 워마드 같은 휴포들은 페미니즘에 '페'도 아까운 환자들이니 그들은 제외다. 세상 사람들은 그들을 여자 일베나 펨베로 부른다.

결국 남성이 질 것이다

말싸움이든 다른 경쟁이든 작은 거 하나라도 꼭 이기려고 하는 사람이 있다. 그런 사람 중 한 명인 그 정치인에 대해서 두세 번 정도 언급했다. 인간이 그렇게 태어나 먹은 건 어쩔 수 없다. 이기면 그 사람만 이기는 것이다. 토론에서 이겼다고 우리 모두가 이긴 게 아니고 그 결로 추종할 건 더욱더 아니다. 남성은 질 것이란 표현에 불쾌해하고 집착해서 진짜 무얼 말하고 싶은 건지 이해 못 하는 남성에게 설명해 줘야겠다. 경각심을 심어 주는 말이며 오히려 남성을 위한 자극적 표현이다. 기타 필자의 다른 글에서도 부연 설명해 줘야 오해가 없는 글도 있는데 그냥 독자의 글 읽기 능력을 믿으려고 한다.

 현재 페미니즘이 왜 이렇게 되었나? 피부색과 종교색이 짙은 일부 국가 빼고는 세상이 어느 정도 평등하게 가고 있는데 그 '이즘'은 계속된다. 그래서 그들은 끊임없이 이즘의 자양분을 얻고자 무엇인가를 계속 찾아야 한다. 작은 것도 크게 생각하고 남성의 잘못을 어떻게든 찾아야 하는 상황에 놓여 있다. 특히나 남성으로부터 사랑받지 못하는 여성이 그렇다. 이것마저 하지 않으면 여자라는 성(性)의 의미는 없어진다. 사실 이들은 여성의 잃어버린 권리 획득이 아니라 인간 존재의 획득이 더 중요하다. 이건 페미니즘 여성만의 문제가 아니며 사회에 불만이 있는 남성에게도 적용된다. 다만 여성은 젠더로 인한 불평등이 불만이고 남성은 자신의 능력으로 인한 불평등이 불만이라는 차이점이 있다. 그 차이점이 별거 아닌 거 같지만 이건 사회의 불평등에 대한 매우 다른 시각과 해결책을 제시하기에 무시할 수 없다. 페미니즘은 젠더의 관념에 머물러 있어서 능력보다는 여성주의 사고에 매몰되고 그게 해결되면 또 다른 젠더 불편함을 계속 주장한다. 비동의 강간죄는 여성에게만 좋은 것도 아니고 남성만의 문제도 아니다. 우리에겐 가족이 있다. 휴포 여성이나 극렬 페미니스트 정도가 아니라면 숙고해야 할 문제다. 그들이 자기네 남성 가족을 사랑할지는 모르겠다. 성인지 감수성, 비동의 간음죄 이런 무한반복 패턴을 보이는 건 마치 두 뱀이 서로를 집어삼키려는 것과 같다. 여성이 볼 때 거기엔 특별히 잘못됨이 보이지 않지만 젠더 관계에서 벗어나면 비로소 페미니즘의 문제가 리트머스 시험지처럼 다르게 보인다. 페미니즘 리트머스 시험지 그 자체는 문제가 없다. 그러나 페미니즘에 합리성을 떨어뜨리면 그 차이가 확연히 보인다. 지금이 딱 그런 시대이다. 과거에는 선동을 하더라도 뚜렷한 지향점이 있었다. 또한 다수가 선동하지 못하였고 언변이 뛰어나거나 대포가 크거나 능력 있는 사람이 앞장을 섰다. 그러나 지금은 온라인만 할 줄 알면 모두가 선동가 아니 정확히는 프로보커(provoker)가 될 수 있다. 그런 사람들이 글을 쓰고 영상을 만들어 퍼트릴 때 현시대는 히틀러의 괴벨스 선동 시대보다 진실의 탐구를 위해 더욱더 많은 에너지와 시간이 필요하다. 설령 진실을 이야기한다고 하더라도 괴벨스의 말처럼 이미 대중은 거짓에 속아 넘어가 있다. 히틀러 시대에 본회퍼라는 목사는 히틀러를 암살하려다 젊은 나이에 죽임을 당한다. 그 당시 극히 일부 청년이나 지성인 빼고는 모두가 히틀러를 지지했지만 본회퍼는 히틀러를 이렇게 표현했다. "미친 운전수가 독일을 이끌고 있다. 그 버스 안에 탄 모두의 운명이 미친 운전수에게 맡겨져 있다." 2024년 우리나라도 크게 다르지 않은 거 같다. 페미니즘과 정치의 현재 상황도 아주 작은 히틀러와 괴벨스가 넘쳐 나고 있고 앞으로도 계속될 것이다.

결혼과 출산을 이야기하면서 『멋진 신세계』 이야기를 꺼냈지만 지금 페미니즘뿐만 아니라 사회 곳곳의 분노와 혐오도 마찬가지다. 생각의 회로가 이미 정해진 포스트 트루스(post truth) 시대를 넘어 우리는 지금 자폭의 시대를 살고 있다. 모두가 선동가인 시대에 지엽적인 것에 전부를 건다. 그럴수록 권위는 해체되어 간다. 페미니스트라고 자처하는 사람은 건전한 트리거(trigger)가 되지 못하고 결국 사회를 죽이고 사람을 죽인다. 자기 자신을 지킨다는 명분의 총기의 자유화처럼 사상의 자유는 익명의 자유화 때문에 위험성을 가지고 있다. 현재 그 자폭 상황은 정치와 조직 어떤 사상만의 문제가 아닌, 사람 모두의 삶에 해당한다. 잘 생각해 보면 페미니즘과 정치의 신념화는 누군가에게 테러리스트다. 급진 무슬림만 욕할 게 아니다. 그런 면에서 대중의 관심은 이성일 때보다 감성과 신념일 때 더 반응이 온다. 자기 자신은 두렵지 않지만 세상을 공포와 두려움으로 만들고 적을 끊임없이 만들어 낸다. 표현이 너무 과해서 다르게 표현해야겠다. 모든 무슬림이 극단주의자가 아니듯 일부 극단주의 페미니스트를 말한 것이니 오해 없기를 바란다.

  사실 극단주의자는 위 둘 뿐만 아니라 기독교, 정치, 건강에 관한 소신, 심지어 가족과의 관계에서도 있을 수 있다.

  어쨌거나 테러리스트에서 조금 더 순화하면 페미니즘은 아래와 같다.

  페미니스트나 온라인 선동꾼은 낚시로 치면 캐스팅이다. 생미끼든 화려한 루어든 그들의 리트리브에 물고기들은 반응한다. 리트리브는 낚시 용어 중 하나로 물고기의 반응을 위해 낚싯줄을 잡았다 풀었다 하는 것을 말한다. 낚시꾼의 리트리브에 입질을 참을 수 없는 수많은 물고기는 안타깝게도 인간의 먹이나 손맛의 희생양이 된다. 물고기는 물론 대중을 의미한다. 커뮤니티의 개인이나 유튜버보다 특히 더 영향력 있는 셀럽과 언론이 선동하면 그건 낚시가 아니라 그물이 되어 그보다 훨씬 많은 물고기가 잡히고 걸려든다.

사실 온라인 남녀로 한정하면 페미니즘과 반페미니즘이란 말을 쓰기에도 아까운 존재들이 대부분이다. 그들은 사상과 신념의 투쟁이 아니라 어린아이의 투정과 같은 싸움을 한다. 다만 여자와 남자의 차이점이 하나 있다. 여자 어린이는 어려서부터 같은 여자아이끼리 손을 잘 잡으며 커서도 모든 분야에 자매의 마음이 높은 편이다. 반면 남자는 여성의 권력에 관심이 없고 오로지 자신의 직접적 이득이 될 때에만 형제화되어 손을 일시적으로 마주 잡는다. 그래서 여자와 남자의 응집력의 차이는 갈수록 커진다. 사회적인 걸 넘어 진화 생물학적으로 봐도 암컷이 수컷보다 더 살아남을 확률이 높다. 단순한 권력과 힘만으로는 세상을 이길 수 없다.

남자는 힘이 무섭고 여자는 마음이 무섭다. 지난 200여 년간 여성은 남성에게 빼앗긴 인간의 권리를 하나하나 되찾았다. 그것은 당연히 되찾아야 할 그들의 권리였다. 이제는 그 권리 회복을 넘어 여성의 다양한 주장이 사회에 받아들여지는 세상이 되었다. 남녀가 공존하는 세상에 굳이 승패로 말하고 싶지 않지만 남성은 서서히 패배하고 있다. 과거에는 별문제가 없었던 표현과 행동이 이제는 성차별이나 외모 비하, 심하면 성범죄가 되는 시대가 되었다. 명백히 잘못된 그런 표현과 행동은 당연히 그래야 한다. 그러나 지금은 옳고 그름을 영원히 알 수 없는 것까지 여성들은 답을 정하려고 한다. 결국 남성이 하는 것에 여성이 점점 불편한 게 많아지고 있고 그것을 사회가 점점 수용하고 있다. 이런 압박의 페미니즘 전선이 남성의 심리적 마지노선까지 왔다는 생각에 남성은 위기의식을 느꼈다. 그동안 여성은 응집하여 잘 싸워 왔기에 원하는 것을 전부는 아니더라도 상당수 얻게 되었다. 반면에 남성은 여성에 반하여 응집할 이유가 없었기에 그동안 흩어져 있었다. 그러다가 최근 몇 년 전부터 남성도 전투태세를 갖추기 시작했다. 그러나 자기들 이익이나 챙기며 정치색까지 드러내는 오합지졸로 판명돼 오히려 남성의 적이 된 지 오래다. 극렬 페미니스트가 많은 여성에게 적인 것처럼 그들도 대다수의 남성을 더럽히고 있다. 그래서 새로운 남성 연합과 올바른 여성 연합이 필요하다. 건전한 비판과 담론이 아니라면 결국 자매가 형제를 이길 것이다. 암탉이 울면 집안이 망한다는 여성 차별의 시대에서 지금은 암탉이 울면 여성이 행복하고 남성이 망한다는 격세지감을 느낀다. "꼬끼오~" 잡도리를 해도 다음 날 새벽은 반드시 오며 암탉은 또 운다. "꼬끼오~" 둘 중 하나를 굳이 고르라면 그래도 나는 암탉의 "꼬끼오~" 소리를 듣고 싶다. 아직까지는… 필자는 여성과 동급생이고 싶다.

에필로그

독자를 위해 몇몇 개념에 주석을 달아 주고 참고 문헌을 올려 줘야 하지만 그렇지 못했다. 미안하게 생각한다. 또한 이 글 곳곳에 무엇인가 의미를 던져 놓았는데 찾지 못해도 괜찮다. 글의 전체 방향과 핵심을 이해하면 그걸로 충분하다. 궁금한 게 있다면 필자는 북튜브를 운영 중이니 얼마든지 물어볼 수 있고 책에서 하지 못한 이야기도 더 할 수 있다. 다만 소인배스럽게 비아냥대는 질문만 없었으면 좋겠다. 이 책이 세상에 나온다면 꼭 필자의 유튜브에 이 책 제목과 똑같이 해서 영상을 올리도록 하겠다. 참고로 이 책은 자료조사 없이 필자의 머릿속 지식으로만 쓰였다. 굳이 따지면 구글 검색을 하고 책을 직접 참고하여 쓴 구절은 아홉 줄 정도밖에 되지 않는다. 보통의 페미니즘 책에서 언급하는 사건이나 주요 관점을 더 다뤘으면 책의 내용이 매우 많아졌을 것인데 중요하지 않거나 최대한 다른 책에서 언급한 것들은 생략하려고 했다. 결국 두꺼운 책 읽기 싫어하는 독자를 위해서도 적절한 책 분량이 나왔다. 어쨌거나 이 책의 99%가 필자의 머리로만 쓴 것이다 보니 극히 일부 오류가 있을 수 있다. 필자의 두뇌는 교황이 아니다. 그래서 타인의 지식을 인용할 땐 책의 오류가 없도록 재점검해야 하는데 나태함 때문에 그러지 못했다. 그래도 아주 크게 잘못된 건 아마 없을 것이다. 만약 잘못된 정보를 추후 알게 된다면 양해를 구하고 고치도록 하겠다. 이 책은 필자의 인생 첫 책이다. 이 책의 원고를 처음 썼을 때 대충 마무리하고 희망에 부풀었다. 왜냐하면 이런 페미니즘 책은 아무리 찾아봐도 없기 때문이다. 그러나 초고에는 내가 원하는 사유가 거의 들어 있지 않았다. 원래 이 글은 하루 매일 한두 시간씩 3주 만에 아주 쉽게 쓰였다. 다시 읽어 보니 창피했고 필자는 더욱 글을 다듬었다. 초고를 완성한 것보다 좋은 글이 되도록 수정하는 시간이 훨씬 오래 걸렸다.

이 글을 다 쓰고 돌이켜 보니 필자는 비판론자가 된 거 같다. 필자조차 파스칼이 말한 쉽게 흔들리는 인간 중 한 명인데 모두를 비판한 거 같다. 마치 선생님의 입장에서 무엇을 나무라기만 했다. 폐쇄성 페미니즘이 남성만을 나무라는 것처럼 말이다. 사실 곳곳에 거의 모두를 비판해 놓았다. 이 책을 사회, 정치 분야보다 인문 분야로 분류하고 싶은 마음이 더 크다. 그러나 그 경계는 불분명하고 언젠가는 이런 책은 꼭 한번 나와야 한다고 생각했다. 내 지식을 타인과 공유하고 싶은 것도 있었다. 필자의 필력이 부족할지언정 타인과 비교할 때 지식은 부족하지 않다고 생각했기 때문이다.

필자는 오랫동안 책만 읽고 살아와서 도태되었다. 도태된 사람이 세상의 가장 민감한 부분 중 하나를 건드렸다. 말벌집을 쑤셔 놓고 도망가지 않겠다고 하면 그건 융통성이 없는 사람이다. 필자는 용기가 없기에 도망가려고 한다. 여기서 도망가겠다는 의미는 타인과 웬만하면 논쟁하지 않겠다는 것이다. 세상의 현자는 논쟁보다 경청하고 그 경청마저 힘들 때엔 무시하는 사람이다. 사실 필자는 아무것도 모른다. 여기서 아무것도 모른다는 건 온라인 커뮤니티나 영상을 평생 보지 않고 살았다는 의미다. 이제서야 조금 보기 시작했다. 그래서 그토록 필자가 영상과 커뮤니티에 비판적인 것이다. 본인이 그런 삶을 살아왔기에 필자의 관점이 그럴 수밖에 없었다. 사람은 자기의 직접경험이나 간접경험으로 세상을 바라본다. 온라인은 사람에게 균형을 주기가 힘들다. 원래 인간이란 존재가 배의 평형수가 되지 못하는데 특히나 균형감각을 잃어버린 온라인은 오죽 사람의 편향성을 공고히 할까 하는 생각을 한다. 책은 사람에게 무엇인가를 주기에 의미 없는 책이란 별로 없다. 뭐 하나라도 배운다는 마음가짐으로 읽거나 어떤 책을 읽고 비판의 생각이 떠오르는 것도 책을 이용하는 방법이다. 이 책 또한 마찬가지다. 누군가에게 비판을 받고 다른 사유를 줄 수 있다면 필자는 그것만으로도 기쁠 것이다. 그러나 '억지로' 하는 비판은 건전한 무엇도 만들어 내지 못하기에 슬플 것이다. 17세기 앤드류 마블이라는 사람의 시(詩) 중 이런 구절이 있다. "풀을 베다가 제 낫에 자기 다리를 베었구나." 페미니즘이 제 낫에 자기를 베어 내는 일이 없도록 해야 한다. 베이면 얼마나 아프겠는가… 아프냐? 호~ 나도 아프다. 피부 상처엔 센텔라아시아티카 성분! 페미니즘 상처엔 디케이즘 마음!

아직 이야기는 끝나지 않았다. 오히려 이제 시작이다. 페미니즘에 대한 더 깊고도 모두를 위한 통찰은 시간이 흐른 뒤 생각이 날 거 같다. 하지 못한 이야기는 다음에 하면 된다. 그래서 필자의 책은 계속된다. 사실 다음 책도 이미 거의 다 쓰였다. 다만 페미니즘 책은 아니다. 이 책을 완독하고 필자의 다음 책을 기다리는 사람이 단 한 명이라도 있다면 정말 고마운 일이고 행복할 것이다.